高等职业教育"互联网+"新形态一体化系列教材
城市轨道交通类高素质技术技能型人才培养教材

城市轨道交通概论

主　编　◎　卫小伟　　卢剑鸿　　钱伟强
副主编　◎　魏艳艳　　姜　雯　　蔺湘然　　马媛妮

华中科技大学出版社
http://www.hustp.com
中国·武汉

内容简介

全书共分9个模块,包括城市轨道交通概述、城市轨道交通系统的类型、城市轨道交通规划与线路设计、城市轨道交通车站与线路、城市轨道交通车辆与车辆基地、城市轨道交通供电系统、城市轨道交通信号与通信设备、城市轨道交通车站机电系统、城市轨道交通运营管理等内容。

本书既可作为职业教育城市轨道交通相关专业的教材,也可供相关人员学习参考。

图书在版编目(CIP)数据

城市轨道交通概论/卫小伟,卢剑鸿,钱伟强主编. —武汉:华中科技大学出版社,2021.7
ISBN 978-7-5680-7356-1

Ⅰ. ①城… Ⅱ. ①卫… ②卢… ③钱… Ⅲ. ①城市铁路-轨道交通 Ⅳ. ①U239.5

中国版本图书馆 CIP 数据核字(2021)第 132544 号

城市轨道交通概论 卫小伟 卢剑鸿 钱伟强 主编
Chengshi Guidao Jiaotong Gailun

策划编辑:张　毅
责任编辑:白　慧
责任监印:朱　玢
出版发行:华中科技大学出版社(中国·武汉)　电话:(027)81321913
　　　　　武汉市东湖新技术开发区华工科技园　邮编:430223
录　　排:华中科技大学惠友文印中心
印　　刷:武汉市籍缘印刷厂
开　　本:787mm×1092mm　1/16
印　　张:13
字　　数:321千字
版　　次:2021年7月第1版第1次印刷
定　　价:42.00元

本书若有印装质量问题,请向出版社营销中心调换
全国免费服务热线:400-6679-118　竭诚为您服务
版权所有　侵权必究

前　言

近年来，随着我国经济建设的发展，城市规模不断扩大，城市人口呈现规模性增长，导致城市交通问题日益凸显。为了解决这一紧迫问题，我国各大城市在大力发展地面交通的同时，也将城市轨道交通（地铁）建设提上了日程。据统计，目前全国有轨道交通运营的城市中，全年客运量超过20亿人次的有北京、上海和广州，这三个城市的客运量占全国客运总量的60%以上，继续位居世界前列。截至2020年年末，中国大陆地区共有45个城市开通城市轨道交通运营，运营线路总长度达到7978 km。

城市轨道交通的迅速发展将带动对城市轨道交通专业人才的大量需求。目前该专业人才比较缺乏，尤其缺乏在生产一线从事施工、维修养护、运营管理、监理等作业的中、高级应用型人才。培养生产一线的高级应用型人才是职业教育的目标，因此，我们组织编写了本书，以满足城市轨道交通专业人才培养的需要。

"城市轨道交通概论"是城市轨道交通相关专业的一门专业基础课程。学生通过本书的学习，可初步了解城市轨道交通系统的整体概念、系统的结构特点，掌握城市轨道交通的基本知识框架，熟悉各框架的构成及功能，了解各框架的相互关系，为以后专业课程的学习奠定基础。

本书严格按照国家相关标准和技术规范进行编写，并结合国内各大城市轨道交通建设运营实际情况，以模块化的形式编写。

本书由陕西交通职业技术学院卫小伟、西安市轨道交通集团有限公司运营分公司卢剑鸿、陕西交通职业技术学院钱伟强担任主编，陕西交通职业技术学院魏艳艳、姜雯、蔺湘然及西安市轨道交通集团有限公司运营分公司马嫒妮担任副主编。具体编写分工如下：卢剑鸿编写模块1，姜雯编写模块2、模块4，卫小伟编写模块3，魏艳艳编写模块5、模块9，钱伟强编写模块6、模块7，蔺湘然编写模块8，马嫒妮编写附录。全书由卫小伟和卢剑鸿统稿。

由于编者水平有限，书中难免存在疏漏和不足之处，敬请广大读者批评指正！

编　者
2021年7月

目 录

模块 1　城市轨道交通概述 1
　1.1　城市轨道交通的特点与分类 2
　1.2　城市轨道交通的组成、地位与作用 8
　1.3　城市轨道交通的发展历程 11
　1.4　我国城市轨道交通的发展状况 13

模块 2　城市轨道交通系统的类型 24
　2.1　有轨电车系统 25
　2.2　地下铁道系统 26
　2.3　轻轨系统 31
　2.4　城市铁路系统 36
　2.5　独轨系统 38

模块 3　城市轨道交通规划与线路设计 41
　3.1　城市轨道交通规划与设计的主要内容及原则 42
　3.2　城市轨道交通线网规划与线路设计 45

模块 4　城市轨道交通车站与线路 55
　4.1　城市轨道交通车站 56
　4.2　城市轨道交通线路 60

模块 5　城市轨道交通车辆与车辆基地 70
　5.1　城市轨道交通车辆基本知识 71
　5.2　城市轨道交通车辆组成 72
　5.3　城市轨道交通车辆基地 92

模块 6　城市轨道交通供电系统 100
　6.1　城市轨道交通供电系统的功能和要求 101
　6.2　城市轨道交通供电系统的供电原理与方式 103
　6.3　城市轨道交通供电系统的构成 104

模块 7　城市轨道交通信号与通信设备 120
　7.1　城市轨道交通信号的基础设备 121

7.2 城市轨道交通的联锁及联锁设备 127
7.3 城市轨道交通的闭塞设备 130
7.4 城市轨道交通的通信设备 136

模块 8　城市轨道交通车站机电系统 145
8.1 自动售检票系统 146
8.2 车站电梯系统和屏蔽门系统 156
8.3 其他机电系统 161

模块 9　城市轨道交通运营管理 175
9.1 城市轨道交通客运组织工作 176
9.2 城市轨道交通行车组织工作 178
9.3 城市轨道交通的安全管理 185

附录 A　城市轨道交通行车组织名词术语解释 192

附录 B　城市轨道交通信号常见名词术语英文缩略语 196

参考文献 201

模块 1　城市轨道交通概述

学习目标

(1) 了解城市轨道交通的特点与分类。
(2) 熟悉城市轨道交通的组成、地位与作用。
(3) 了解城市轨道交通的发展历程。
(4) 熟悉我国城市轨道交通的发展状况。

1.1 城市轨道交通的特点与分类

"城市轨道交通"是一个包含范围较大的概念,在国际上没有统一的定义。一般而言,广义的城市轨道交通是指以轨道运输方式为主要技术特征,在城市公共客运交通系统中具有中等以上运量的轨道交通系统(有别于道路交通),主要为城市内(有别于城际铁路,但可涵盖郊区及城市圈范围)公共客运服务的一种在城市公共客运交通中起骨干作用的现代化立体交通系统。

《城市公共交通常用名词术语》(GB 5655—1999)中将城市轨道交通定义为"通常以电能为动力,采取轮轨运转方式的快速大运量公共交通的总称"。城市轨道交通是城市公共交通的一个重要组成部分,随着城市的高速发展、人口的不断增多,城市轨道交通逐渐成为城市中最主要的公共客运交通工具。

一、城市轨道交通的特点

随着城市与城市交通的快速发展,城市轨道交通近年来发展迅速。目前建设与发展城市轨道交通系统已成为世界各国解决城市交通问题的首选方案,究其原因,关键在于城市轨道交通具有传统的地面常规交通所没有的特点,具体表现在以下几个方面。

1. 具有较大的运输能力

由于城市轨道交通高密度运转,列车行车时间间隔短,行车速度快,列车编组辆数多,因此它具有较强的运输能力,单向高峰每小时的运输能力最大可达到 6 万~8 万人次。地铁可达到 3 万~6 万人次,甚至可达到 8 万人次;轻轨可达到 1 万~3 万人次;有轨电车可达到 1 万人次,可见城市轨道交通的运输能力远远超过公共汽车。根据有关资料,地铁每千米线路年客运量可达 100 万人次以上,最高可达 1 200 万人次,如莫斯科地铁、东京地铁、北京地铁等。城市轨道交通也能在短时间内输送较大的客流。据统计,在早高峰时,地铁 1 小时能通过全日客流的 17%~20%,3 小时能通过全日客流的 31%。

2. 具有较高的准时性

城市轨道交通由于在专用行车道上运行(地下或高架),因此不受其他交通工具干扰,不产生线路堵塞现象并且不受气候影响,是全天候的交通工具,尤其是在上下班高峰时段,地面交通拥挤不堪时,列车能按运行图运行,具有可信赖的准时性。

3. 具有较高的速达性

由于城市轨道交通采用先进的电动车组动力牵引方式,在专用的行车轨道上运行,具有先进的自动控制系统及可靠的安全保障措施,因此车辆有较高的运行速度和较高的启、制动加速度;同时多数车站采用高站台,列车停站时间短,上下车迅速方便,而且方便换乘,从而能使乘客较快地到达目的地,缩短了出行时间。目前地铁列车的最高运行速度一般在 80 km/h 以上,有的甚至能达到 120 km/h,旅行速度基本可达 30~45 km/h。

4. 具有较高的舒适性

与常规公共交通相比,城市轨道交通由于运行在不受其他交通工具干扰的线路上,因此城市轨道车辆具有较好的运行特性。同时,其车辆、车站等装有空调、引导装置、自动售票等直接为乘客服务的设备,使城市轨道交通具有较好的乘车条件,且舒适性优于公共电车和公共汽车。

5. 具有较高的安全性

城市轨道交通由于没有平交道口,不受其他交通工具干扰,并且拥有先进的通信信号设备,因此极少发生交通事故。

6. 占地少,不破坏地面景观

大城市地面拥挤、土地费用昂贵,而城市轨道交通由于对地下和地上空间进行了充分的开发利用,不占用地面街道,因而能有效缓解因汽车保有量增加而造成的道路拥挤、堵塞现象,有利于城市空间的合理利用,特别是有利于缓解大城市中心区过于拥挤的状态,进而提高了土地利用价值,并能改善城市景观。

7. 低污染

城市轨道交通采用电气牵引,又具有运量大、速度快的特点,与公共汽车相比,它不会产生废气污染,可以称为"绿色交通"。随着城市轨道交通的发展,公共汽车的数量还会减少,这将进一步减少汽车的废气污染。这点非常符合目前国家提倡的低碳生活。同时,由于线路和车辆上采用了各种降噪措施,因此一般不会对城市环境产生严重的噪声污染。

8. 低能耗

由于城市轨道交通是大运量客运系统,且采用了多项高新技术,按每运送一位乘客的能源消耗进行评价,是其他任何一种城市交通运输方式所无法比拟的,并且其对能源的适应性也相当强。

但是城市轨道交通也存在一定的局限性,如建设费用高、建设难度大、建设周期长、技术含量高、运营成本高、经济效益有限等。城市轨道交通是一个庞大的系统工程,它涉及土建(装修)、机械、电气、供电、通信、信号等多种技术,具有设备多,范围广,技术含量高,系统性、严密性、联动性要求高等特点。城市轨道交通土建工程大而多,建设的周期长,涉及的资金投入一般是每千米 4 亿～6 亿元。同时,土建工程一般是永久性结构(地下隧道、高架桥等),建成以后线路走向及路网结构不宜调整,因此对城市轨道交通的线路选择及路网规划要求较高,难度较大。

二、城市轨道交通的分类

由于城市轨道交通发展迅速,不同地区、国家、城市的发展存在差异,因此城市轨道交通呈现多种类型,且技术指标差异较大。目前,世界各国评价标准不一,尚无十分统一的分类标准。按照不同标准,城市轨道交通可以划分为以下几种不同的类型。

(1) 按线路架设方式划分,可分为地下铁道、地面铁道和高架铁道。

(2) 按导向方式划分,可分为轮轨导向和导向轨导向。

(3) 按轨道形式划分,可分为重轨铁路、轻轨铁路和独轨铁路。

(4) 按小时单向运能划分,可分为大运量系统(高峰时单向运输能力达到每小时 3 万人次以上)、中运量系统(高峰时单向运输能力达到每小时 1.5 万～3 万人次)和小运量系统(高峰时单向运输能力达到每小时 0.5 万～1.5 万人次)。

(5) 按路权专用程度划分,可分为线路全封闭型、线路半封闭型和线路不封闭型。

(6) 按服务区域划分,可分为市郊铁路、市内铁路和城际快速铁路。

（7）按运能范围、车辆类型及主要技术特征划分，可分为有轨电车、地铁、轻轨、独轨、城市（市郊）铁路、磁悬浮、新交通系统等。目前，人们习惯上是按照这种分类方法来划分城市轨道交通的。

①有轨电车（tram/streetcar）。有轨电车是使用电力牵引、轮轨导向、1～3辆编组运行在城市路面线路上的低运量轨道交通系统，如图1-1所示。

(a)大连老式有轨电车　　　　　　　　(b)上海新型现代有轨电车

图 1-1　有轨电车

有轨电车是最早发展的城市轨道交通之一，一般设在城市中心，具有上下车方便、造价低、建设容易的优点。有轨电车一般采用直流电动机驱动，多与汽车和行人共用街道路权，受路口红绿灯的控制，因此有轨电车受干扰多、速度慢、正点率低、噪声大、安全程度低，极易与地面道路车辆发生冲突而引起道路交通堵塞，故很多城市的有轨电车已被取消或改良为轻轨。

②地下铁道（metro/subway/underground railway）。地下铁道简称地铁，泛指轴重相对较重（轴重60 kg/m以上）、高峰时单向客运量在每小时3万～7万人次的大容量轨道交通系统，如图1-2所示。

图 1-2　地下铁道

地铁是城市快速轨道交通的先驱，是由电力牵引、轮轨导向、轴重相对较重、具有一定规模运量、按运行图行车，车辆编组运行在地下隧道内，或根据城市的具体条件，运行在地面或高架线路上的快速轨道交通系统。地铁最高速度可达120 km/h，旅行速度可达40 km/h以上，4～10节编组，车辆运行最小间隔时间可低于1.5 min。地铁的驱动方式有直流电动机、交流电动机、直线电动机等。地铁运量大、速度快、安全、准时、节省能源、不污染环境、节省城市用地,但其建设成本高,建设周期长,适用于出行距离较长、客运需求较大的城市中心区域。一般认为,人口超过百万的大城市应该考虑修建地铁。

③轻轨(light rail transit,LRT)。轻轨是在有轨电车的基础上改造发展起来的城市轨道交通,如图1-3所示。轻轨是反映在轨道上的荷载相对于铁路和地铁的荷载较轻的一种交通系统。轻轨是个比较广泛的概念,公共交通国际联会关于轻轨运营系统的解释文件中提到:轻轨是一种使用电力牵引、介于标准有轨电车和快速交通系统(包括地铁和城市铁路),用于城市旅客运输的轨道交通系统。

(a)国内轻轨　　　　　　　　　　　　(b)国外现代化的轻轨

图1-3　轻轨

轻轨原来的定义是采用轻型轨道的城市交通系统。轻轨最早使用的是轻型钢轨,现在已采用与地铁相同质量的钢轨,所以目前国内外都以客运量或车辆轴重的大小来区分地铁和轻轨。一般来说,轻轨是指运量或车辆轴重(60 kg/m以下)稍小于地铁的快速轨道交通。在我国《城市轨道交通工程项目建设标准》(建标104—2008)中,把每小时单向客流量为1万~3万人次的轨道交通定义为中运量轨道交通,即轻轨。

④独轨(monorail)。独轨交通又称为单轨交通,是指通过单一轨道梁支撑车厢并提供导向作用而运行的轨道交通系统。它与传统的钢轮钢轨运输系统完全不同,其最大特点是车体比承载轨道要宽。中国应用独轨的城市有重庆、上海等。

独轨通常分为跨座式独轨和悬挂式独轨两种类型,如图1-4和图1-5所示。

图1-4　跨座式独轨　　　　　　　　　图1-5　悬挂式独轨

独轨的车辆采用橡胶轮,由电气牵引,最高速度可达80 km/h,旅行速度为30~35 km/h,

列车可 4～6 节编组,单向运送能力为每小时 1 万～2.5 万人次。

⑤城市铁路(urban railway)。城市铁路是指建在城市内部或内外结合部,线路设施与干线铁路基本相同,服务对象以城市公共交通客流,即短途、通勤旅客为主的轨道交通系统。城市铁路通常分为城市快速铁路和市郊铁路两部分。

　　a. 城市快速铁路。城市快速铁路是指运营在城市中心,包括城市近郊地区的轨道系统,采用电气化线路,与地面交通的相交处大多采用立体交叉。

　　b. 市郊铁路。市郊铁路是指建在城市郊区,把市区与郊区,尤其是与远郊联系起来的铁路。市郊铁路一般和干线铁路设有联络线,设施与干线铁路相同,线路大多建在地面,部分建在地下或高架上。其运行特点接近干线铁路,只是服务对象不同。

市郊铁路是城市铁路的主要形式。市郊铁路是伴随着城市规模的扩大、卫星城的建设而发展起来的,通常使用电力牵引,列车编组多为 4～10 节,最高速度可达 100～120 km/h。市郊铁路运能与地铁运能相同,但由于站距较地铁长,运行速度超过地铁,可达 80 km/h 以上。目前重庆市正在建设市郊铁路东环线和西环线,此线路将串联重庆 1 小时经济圈。

城市铁路的概念范围在不断扩大,包括了城际间直达的高速铁路,如北京至天津的"京津快轨",如图 1-6 所示。

图 1-6　京津快轨

⑥磁悬浮交通(magnetic levitation for transportation)。磁悬浮交通是一种在高速运行时非轮轨黏着传动、用直线电动机驱动列车运行的、悬浮于地面的新型轨道交通系统。它克服了传统列车机械噪声和磨损等问题,不受轮轨黏着速度理论极限的限制,速度可达每小时500 多千米。当磁悬浮列车低速运行时,车轮会放下来,以车轮行驶,因此磁悬浮列车保留了轨道、道岔和车辆转向架及悬挂等许多传统机车车辆的特点。磁悬浮列车从悬浮机理上可分为常导吸型和超导斥型,是利用常导磁铁或超导磁铁产生的吸力或斥力使车辆浮起,用以上复合技术产生导向力,用直线电动机产生牵引动力的高速、安全、舒适、节能、环保、维护简单、占地少的新一代交通运输工具。上海磁悬浮列车如图 1-7 所示,磁悬浮技术原理如图1-8 所示。

图1-7 上海磁悬浮列车

⑦新交通系统(new transport system, NTS)。新交通系统是一个模糊的概念,不同国家和城市对其有不同的理解,还没有统一和严格的定义。从广义上说,NTS是所有现代化新型公共交通方式的总称。狭义上的新交通系统则定义为由电气牵引,具有特殊导向、操作和转向方式的胶轮车辆,单车或数辆编组运行在专用轨道梁上的中小运量轨道运输系统。

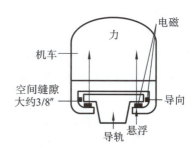

图1-8 磁悬浮技术原理

在新交通系统中,车辆可实现无人驾驶,在线路上自动运行,车站无人管理,完全由中央控制室的计算机集中控制,自动化水平高。新交通系统与独轨交通系统有许多相同之处,最大的区别在于该系统除有走行轨外,还设有导向轨,故新交通系统也称为自动导向轨道交通,如图1-9

图1-9 日本新交通系统

所示。新交通系统的导向系统可分为中央导向方式和侧面导向方式,每种方式又可分为单用型和两用型两种。单用型是指车辆只能在导轨上运行;两用型则指车辆既可在导轨上运行,又可以在一般道路上行驶。

1.2 城市轨道交通的组成、地位与作用

一、城市轨道交通的组成

城市轨道交通是集多专业、多工种于一体的,围绕安全行车这一中心而组成的有序联动、实时性极强的复杂系统。

城市轨道交通系统包括线路、车辆、供电、通信、运营调度、自动售检票、客运服务、安全保障等诸多专业,各专业又分别包含机械、电气、控制、自动化、计算机等多项工种。这些专业和工种必须有效联动,才能确保城市轨道系统的正常运营。而各专业在城市轨道交通中,又发挥着不可替代的作用。例如,列车是运送乘客的载具,但必须行驶在已铺设完成的轨道线路上;列车行驶依靠的是供电专业提供的电源;为保证列车行驶安全,必须有畅通可靠的通信系统和准确无误的信号系统作为保障;乘客进出站、购票、上下列车都需要客运人员提供车站服务等。

由此可见,只有城市轨道交通系统涉及的各专业都能确保各自工作正常,才能使城市轨道交通发挥作用。按照城市轨道交通工作目标和服务对象的不同,可以将城市轨道交通涉及的专业分为设备保障和运营管理两大类。

1. 设备保障类

设备保障类的主要工作目标是为运营管理提供设备和技术保障,工作人员一般不直接与乘客见面。各专业利用技术先进、性能可靠、操作简便的专业设备,为城市轨道交通实现安全运送乘客的目标提供可靠的物质保障,设备保障主要包括以下内容。

1) 线路工程

城市轨道交通采用的是电力驱动的轮轨系统,所有线路既是列车运行的支撑,也是轨道电路的组成部分,所以线路专业可以称为整个乘客运送系统的基础。在城市轨道交通系统中,一般将隧道、桥梁、车站建筑、监护等纳入线路工程的子系统。

2) 车辆

作为运送乘客的载具,车辆的性能直接决定了运送乘客目标的实现质量。在乘坐城市轨道交通时,乘客除了在车站就是在列车上。乘客的旅途安全有赖于列车的安全运行;列车行进速度直接决定了乘客到达的快捷和准点;车厢载客量、车厢硬件设备则决定了乘客出行过程的舒适度。

3) 通信系统

通信系统的任务是建立一个实现系统内指挥调度及公务通话和业务联系的通道。例如,为乘客提供运营信息,为公安部门提供视频和无线资源,为消防管理部门提供无线资源等。有线通信和无线通信是通信系统的两个子系统。

4) 信号系统

信号是信息的表现形式,信息是信号的具体内容,可以认为信号是信息传递的一种手段。城市轨道交通通过信号系统实现行车指挥和列车运行现代化,保证列车运行的安全,提高运输效率。此外,信号系统还需要利用信号将运营信息告知乘客,实现客流组织和完成运送乘客的任务。

5) 供电系统

电力是保证城市轨道交通正常运行的能源,由国家电网供电。供电系统不仅为城市轨道交通电动列车提供牵引用电,还为照明、通风、空调、电梯、防灾报警、通信、信号等运营服务设施提供电能。安全可靠又经济合理的供电系统是城市轨道交通正常运营的重要保障和前提,因此必须保证城市轨道交通供电系统正常运行,以免危及相关人员生命安全或造成重大财产损失。

6) 车站机电设备

车站机电设备包括车站自身的硬件设备系统和为乘客提供服务的设备系统两大类。属于前者的有车站火灾自动报警系统(fire alarm system,FAS)、车站环境与设备监控系统(building automation system,BAS)、车站给排水系统、车站低压配电及照明系统等;属于后者的有车站通风系统、车站空调系统、自动售检票系统(automatic fare collection,AFC)、自动扶梯系统、站台屏蔽(platform screen door,PSD)系统等。车站机电设备的完好率将直接决定车站的安全程度和乘客旅行的舒适、方便、安全程度,因此,车站机电设备系统虽然不直接决定城市轨道交通的运营质量,但能充分体现城市轨道交通的服务质量,应给予充分重视。

2. 运营管理类

运营管理类的工作目标是为乘客提供安全、快捷、准点、方便和尽可能舒适的出行工具,所以,凡直接涉及乘客出行的专业和工种,均应纳入运营管理范围。

1) 行车管理

行车管理主要负责对系统内所有列车的运行管理。城市轨道交通列车的运行是按运行图进行调度的,所以编制运行图、下达行车命令、突发事件时的行车调整、有关行车组织的即时命令发布等均是行车管理系统的工作职责。

(1) 主要工种。主要工种包括运营调度、设备调度、车站值班员、电动列车驾驶员等。

(2) 主要工种的岗位和主要职责。

①运营调度、设备调度一般集中在线路调度中心,负责全线的行车指挥。

②车站值班员的岗位在车站,负责按运行图或调度命令,对途经车站的列车进行正常行车操作或调整,对车站客流进行组织或疏导。

③电动列车驾驶员的岗位在列车上,除了负责驾驶列车运送乘客外,还要通过列车广播、车厢显示屏等平台为乘客提供服务。当列车突发故障时,电动列车驾驶员还要承担安全疏导乘客的任务。

2) 客运管理

客运管理是对乘客运送全过程的管理,是直接面向乘客的重要服务系统。系统服务对象是广大的乘客群,专业宗旨是"为乘客提供优质服务",专业评价标准是"乘客满意度"。

客运管理又包含两个重要的子系统,即客流组织和客运服务。前者主要是组织乘客有序流动,后者是为乘客提供优质服务,车站服务员(简称站务员)是服务提供者,其岗位在车站。

理论上,车站服务员是乘客出行过程中唯一能接触到的城市轨道交通工作人员,因此乘客会通过服务人员的言行举止对轨道交通运营企业的工作质量进行评判。随着城市轨道交通各系统自动化技术的不断提高,目前已实现了乘客"自助式出行"的目标,也就是乘客可以依靠车站提供的各类信息指示,在"无人服务"的情况下自主完成出行。

3) 乘务管理

城市轨道交通列车乘务员指的是电动列车驾驶员,其处于城市轨道交通运营的第一线,肩负着行车安全的主要责任。因此,合理安排乘务员作息时间、制定值乘方案、分配人员、教育培训及安全监督就显得尤为重要。这些管理制度和措施的制定不仅要与实际运营相结合,而且要有一定的科学依据作为保障,做到在实现人员的精简高效的同时能够确保运营的安全。

4) 票务管理

制定票价等运营政策,对车票制作、车票出售、入站检票、出站检票、补票、罚款等营运信息进行有效的管理是票务管理的主要工作内容。只有通过安全、可靠和完备的自动售检票系统才能有效地实施票务的清分和结算,所以票务管理也是票务收入和结算的基础。

另外,在城市轨道交通系统的管理中,安全运营始终是第一要务。广大乘客的生命安全、设备的安全运行、突发事件时的人员疏散和事故处理,以及反恐、防恐的措施制定和实施都属于安全管理的工作范畴。从工作性质分,安全管理分为乘客和员工的人身安全管理,运行和服务设备设施的安全管理和突发事件时的应急处置三方面内容。

二、城市轨道交通的地位与作用

城市轨道交通在城市公共交通中占有重要的地位,并发挥着重要的作用,具体表现如下。

(1) 城市轨道交通是城市公共交通的主干线,是客流运送的大动脉,是城市的生命线工程。城市轨道交通建成运营后,将直接关系到城市居民的出行、工作和生活。

(2) 城市轨道交通是世界公认的低能耗、少污染的"绿色交通",是解决"城市病"的一把金钥匙,对于实现城市的可持续发展具有非常重要的意义。

(3) 城市轨道交通是城市建设史上最大的公益性基础设施,对城市的全局和发展模式将产生深远的影响。为了建设生态城市,应把"摊大饼式"的城市发展模式改变为"伸开的手掌形"模式。而手掌形城市发展的骨架就是城市轨道交通。城市轨道交通的建设可以带动城市沿轨道交通廊道的发展,促进城市繁荣,形成郊区卫星城和多个副中心,从而缓解城市中心人口密集、住房紧张、绿化面积小、空气污染严重等城市通病。

(4) 城市轨道交通的建设与发展有利于市民提高出行的效率,节省时间,改善生活质量。国际知名的大都市由于轨道交通事业十分发达,人们出行很少乘私人车辆,主要依靠地铁、轻轨等轨道交通,故城市交通秩序井然,市民出行方便、省时。

自1863年世界上第一条地铁线建成以来,城市轨道交通由于技术成熟、安全可靠、形式多样、用途广泛,正在成为城市交通的骨干。

综上所述,城市轨道交通系统封闭、独立和自成体系的运营方式使安全、准点、快捷地运送乘客的目标得以实现;多专业、多工种的联动和新设备、新技术的应用是城市轨道交通系统的最大技术特点。

1.3 城市轨道交通的发展历程

一、城市轨道交通的起源

法国人巴斯卡(B. Pascal)于1662年在巴黎首创的无轨公共马车,有着固定的路线和班次,由此诞生了城市公共交通。无轨马车虽然是城市公共交通的先驱,但它缓慢颠簸、不舒服,且容易造成街道上车辆拥挤及阻塞。

把马车放在钢轨上行驶,可以提高其速度及平稳性,还可以利用由多匹马组成的马队来提高牵引力,增大车辆规模,降低运输成本及票价。从1855年开始,有轨马车大规模地替代公共马车,在欧美迅速扩展,至1890年,总轨道里程达到9 900 km。

虽然有轨马车比无轨马车有了很大的改进,但随着城市人口及车辆的增加,在平交道口开始出现交通阻塞,这种情况在较大的城市非常严重。交通的拥堵使人们想到了将交通线路往地下发展,以便解决客流膨胀与土地紧张的问题。19世纪中叶的英国伦敦,交通十分拥堵,1843年,有"地铁之父"之称的英国律师查尔斯·皮尔逊(Charles Pearson)建议修建地铁。经过20年的酝酿和建设,世界上第一条快速轨道交通地下铁道(地铁)于1863年1月10日在伦敦正式运营。它标志着城市轨道交通在世界上诞生了。用明挖法施工的伦敦地铁,通车时采用蒸汽机车牵引,线路全长6.5 km。尽管列车在地下隧道内运行时,隧道里烟雾熏人,但当时的伦敦市民甚至皇亲显贵们仍乐于乘坐这种地下列车,因为在拥挤不堪的伦敦地面街道上乘坐有轨马车,其条件和速度都不如地铁列车。

世界上第一条地下铁道的诞生为人口密集的大都市发展公共交通提供了宝贵的经验。特别是伦敦地铁,其线路全长仅6.5 km,开通第一年就运载了950万乘客,为解决城市交通拥堵问题树立了成功典范。尤其是1879年电力机车的研制成功,使得地下运输环境和服务条件得到了极大的改善,世界上一些著名的大城市先后开始修建地下铁道。从1863年到1900年,修建地下铁道的有5个国家的7座城市,它们是英国的伦敦、格拉斯哥,美国的纽约、波士顿,匈牙利的布达佩斯,奥地利的维也纳及法国的巴黎。在20世纪初期的欧美地区,包括德国的柏林和汉堡、美国的费城、西班牙的马德里等9座大城市又都相继修建了地下铁道。从此,城市交通进入了轨道交通时代。

二、世界城市轨道交通的发展

自1863年伦敦开通世界上第一条地铁以来,至2014年,世界城市轨道交通的发展已有151年的历史。截至2014年末,共有50多个国家或地区修建了轨道交通,近两百条地铁系统投入运营,线路总长度达数万公里,其中,开通运行里程数位居前三位的分别是上海地铁(643 km)、北京地铁(604 km)及伦敦地铁(408 km)。各大城市的地铁、轻轨、城市铁路、新型城市轨道交通都得到了很好的发展,为城市的客运交通和经济发展做出了重要的贡献。

世界城市轨道交通的发展经历了一个曲折的过程,大致可分为以下几个阶段。

1. 初步发展阶段

1863—1924年为初步发展阶段。在这一阶段,欧美的城市轨道交通发展较快,其间13

个城市建成了地铁,还有许多城市建设了有轨电车。20 世纪 20 年代,美国、日本、印度和中国的有轨电车有了很大发展。这种旧式的有轨电车行驶在城市的道路中间,运行速度慢,正点率很低,而且噪声大,加速性能差,乘客舒适度差,但在当时仍然是公共交通的骨干。

2. 停滞萎缩阶段

1925—1949 年为停滞萎缩阶段。第二次世界大战的爆发和汽车工业的发展,导致了城市轨道交通的停滞和萎缩。汽车的灵活、便捷及可达性,使其一度成为城市交通的宠儿,得到了飞速发展。而轨道交通因投资大、建设周期长,一度失宠。这一阶段只有 5 个城市发展了城市地铁,有轨电车则停滞不前,有些线路被拆除。1912 年,美国已有 370 个城市拥有有轨电车,但到了 1970 年,只剩下 8 个城市保留了有轨电车。

3. 再发展阶段

1950—1969 年为再发展阶段。汽车过度增加使得城市道路异常堵塞。由于行车速度下降,严重时还会导致交通瘫痪,加之空气污染、噪声严重,大量耗费石油资源,市区有时甚至难以找到停车位,于是人们又重新认识到,解决城市客运交通必须依靠电力驱动的轨道交通。轨道交通因此重新得到了重视,而且逐步扩展到日本、中国、韩国、巴西、伊朗、埃及等国家。

4. 高速发展阶段

1970 年至今为高速发展阶段。世界上的很多国家都确立了优先发展轨道交通的方针,立法解决城市轨道交通的资金来源。世界各国的城市化趋势导致人口高度集中,要求轨道交通高速发展以适应日益增加的客流量,同时,各种技术的发展为轨道交通的发展奠定了良好的基础。

 拓展知识

世界主要城市地铁简介

1. 纽约地铁

纽约地铁是当今世界历史最悠久的地铁之一,其线路有 30 条,全长 369 km,车站多达 468 个,设施较为陈旧。

2. 莫斯科地铁

莫斯科地铁是世界上最豪华的地铁,有欧洲地下宫殿之称。天然的料石、欧洲的传统灯饰与莫斯科气势恢宏的各类博物馆交相辉映,简直是一座艺术的博物馆。市区 12 条地铁线路纵横交错,充分体现了苏联城市交通规划和建筑业的一流水平。

3. 巴黎地铁和里尔地铁

巴黎地铁是世界上最方便的地铁,每天发出 4 960 辆列车,在主要车站的出入口均设有计算机来显示应乘的线路、换乘的地点等,一目了然。巴黎地铁也是世界上层次最多的地铁,包括地面大厅在内共有 6 层(一般为 2~3 层)。里尔地铁是当今世界最先进的地铁,全部由计算机控制,采用无人驾驶技术,轻便、省钱、省电,车辆在行驶过程中发出的噪声、震动都很小,高峰时每小时通过 60 辆列车,为世界上行车间隔最短的全自动化地铁。

4. 香港地铁

世界各国地铁的运营均靠政府补贴,唯独我国香港地铁既解决了市区出行问题,同时又

可盈利。香港地铁2012年全年盈利97亿港元。

5. 新加坡地铁

新加坡地铁车站和线路清洁明亮、一尘不染,是世界上最安全、最清洁、管理最好的地铁。新加坡地铁像莫斯科地铁一样考虑了战时的防护掩蔽,车站出入口均设置有防护门、密闭门等防护设施。

世界上部分城市修建地下铁道的情况如表1-1所示。

表1-1 世界上部分城市修建地下铁道的情况

城市(所属国家)	通车年份	当时人口/万人	线路长度/km	车站数目	轨距/mm	牵引供电方式	电压/V
伦敦(英国)	1863	670	408	273	1 435	第三轨	630
芝加哥(美国)	1892	370	174	143	1 435	第三轨	600
格拉斯哥(英国)	1897	75.1	10.4	15	1 435	第三轨	600
维也纳(奥地利)	1898	150	34.4	39	1 435	第三轨	750
巴黎(法国)	1900	210	199	367	1 440	第三轨	750
柏林(德国)	1902	320	134	132	1 435	第三轨	750
费城(美国)	1905	170	62	60	1 435	第三轨	600
汉堡(德国)	1912	160	92.7	82	1 435	第三轨	750
布宜诺斯艾利斯(阿根廷)	1913	290	39	63	1 435	架空线	600

1.4 我国城市轨道交通的发展状况

我国城市轨道交通的发展可以划分为早期有轨电车交通时代和现代城市轨道交通时代。

一、早期有轨电车交通时代

我国的有轨电车起源于20世纪初,到20世纪50年代,我国的有轨电车交通达到了高峰。上海、大连、北京、天津、哈尔滨、长春等诸多城市都建成了多条有轨电车线路。有轨电车在我国城市交通中发挥了历史性的作用。

由于有轨电车与城市发展之间存在诸多矛盾,我国的有轨电车同国外一样,从20世纪50年代逐步拆除。

二、现代城市轨道交通时代

我国现代城市轨道交通是以1965年7月1日开工建设的北京地铁为开端的,发展至今,大致经历了以下5个阶段。

1. 起始阶段

起始阶段以1965年开始建设、1969年10月1日建成通车的北京地铁(复兴门站—苹果园站，全长 23.6 km)和 1970 年开始兴建、1976 年建成通车的天津地铁(新华路站—西南角站，全长 5.2 km)为代表。

这一阶段地铁的规划与建设，除了实现城市的客运功能之外，更重要的是满足人防战备的需要。

2. 开始建设阶段

开始建设阶段以北京地铁 1 号线完全建成(复八线建设和 1 号线改造)、上海地铁 1 号线(上海火车站—莘庄)、广州地铁 1 号线(西朗站—广州东站)的建成为标志。随着改革开放和经济体制改革的逐步深入，城市交通需求剧增，导致道路交通供给能力严重不足，交通供需矛盾十分突出，这也成为城市经济发展的一个重要制约因素。为适应城市发展的需要，缓解城市交通的紧张状况，从 20 世纪 90 年代开始，我国政府加大了对城市交通基础设施的投入，强调轨道交通对解决城市交通问题和引导城市发展的作用。从此，发展大容量轨道交通的理念开始显现，我国开始了城市轨道交通的建设阶段。在这一阶段，除地铁建设外，以上海明珠线一期工程为代表的轻轨交通也开始建设。

3. 建设高潮阶段

随着我国经济的发展和城市化进程的加快，我国城市的规模不断扩大，人口不断增加，城市交通问题日益突出。城市交通问题的解决必须依赖公共交通的发展，大城市及特大城市还必须建设一个以轨道交通系统为骨干，以公共交通为主体，多种交通方式相协调的综合交通系统。同时，经济的快速发展也为城市轨道交通的发展奠定了雄厚的物质基础。自 20 世纪末至 21 世纪初，我国城市轨道交通进入了快速发展的建设高潮阶段。

在这一阶段，城市轨道交通建设具有以下特点。

(1) 兴建城市轨道交通的城市迅速增多。据中国轨道交通网最新数据统计显示，截至 2021 年 3 月 28 日，中国大陆地区共包括上海、北京、广州、南京、武汉、重庆等 40 座城市开通运营 214 条城市轨道交通线路，总线路里程达 7 273.63 km，车站 4 707 座。地铁运营线路总里程位居前十位的城市有上海、北京、成都、广州、深圳、南京、重庆、武汉、杭州和青岛。此时，我国总计有 43 座城市获批正在建设和筹建轨道交通，我国的城市轨道交通处于良好的快速发展阶段。

(2) 城市轨道交通的网络化。目前，我国部分城市的轨道交通建设呈现网络化发展。北京、上海、天津、广州等城市均在建和筹建多条城市轨道交通线路，形成纵横交错、相互沟通连接的网络交通体系。

(3) 城市轨道交通类型的多元化。目前，我国的城市轨道交通已不再是单一的地铁交通。北京建成了市郊铁路交通；天津建成了滨海快速轨道交通；大连、长春、武汉建成了轻轨交通；重庆建设了跨座式单轨交通；上海开通了高速磁悬浮列车；广州出现了直线电动机驱动的列车。城市轨道交通供电系统不仅有第三轨供电，还有架空线接触网供电的形式，轨道交通类型呈多元化发展。

(4) 城市轨道交通的现代化。随着城市轨道交通的发展，以车辆为代表的技术体系也实现了现代化。通过国际技术交流与合作，引进先进技术，实现设计制造技术的现代化，在提升技术水平的同时，也加快了国产化的进程。

4. 建设调整阶段

在我国城市轨道交通的发展过程中，值得指出的是，从 1995 年到 1998 年，由于地铁建设发展迅猛,有部分城市不顾地方经济实力,盲目上马轨道交通建设项目,速度过快、过猛;还有的城市盲目追求高标准,忽视了是否适合本城市的实际情况等问题,使城市轨道交通建设带有很大的盲目性。针对工程造价高、车辆全部引进、大部分设备大量引进等问题,1995年国务院办公厅 60 号文通知,除上海地铁 2 号线项目外,所有地铁建设项目一律暂停审批,并要求做好发展规划和国产化工作。从 1995 年到 1998 年,近 3 年时间内国家没有审批任何城市轨道项目。2002 年 10 月中旬,国务院冻结了近 20 个城市的地铁立项,委托中国国际工程咨询有限公司对国内的地铁项目做全面的调查分析,准备出台一系列有关地铁项目审批的新政策,加大地铁项目的宏观调控力度。轨道交通的建设与发展经历了一段曲折的历程。

5. 蓬勃发展阶段

我国的城市轨道交通在经历了早期建设、高速发展、建设调整等曲折过程后,正步入稳步、持续、有序的蓬勃发展阶段。

根据《国家中长期科学和技术发展规划纲要》(2006—2020 年)的精神,多地明确提出构建以城市轨道交通为骨架的城市综合公共交通体系,我国城市轨道交通在"十三五"期间迎来了新一轮的建设高潮。

截至 2021 年,我国获批轨道交通建设规划的城市已达 43 个,表 1-2 列出了我国截至 2021 年 3 月已建成城市轨道交通线路(地铁)运营里程等相应数据。表 1-3 为 2020 年中国城市轨道交通新增运营线路统计。

表 1-2　截至 2021 年 3 月中国地铁运营线路里程

序　号	城　市	运营线路/条	总里程/km	运营车站/座
1	上海	19	749.64	460
2	北京	21	697.95	418
3	成都	12	513.3	337
4	广州	14	506.08	269
5	深圳	11	411.54	285
6	南京	10	377.49	173
7	重庆	9	365.53	219
8	武汉	11	359.39	241
9	杭州	8	306.96	189
10	青岛	6	243.59	114
11	西安	8	241.3	168
12	天津	6	234.29	165
13	郑州	7	206.41	152
14	苏州	5	165.49	134
15	大连	4	157.93	69
16	宁波	5	154.31	103
17	长沙	5	142.23	111

续表

序号	城市	运营线路/条	总里程/km	运营车站/座
18	昆明	5	139.42	92
19	沈阳	4	115.23	92
20	合肥	4	114.82	100
21	南宁	4	108	87
22	长春	5	98.63	94
23	南昌	3	89.04	74
24	无锡	3	88.71	70
25	济南	3	84.07	43
26	厦门	2	71.9	56
27	石家庄	3	61.6	51
28	福州	2	59.58	47
29	温州	1	53.5	18
30	呼和浩特	2	49.04	44
31	徐州	2	46.12	38
32	东莞	1	37.79	15
33	常州	1	34.24	29
34	贵阳	1	33.7	24
35	哈尔滨	2	30.83	28
36	乌鲁木齐	1	27.62	21
37	兰州	1	25.9	20
38	洛阳	1	25.34	19
39	太原	1	23.65	23
40	佛山	1	21.47	15
合计	40个	214	7 273.63	4 707

注：数据仅包含中国大陆地区，不含港澳台地区；仅包含地铁线路及以地铁模式建设的城际铁路等，不含现代有轨电车、中低速磁悬浮等。

表1-3　2020年中国各城市轨道交通新增运营线路统计(截至12月31日，按开通时间排序)

序号	城市	线路名称	线路长度/km	开通时间	系统制式	车站数/座	备注
1	石家庄	3号线一期工程北段	5.40	2020.01.20	地铁	4	
2	杭州	杭临线(16号线)	35.12	2020.04.23	市域快轨	12	

续表

序号	城 市	线路名称	线路长度/km	开通时间	系统制式	车站数/座	备 注
3	杭州	地铁5号线后建段	36.16	2020.04.23	地铁	26	上半年共开26站，其中4月23日开通25站，6月30日开通火车南站1站
4	沈阳	10号线一期工程	27.21	2020.04.29	地铁	21	
5	天水	有轨电车示范线一期	12.93	2020.05.01	现代有轨电车	11	共设12座车站，其中籍河景观公园站暂缓开通，第41个城轨交通运营城市
6	宁波	2号线二期开通段	5.60	2020.05.30	地铁	3	
7	长沙	3号线一期	36.50	2020.06.28	地铁	25	
8	长沙	5号线一期	22.50	2020.06.28	地铁	18	
9	广州	黄埔有轨电车1号线示范段	7.60	2020.07.01	现代有轨电车	10	
10	深圳	6号线一二期	49.47	2020.08.18	地铁	27	
11	深圳	10号线一期	29.31	2020.08.18	地铁	24	岗厦北站暂缓开通
12	石家庄	2号线一期工程	15.56	2020.08.26	地铁	15	
13	昆明	4号线	43.38	2020.09.23	地铁	29	
14	昆明	6号线二期	7.28	2020.09.23	地铁	4	
15	成都	18号线首开段	55.95	2020.09.27	地铁	9	
16	宁波	3号线鄞奉段	15.98	2020.09.27	城市快轨	6	（原名字宁波至奉化城际铁路工程后通段）开通后与3号线一期工程贯通运营
17	呼和浩特	2号线	27.30	2020.10.01	地铁	24	
18	三亚	有轨电车示范线	8.37	2020.10.10	现代有轨电车	15	第42个城市交通运营城市
19	无锡	3号线一期	28.50	2020年底	地铁	21	
20	深圳	2号线三期	3.90	2020.10.28	地铁	3	
21	深圳	3号线南延段	1.45	2020.10.28	地铁	1	

续表

序号	城市	线路名称	线路长度/km	开通时间	系统制式	车站数/座	备注
22	深圳	4号线北延段	10.79	2020.10.28	地铁	8	
23	深圳	8号线一期	12.34	2020.10.28	地铁	6	
24	南宁	2号线东延	6.30	2020.11.23	地铁	5	
25	南宁	4号线西段	20.70	2020.11.23	地铁	16	
26	广州	8号线北延剩余段	16.10	2020.11.26	地铁	11	共设13座车站,其中两站暂缓开通
27	徐州	2号线一期	24.25	2020.11.28	地铁	20	
28	成都	6号线一二三期	68.88	2020.12.18	地铁	56	
29	成都	8号线一期	29.10	2020.12.18	地铁	25	
30	成都	9号线一期	22.18	2020.12.18	地铁	13	
31	成都	17号线一期	26.15	2020.12.18	地铁	9	
32	成都	18号线三岔站至天府机场北站段	14.04	2020.12.18	地铁	4	
33	宁波	4号线	35.95	2020.12.23	地铁	25	
34	青岛	1号线北段	21.90	2020.12.24	地铁	15	
35	青岛	8号线北段	48.30	2020.12.24	地铁	10	共设11座车站,其中胶东机场暂缓开通
36	上海	10号线二期	9.83	2020.12.26	地铁	6	
37	上海	18号线一期南段	14.47	2020.12.26	地铁	8	
38	合肥	5号线南段	22.87	2020.12.26	地铁	20	
39	太原	2号线	23.38	2020.12.26	地铁	23	第43个城规交通运营城市
40	郑州	3号线一期	25.49	2020.12.26	地铁	19	共设21座车站,其中两站暂缓开通
41	郑州	4号线	29.21	2020.12.26	地铁	25	
42	南昌	3号线	28.50	2020.12.26	地铁	22	共设27座车站,其中两站暂缓开通
43	福州	1号线二期	5.01	2020.12.27	地铁	4	
44	西安	5号线一期先开段	21.78	2020.12.28	地铁	18	
45	西安	5号线二期	19.87	2020.12.28	地铁	13	
46	西安	6号线一期	15.60	2020.12.28	地铁	13	

续表

序号	城市	线路名称	线路长度/km	开通时间	系统制式	车站数/座	备注
47	西安	9号线(临潼线)	25.30	2020.12.28	地铁	15	
48	广州	黄埔有轨电车1号线后建段	7.20	2020.12.28	现代有轨电车	9	
49	杭州	1号线三期	11.17	2020.12.30	地铁	5	
50	杭州	6号线一期	47.95	2020.12.30	地铁	29	
51	杭州	7号线管建设	38.63	2020.12.30	地铁	19	
52	北京	16号线中段	10.90	2020.12.31	地铁	5	共设7座车站，其中两站暂缓开通
53	北京	房山线北延	4.80	2020.12.31	地铁	4	
54	北京	亦庄有轨电车T1线	11.90	2020.12.31	现代有轨电车	14	共设15座车站，其中老观里站暂缓开通
55	重庆	国博线6号支线二期	13.99	2020.12.31	地铁	7	
56	重庆	1号线(朝天门-小什字)	1.00	2020.12.31	地铁	1	
57	株洲	智轨A1线	3.00	2018.5.8	现代有轨电车	4	根据2020年11月01日生效的国标T/CAMET00001—2020《城市轨道交通分类》相关规定补充纳入
58	宜宾	智轨T1线	17.70	2019.12.31	现代有轨电车	19	
合计		/	1 242.00	/	/	833	/

注1：数据仅包含中国大陆地区，不含港澳台地区。

注2：分段建设分段开通运营的线路均合并为一条线路，运营时间指最后开通的时间。

三、我国城市轨道交通发展的不足与展望

随着我国经济社会的不断进步和发展，我国的城市轨道交通建设也得到了快速发展。在肯定我国轨道交通建设长足发展的同时，我们也应清醒地看到，轨道交通的发展目前仍存在一些问题。这些问题主要表现在四个方面：一是城市轨道交通规模小、经济效益差，高峰期运输紧张的问题比较突出，路网规模、结构有待提高和改善，交通问题仍然是制约城市经济发展的瓶颈问题；二是在城市交通问题日益突出、大城市交通拥堵、路网结构不够合理的状况下，城市大容量快速轨道交通的发展仍然比较缓慢；三是城市群快速发展，城际旅游客流不断增加，城际间的交通运输能力越来越不适应发展的要求，城际间大容量、高效率、低污染和节省资源的轨道交通建设滞后；四是轨道交通装备的国产化率偏低，有待进一步提高。

为了实现我国轨道交通的可持续发展，2015年1月12日，中华人民共和国国家发展和

改革委员会发布了《关于加强城市轨道交通规划建设管理的通知》(发改基础[2015]49号),要求坚持"量力而行、有序发展"的方针,按照统筹衔接、经济适用、便捷高效和安全可靠的原则,科学编制规划,有序发展地铁,鼓励发展轻轨、有轨电车等高架或地面敷设的轨道交通制式。把握好建设节奏,确保建设规模和速度与城市交通需求、政府财力及建设管理能力相适应。加强规划管理、建设管理、安全管理,促进我国轨道交通建设的可持续发展。

为了保证城市轨道交通建设的稳步发展,目前迫切需要整合全国资源,构建国家级技术标准,建立国家级技术标准体系。展望未来,轨道交通作为一种与我国国情相适应的交通运输方式,发展前景十分广阔。

拓展知识

城市轨道交通建设的必要性和充分性

1. 城市轨道交通建设的必要性

1) 城市公共客运交通运量需求的必要性

城市客运交通运量大,时间性强,牵制因素多,影响面广,调整弹性差,因此,相对而言,客运交通比货运交通的地位更加特殊,更难协调供需矛盾,对城市生活与发展影响更大,尤其对于现代化大都市而言更为突出。

在城市客运交通中,公共交通所占比例较大,是城市客运交通的主要方式和最佳的发展方向。无论是从人均占地面积(城市空间)、所耗能源、所产生的污染、交通事故的发生频率,还是从市民出行的时间、费用、舒适度、可靠性等交通服务水平来考查,公共交通都比私人交通(其代表是小汽车、摩托车、电动车、自行车)具有更强的优势与可持续发展的特征。

在城市公共客运交通中,普遍采用的是地面公共电(汽)车交通,这是一类一次性投资较低、可调整性较强、适应面较广、技术要求相对较低的公共客运交通方式,但也具有不可避免的局限性。

①运量有限。在限定舒适度的条件下(主要指拥挤度指标),如在车厢内每平方米站立乘客 7~11 人的"极拥挤"程度下,一条公共电(汽)车路线单向高峰小时的最大运量为 5 000~8 000人次。如果要再提高运量,那么必然会形成两个后果:一是车辆内拥挤度提高,如达到每平方米站立 12~14 人的"极其拥挤"程度;二是线路上车辆连发频率过高,形成首尾相接的"列车"运行现象。

②道路拥塞。由于公共电(汽)车在城市道路上行驶时很少有专用车道,因此交通高峰时期正是道路最拥挤的时段,这是造成道路拥塞的原因之一。即使有公交专用车道,也会形成"列车堵塞"运行现象,造成速度下降、秩序混乱、效果不佳的后果。

因此,地面公共电(汽)车交通方式仅能满足一定运量的城市客运交通需求,无法适应大城市交通对大运量、快速运输的要求。例如,大型社区的居民通勤出行,市中心区的交通吸引点,大型文体场所、车站、机场、码头产生的密集到发客流,均需要运量大、速度快、可靠性强的城市轨道交通系统来承担。

一般认为,城市公共客运交通运量需求的必要性主要表现在以下几方面:

①满足单一方向的极大客运量需求,即在某一客运交通方向上,当单向高峰小时客流量大于 8 000 人次时,就有必要建设城市轨道交通系统;否则,该方向地面常规公交服务水平

必然下降,表现为车内拥挤不堪、车速极低、延误严重等。

②满足城市交通整体客运量的需求。城市地面道路拥挤(尤其是高峰时段的市中心区及主要干道)是一个世界性的城市通病,地面道路不可能无限地拓宽,即使进行了一定程度的拓宽,也难以跟上因城市人口增加及经济发展而引发的车辆与交通量的增加速度。因此,建设运载量大、人均占用道路面积极少的轨道交通(地下或高架系统占地更少,甚至接近于零)是有效减少地面交通车辆、缓解地面交通压力的最佳办法。

对一个城市而言,具有一个功能完善、布局合理的轨道交通网,就可以构筑层次清晰、结构合理、高效低耗、对城市发展起积极牵动作用的城市客运交通体系。

2) 城市客运交通运距需求的必要性

随着城市范围的扩展和布局的进一步调整,其功能区日益清晰且分布合理,城市客运交通的运输距离有增长的趋势。尤其是大都市圈、群、带等城市化形式的出现,使得市民出行的距离拉长,在途时间增加,旅途疲劳度增大。地面公共交通难以满足交通运距变大引起的服务方面的需求,而轨道交通系统恰好能发挥其优势。

城市交通的主要集散点之间,尤其是城市中心区与边缘功能区(如工业区、居民区、游览区)之间,各功能区之间;以及大都市中心区与副中心区、卫星城、新城区之间,轨道交通是唯一一种既能以合适的"时间距离"缩短过大的空间距离,又能避免种种交通发展负效应的现代交通方式。

如果城市布局因地理条件限制而出现条形结构,那么轨道交通将是最佳的交通发展轴。

一般而言,市民一次出行的合理在途时间应视交通工具的便利性、舒适性而定,有一个可容忍限度。苏联城市交通专家的研究结果表明,一次出行在途时间以不超过 40 min 为限(包括步行到车站、乘车、换车及到站后步行等各种耗时),并认为每超过 10 min,出行者的工作效率将下降 5%。按此标准,如果一个城市中心区的地面公共车辆的平均运行速度为 10~15 km/h,该中心区的居民一次出行的距离仅为 6~10 km(需扣除步行、候车耗时)。换言之,该城市的市民活动半径为 6~10 km,城市区的面积也仅为 120~300 km²。

因此,一个占地面积扩展至几千平方千米,乃至上万平方千米的特大城市,维系城市各功能区有效紧密联系的交通方式只能是轨道交通,假设某轨道交通系统的平均旅行速度为 35~40 km/h,该城市中心区范围可望扩展到 19~22 km 吸引半径(已扣除步行到站、候车换乘等时间),近 1 600 km² 的面积。

城市轨道交通决定的城市中心区吸引范围的计算公式为

$$R = v_{旅}(T - t)$$

式中,$v_{旅}$ 为轨道交通系统列车运行的平均旅行速度(km/h);T 为城市居民出行一次的最大在途时间(h);t 为城市居民出行一次步行到轨道交通系统车站及候车的时间(h)。

因此,城市轨道交通系统是城市中心区、城市布局区、城市范围得以扩大的基本保证。无论是对于单一中心的多环同心圆结构,还是适度扩散的多中心组团式结构,一个现代化大都市或大都市圈的发展都不能缺少城市轨道交通的支撑。

3) 城市现代化发展技术需求的必要性

城市发展过程是综合经济实力与科技水平的集中表现,城市交通是现代化发展的重要标志之一。很难设想一个极具现代化水平的经济发达城市,只有单一的地面公共交通工具为城市庞大的高标准的客运交通服务。尤其是在人口密度高、土地面积并不大的城市,采用盲目拓宽道路或发展高速道路的城市交通发展战略，无疑是一种短期策略表现，而非可持续发展的战略抉择。

城市轨道交通的建设在某种意义上反映了城市的综合实力，反映了城市交通的科技含量与发展水平，也为城市产业发展与产业结构调整带来了新的增长点。

4) 城市可持续发展需求的必要性

最新的城市发展观念，是以环境保护与资源利用两项可持续发展重点指标作为主要评价标准的。对城市环境保护与资源利用具有破坏作用的重要因素之一，就是无限制地发展汽车交通。由此带来的大量侵占城市用地（道路面积率不断扩大，个别城市已达30%以上），大量排放废气污染物，大面积形成道路堵塞，大规模消耗能源（如个体交通、大排量汽车），大幅度造成伤亡事故（造成大规模的人力、物力、财产损耗），大量耗费管理管制人力、物力，已成为城市可持续发展的主要制约因素。

因此，从城市可持续发展的角度来看，公共交通优于私人交通，在公共交通的范畴中，轨道交通优于公共电（汽）车。

此外，城市环境保护和资源利用的重要环节是产业结构的调整与功能区的布局调整。一方面，创造良好的环境条件（如增加绿地面积，压缩高能耗、高污染、高成本、低效益的产业，降低建筑密度与人口密度，提高空气、水等环境质量）；另一方面，构筑科学合理的城市布局，促进城市资源（如土地资源、水资源、能源资源、人力资源、物资资源等）的优化配置，使城市发展具有潜力与后劲。要实现上述目标，在客运交通方面切不可盲目发展私人汽车，而是要建设轨道交通体系。

2. 城市轨道交通建设的充分性

城市轨道交通建设需要巨额投资（目前国内地下铁道建设投资已高达5亿元人民币/千米以上）。建筑施工技术要求高、难度大，设备技术含量高，运营管理要求高，经营风险大。因此，即使在亟须建设轨道交通系统的城市，也可能因为种种主客观原因（主要有观念认识偏差、经济实力基础薄弱、技术储备基础差等）而未能及时建设。

对于经济并不发达的国家或地区的城市来说，轨道交通系统的建设处于两难境地：一方面城市人口密集，亟须轨道交通早日建成；另一方面，因经济实力有限，资金难以筹措，而无法及时有效地完成轨道交通的规划与建设。即城市轨道交通建设除了必要性之外，更重要的还有其充分性。

1) 充分认识城市轨道交通建设的重要性与必要性

城市轨道交通建设的重要性与必要性，近年来经过激烈争论和实践验证，已在学术界达成基本共识，关键在于政府的管理层和决策层是否有充分认识。唯有被充分认识，才有城市轨道交通建设在筹资立项程序上的充分可能性。

2) 充分具备城市轨道交通建设的经济基础

一方面，城市发展的综合实力在整体上为城市轨道交通建设带来经济基础和交通需求；另一方面，城市轨道交通建设的项目投资需要雄厚的经济实力，包括融资还贷能力、保本盈利能力、持续经营能力等。

城市轨道交通路线一般不可能很短（平均长度在15 km左右，较长的线路更能显示轨道交通的优势）。因此，即使建设单一的轨道交通线路，一次性投资也十分可观，更何况大城市轨道交通系统都是连线成网的，具有相当规模。

3)充分具备城市轨道交通建设的科学技术基础

城市轨道交通系统既有高科技特征,又有持续发展、不易调整的特征。因此,从规划开始,到建设、运营、发展、改进,不论是网络规划、设备制造,还是运营管理、设备维护等,均需要有现代高新技术的支持。

城市轨道交通建设的科技领域涉及面较广,有土木、通信、电子、计算机、车辆、供电、环控、防灾、机电等。没有相当程度的科技储备,就难以完成城市轨道交通系统的科学规划,难以保证高质高效的建设和运营,即使依赖国际先进技术的支持,也难以持续发展,难以安全可靠、高效低耗地运营。

由此可见,城市轨道交通建设的充分性表现在认识到位、经济实力与科技水平均达到一定标准三方面,缺一不可。

思考与练习

(1)简述城市轨道交通的定义。
(2)简述城市轨道交通的特点。
(3)简述城市轨道交通的类型。
(4)列表比较各种轨道交通的特点。

模块 2　城市轨道交通系统的类型

学习目标

(1) 了解有轨电车的概念和发展历史。
(2) 熟悉地下铁道系统的构成及适用范围。
(3) 熟悉轻轨系统的发展模式和主要类型。
(4) 掌握城市铁路的分类、发展历史、优缺点和适用范围。
(5) 了解独轨系统的相关知识。

2.1 有轨电车系统

一、有轨电车系统的概念

有轨电车(tram 或 streetcar)是使用电车牵引、轮轨导向、1~3辆编组运行在城市线路上的低运量轨道交通系统。有轨电车通常采用地面线，有时也有隔离的专用路基和轨道，隧道或高架区间仅在交通拥挤的地带才被采用。有轨电车轨道系统的建设投资较小，见效较快，但运输能力相对也较小。

有轨电车是最早发展的城市轨道交通之一，一般设在城市中心，穿街走巷运行，具有上车方便的特点。

二、有轨电车的发展历史

有轨电车起源于城市公共马车，为了多载客，人们把马车放在铁轨上，这就是有轨马车。随着电动机的发明和牵引电力网的出现，世界上第一条有轨电车线于1888年5月在美国弗吉尼亚州里士满开通。到20世纪20年代，美国的有轨电车总长达 2.5×10^4 km，到20世纪30年代，欧洲、日本、印度和我国的有轨电车有了很大发展。19世纪后期和20世纪前期是有轨电车的发展高峰。

旧式的有轨电车的单向运输能力一般在1万人次/时以下，通常采用地面路线，与其他车辆混合运行，运行速度一般为10~20 km/h。由于与公共汽车及行人共用街道路权，且平交道口多，因而旧式有轨电车运行所受的干扰多、速度慢。

1908年3月5日，我国第一条有轨电车线在南京路上建成通车，随后北京、天津及东北一些城市相继修建了有轨电车，有轨电车在当时的城市公共交通中发挥了重要的作用。

旧式有轨电车由于存在运能低、挤占道路、噪声大等问题，因此在20世纪五六十年代，世界上的各大城市纷纷拆除有轨电车线路，改建大运量的地铁或轻轨。我国的有轨电车在20世纪50年代末已拆除得所剩无几，仅大连、长春和鞍山3座城市还有保留。大连还对有轨电车进行了改造，使其成为城市的一张名片。

旧式的有轨电车已停止了发展，基本上完成了它的历史使命。经改造后的现代有轨电车与性能较差的轻轨交通已很接近，只是车辆的尺寸稍小一些，运营速度接近20 km/h，单向运输能力可达2万人次/时。

三、新型有轨电车

截至2021年2月，中国大陆地区包括沈阳、大连、长春、天津、上海、苏州、南京、青岛、广州、淮安、珠海、武汉、深圳、北京、成都、佛山、天水、三亚、抚顺在内的19个城市的有轨电车已投入运营，共计35条线路，总运营里程470.242 km，总轨道里程419.726 km。

1. 天津泰达现代有轨电车

由于近年来人们的环保意识和能源危机意识不断地得到提高与加强，因此有轨电车在世界上的不少城市都有复苏的迹象，其中备受瞩目的当属天津泰达现代有轨电车项目。泰达现代有轨电车工程分为两期,全程 30 km。一期工程为试验段,全长 8.8 km,南起轻轨洞庭路站,北至大学城北部的学院区北站;二期工程则将试验段向两端延伸,向北连接至北塘,向南连接至塘沽城区。试验段的工程总投资(不含车辆)为 1.9 亿元人民币,设置车站 14 座,全部为地面站,并采用岛式站台。在车辆选择方面,选用 8 列法国劳尔有轨电车。该车采用 100% 低底盘设计,地板与地面的距离不到 30 cm,不但方便乘客上下车,就连残疾人的轮椅也能毫不费力地被推上车,人性化的设计理念显露无遗。用橡胶制成的电车动力轮将运行时的噪声降到最低,同时会大大减少车辆对路面的损坏。

2. 沈阳浑南现代有轨电车

沈阳浑南现代有轨电车作为我国现代有轨电车建设的示范线,集合了众多全国首创,实现了三大创新:一是首次采用全绿色整体道床技术,轨道与绿草融为一体,将电车线路巧妙融入城市道路中间的绿化带,既节约了建设用地,又使整个线路所经区域美观整洁;二是首次采用国产低地板现代有轨电车,方便乘坐的乘客通过站台,实现平稳上下车;三是首次采用槽型钢轨和超级电容技术,槽型钢轨与无砟轨道敷设技术和有轨电车特有的弹性车轮配合,可以给乘客带来更加平稳舒适的乘车感受,公交车常见的骤起骤停、乘客摇摇晃晃的情景将不会出现。

沈阳浑南现代有轨电车运营有限公司为国有控股企业,主要负责有轨电车系统的运营及维护工作。浑南新区现代有轨电车已建成 6 条线路,总长 105 km,将会展中心、桃仙机场、沈阳南站、全运村、全运会运行中心、奥体中心、新区行政中心、沈抚新城等连接在一起,并且通过奥体中心、21 世纪大厦等综合交通枢纽站,与地铁、公交线路无缝对接。

2.2 地下铁道系统

一、地下铁道系统概述

严格地讲,地下铁道是一个历史名词,其原始意义是修建在地下隧道中的铁路。随着地下铁道的发展,其线路布置已不仅仅局限在地下隧道中,根据需要也可以布置在地面或采用高架的方式修建,但城区内的线路还是以地下为主。

地下铁道简称地铁(metro 或 underground railway 或 subway),是城市快速轨道交通的先驱。地铁是由电力牵引、轮轨导向、轴重相对较重、具有一定规模运行、按运行图行车、编组运行在地下隧道内,或根据城市的具体条件运行在地面或高架线路上的快速轨道交通系统。

对世界各国的地下铁道系统进行分类研究可知,地下铁道由于所采用的技术标准不同可分为重型地铁、轻型地铁和微型地铁,它们的运载能力因技术标准的不同而差别很大。目前,地下铁道的概念通常是指重型地铁,地铁的单向运能约为 3 万人次/时,最高可达 6 万~8 万人次/时;最高速度可达 90 km/h,旅行速度可达 40 km/h 左右;可 4~8 节编组;车辆运行最小间隔可低于 1.5 min;驱动方式有直流电动机、交流电动机、直线电动机等。地铁具有建设成本高、建设周期长的弊端,但同时具有运量大、建设速度快、安全、准时、节省能源、不污染环境、节省城市用地的优点。地铁适用于出行距离较长、客运量需求大的城市中心区。

一般认为,人口超过百万的大城市就应该考虑修建地铁。地铁的主要技术参数如表2-1所示,其服务范围主要集中在城市市区。

表 2-1 地铁的主要技术参数

序号	项 目	技术参数	序号	项 目	技术参数
1	高峰小时单向运输能力/人	30 000～70 000	9	安全性和可靠性	较好
2	列车编组	4～8节,最多11节	10	最小曲线半径/m	300
3	列车容量/人	3 000	11	最小竖曲线半径/m	3 000
4	车辆构造速度/(km/h)	80～100	12	舒适性	较好
5	平均运行速度/(km/h)	30～40	13	城市景观	无大影响
6	车站平均间距/m	600～2 000	14	空气污染、噪声污染	小
7	每小时最大通过能力/(对/h)	30	15	站台高度	一般为高站台,乘降方便
8	与地面交通隔离率	100%			

二、地下铁道系统的构成

由于地下铁道的大部分线路在地下或高架上通行,因此其技术水平要求较高,可靠性和安全性要求也较高。地铁系统与国家铁路干线一样,主要由地铁线网、线路与轨道、车站、供电系统、通信信号系统、环境控制系统、车辆等设备构成,要求各部分能够有机结合、协同动作,最大限度地完成输送任务。

1. 地铁线网

城市化初期,大都市的地铁线路一般只有1～2条,尚未形成网络。随着城市范围的扩大,城市人口急剧增加,城市既有的交通设施已远远不能满足居民出行的需求,要求地铁建设的呼声越来越高。世界性的大都市都开始加快建设地铁的步伐,地铁线路由原先的少数几条相互不甚关联的线路发展成纵横交错、错落有致的地铁网络,由整个网络共同承担繁重的城市客运任务。例如,莫斯科地铁从1933年开始修建,是世界上使用率第四高的地下轨道系统。莫斯科地铁的主要结构为中心向四周辐射状,全长383 km,拥有12条线路及196个车站。12条地铁线路中11条是放射线,1条是环线,环线把所有地铁线联成一个整体,在城市公共交通中发挥着巨大的作用。据统计,莫斯科地铁每个工作日能接待800万～900万人次,占莫斯科公共交通总客运量的50%以上,而且由于地铁线网与城市总体布局实现了有机结合,因此莫斯科地铁是世界各大城市地铁中运营效率最高的。

2. 轨道与线路

考虑到方便乘客出行、充分利用土地、节约建设费用等因素,地铁线路的走向一般选择易于施工和客流相对比较集中的地区。地铁线路按其在运营中的地位和作用划分为正线、辅助线和车场线。正线是车辆载客运营线路,行车速度快、密度大,要保证行车安全和旅客乘坐舒适,线路标准要求高;辅助线是为了保证正线运营而配置的线路,速度要求低,标准也低;车场线是车辆检修作业用的线路,行车速度较低,线路标准只要满足厂区作业即可。有时地铁线路间也设置联络线,用以满足车辆调配和转线运行的需要。

地铁轨道与铁路地面轨道基本相似,我国地铁系统采用标准轨距1 435 mm,以便与铁路相互配合,更好地利用我国铁路的技术和设备。地铁钢轨采用重型钢轨,道床为碎石道床或混凝土道床。碎石道床的绝缘性和抗震性较好,但养护和维修的工作量较大。混凝土道床维修方便,但需要用弹性扣件和橡胶垫板等来改善轨道的弹性。

例如,华盛顿地铁在铁轨下垫放厚度为 38 mm 的橡胶垫板,并在混凝土道床和隧道结构底板间加铺弹性毡,以减少地铁震动对地面建筑物的影响。为了提高轨道的弹性,有少数国家的地铁采用钢筋混凝土纵向连续轨枕。

3. 车站

车站是乘客乘降的场所,也是地铁面向公众开放的窗口,车站规模的大小、设施的先进程度、服务水平的高低,从某种程度上也反映了城市的综合实力、科技发展水平及精神文明程度。因此,世界各国都比较重视地铁车站的建设。莫斯科地铁车站富丽堂皇,艺术性和观赏性都相当强;蒙特利尔地铁车站与周围环境有机融为一体,环境优美,令人流连忘返;华盛顿地铁车站朴实大方,极具实用性;东京地铁车站则多设于繁华闹市区,这样既可以吸引客流,又可以进一步促进商业中心的繁荣。

地铁车站按运营性质可分为中间站、尽头站、换乘站和折返站;按结构形式可以分为地下车站、地面车站和高架车站;按机能可分为郊外站、市内站、联络站和待避站;按车站与轨道的相对位置可分为岛式站台车站和侧式站台车站。

地铁车站出入口的数量、通道和楼梯的宽度、自动扶梯的条数、检售票设备的数量及站台的面积等都要能满足高峰客流量的需要。车站内还应有各种标志、指示图表、广播设备和问讯处等,以保证车站能为乘客提供优质的服务。

4. 供电系统

电能是地铁系统必需的能源,所有的地铁设备都离不开电力供应,一旦供电中断,整个地铁运输将陷入瘫痪,因此高度安全、可靠的供电系统是地铁正常运营的重要条件和保证。

地铁供电系统一般包括牵引供电系统、动力照明系统和高压电源系统。牵引供电系统供给地铁车辆运行需要的电能,由牵引变电所和接触网组成;动力照明系统不仅为车站和区间各类照明、风机、水泵等动力机械设备提供电源,也为通信、信号、自动化等设备提供电源,它由降压变电所和动力照明配电线路组成;高压电源系统视各城市的具体情况而定,可以是市电直接供给地铁各变电所,也可由城市高压供电线路集中供给地铁线路,然后由电源变压器再分配给地铁沿线各变电所,还可以是这两种情况的综合。

5. 通信信号系统

通信信号系统在地铁中的作用相当重要,它既要确保行车安全,指挥列车运行,又要提高运营效率,充分利用通过能力。因此,目前国内外有关科研机构都在进一步加紧研制更加先进的通信信号设备。

根据地铁高速度、高密度、短间隔的特点,通信信号系统从传统的以地面信号为主发展到自动监控列车速度和自动调整列车追踪间隔的方式。通信信号系统按其功能可分为自动闭塞、联锁、列车自动监视系统、列车自动监控系统、列车自动防护系统、列车自动运行系统。

为了迅速、准确、可靠地传递和交换语音、图像、数据信息,通信信号系统构建了自成体系的独立完整的内部通信网。通信网由光纤数字传输系统、数字电视交换系统、闭路电视监视系统、无线调度系统及车站广播系统等组成。

6. 环境控制系统

环境控制系统是地铁的重要组成部分,关系到乘客的旅行安全和旅途心情,影响地铁对广大市民的吸引力。早期的地铁较少考虑环境问题,以致乘客乘坐地铁时必须忍受高温、高湿及污浊的空气。随着经济和社会发展水平的提高,乘客对乘车环境有了更高的要求,不少城市开始在地铁系统中增设环境控制系统以满足乘客的要求。

环境控制系统主要包括地铁通风、空调和采暖等设备。

7. 车辆

地铁车辆作为乘客运载工具,不仅要保证运行的安全、可靠、快速,而且应考虑乘客的舒适和方便,以及公共交通所需的大容量。

地铁车辆不管采取何种模式,都是电动车组编组,即装有牵引电动机、能自行行走的电动客车。通常把无驾驶室的车辆称为中间车,没有牵引电动机但有驾驶室的车辆称为控制车,牵引电动机和驾驶室都没有的车辆称为拖车。在编组运行时,带驾驶室的控制车始终在列车的两端,其他车型在列车中的位置可以互换。编组辆数由预测客流量及行车间隔时间决定,如上海地铁 1 号线远期采用 8 节编组,近期采用 6 节编组。

无论是动车还是拖车,地铁车辆都主要由车体、转向架、牵引缓冲装置、制动装置、受流装置、车辆内部设备、车辆电气系统组成。

由于地铁车辆主要运行在地下隧道中,而且地铁线路曲线半径小、坡度大、站距短,因此与地面轨道车辆相比具备更好的技术性能。地铁车辆不同于其他轨道车辆的主要特征在于:地铁车辆有较好的加减速性能,起动快,停车制动距离短,平均运行速度快;地铁车辆具有较大的载客容量,车门数多,便于乘客上下车,停站时间短;地铁车辆的车型较小,适合在隧道内运行,而且车辆采用难燃或阻燃材料制成,不容易发生火灾;地铁车辆的技术含量较高,一般都安装有列车自动控制、自动停车、自动驾驶装置等。

我国现有地铁车辆的主要技术参数如表 2-2 所示。

表 2-2 我国现有地铁车辆的主要技术参数

项 目 名 称	上海地铁车辆	北京地铁车辆
车体长度/m	有驾驶室 23.54, 无驾驶室 22.1	19.0
车体宽度/m	3.0	2.8
车体高度/m	3.8	3.715
车辆轴距/m	2.5	2.165
每侧车门数/个	5	4
定员/人	310(超 410)	251(超 350)
自重/t	动车 38,拖车 32	动车 30.94,拖车 24.5
最高运行速度/(km/h)	80	80
平均起动加速度	0~25 km/h 时,1 m/s^2	0~36 km/h 时,0.9 m/s^2; 0~8 km/h 时,0.5 m/s^2
平均制动减速度	常用 1 m/s^2,紧急 1.3 m/s^2	常用 1 m/s^2,紧急 1.2 m/s^2

三、地下铁道系统的适用范围

地下铁道之所以在世界范围内得到广泛的发展,一个很重要的原因就是它具备城市道路交通不可比拟的优势。

（1）地铁是一种大容量的城市轨道交通，单向每小时运输能力可以达到3万～7万人次，而公共电（汽）车单向每小时运输能力只有8 000人次左右，远远小于地铁。因此，在客流密集的城市中心地带建设地铁可以明显疏散公交客流，分担绝大部分的城市公共交通客流量。

（2）地铁具有可信赖的准时性和速达性。地铁线路与道路交通隔绝，有自己的专用线路，不受气候、时间和其他交通工具的干扰，不会因交通阻塞而延误时间，因而在保证准时到达目的地方面得到了乘客的信赖，对居民出行有很大的吸引力。

（3）由于地铁大多在地下或高架上运行，因而与其他交通方式不会造成相互干扰，安全性高。在当今世界汽车泛滥、交通事故率居高不下的情况下，地铁如果不发生意外或遇到自然灾害，乘客安全可以得到保障，这也是地铁吸引人的地方之一。

（4）地铁噪声小，污染少，对城市环境不会造成破坏。此外，在城市发展空间日益减小的今天，地铁充分利用了地下空间，节约出宝贵的土地资源为人类所用，这也在一定程度上刺激了地铁的发展。

虽然地铁具有很多其他交通方式并不具备的优势，但其缺点也相当突出，制约了地铁的进一步发展。地铁的绝大部分线路和设备处于地下，而由于城市地下各种管线纵横交错，极大地增加了地铁施工的工作量，而且建设中还涉及隧道开挖、线路施工、供电、通信信号、水质、通风照明、振动噪声等一系列技术问题及防灾、救灾系统的设置等，这些都需要投入大量的资金，因此，地铁的建设费用相当高。在日本，每千米地铁的建设费用要超过200亿日元，我国每千米地铁的造价为5亿～10亿元人民币。即使对于工业发达国家来说，大量建设地铁所需的建设费用也是难以承担的。地铁不仅建设费用比较高，而且建设周期长、见效慢。地铁还有一个致命的弱点，那就是一旦发生火灾或其他自然灾害，乘客疏散比较困难，容易造成人员伤亡和财产损失，对社会造成不良影响。

乘客选择交通方式，主要考虑的是速达性、准时性、便利性、舒适性、安全性和经济性。国外专家的研究表明，人口超过100万的特大城市建设地铁是比较合适的，但如果在特定线路上，由于城市的特殊交通需求，人口在50万～100万的城市也可考虑建设地铁。有关文献也指出，当设计线路日客流量大于15万人次或单向高峰每小时客流量为3万～4万人次时，修建地铁是比较合适的。当然，随着科学技术的发展，地铁车辆日益小型化、轻量化，建设费用不断降低，地铁的适用范围会不断扩展，为更多的城市所接受。

地铁的新类型

科技发展为地铁车辆提供了广阔的发展空间。为了提高速度，地铁车辆的供电电压由以往的直流750 V且以第三轨供电居多改造为1 500 V；为了把地铁延伸到地面，需采用架空接触导线供电。这种延伸到地面的地铁，不仅大大降低了造价，缩短了工期，而且加强了城市与郊区的联系。上海地铁1号线就是这样一种地铁。

法国巴黎、加拿大蒙特利尔等城市的地铁采用空气橡胶轮胎车辆。这种地铁车辆的特点是噪声小、黏着力大、乘坐舒适性好，适于坡度大、延伸到地面的地铁使用。

电动车组也在不断改进，目标是提高其加速和减速性能，并实现轻量化。为增加行车密度，保证安全，地铁已广泛使用列车自动控制系统。

有一种新型地铁值得注意，那就是东京地铁 12 号线所使用的线性电动机车辆。这是加拿大在 20 世纪 80 年代开发成功并投入运营的新型城市轨道交通车辆。它采用线性电动机牵引、径向转向架和自动控制等高新技术。由于线性电动机相当于把旋转电动机的定子和转子剖开展平，因此，相同功率的线性电动机要比旋转电动机缩小 3/4 的高度，这样就能缩小地铁隧道的横断面；加之这种车辆不是靠轮轨间的黏着力，而是靠电动机上定子与地面上转子（导轨）之间的电磁力驱动，具有较大的爬坡能力，因而地铁隧道的纵断面也容许有较大的限制坡度。这种"小断面地铁"可大大降低地铁工程的造价。此外，由于线性电动机车具有车身矮、重量轻、噪声低、通过小半径曲线能力和爬坡能力强等优点，因此，它可以轻而易举地跑出地面、跃上高架，它是实现地铁与高架轻轨对接的理想车型。以线性电动机车辆作为动力，其深远的意义还在于它引起了轨道车辆牵引动力的变革。

2.3 轻轨系统

一、轻轨系统概述

轻轨（light rail transit，LRT）是在有轨电车的基础上改造并发展起来的城市轨道交通系统。轻轨是在轨道上的荷载相对于铁路和地铁的荷载较轻的一种交通系统。轻轨交通是一个比较广泛的概念，公共交通国际联会（UITP）在关于轻轨运营系统的解释文件中提到：轻轨交通是一种使用电力牵引、介于标准有轨电车和快运交通系统（包括地铁和城市铁路）、用于城市乘客运输的轨道交通系统。

最初，轻轨铁路的线路所使用的钢轨比重型地铁所使用的钢轨轻，其整体的技术标准也低于地铁，因而轻轨的运输能力也远远小于地铁。随着时代的发展，现在轻轨已采用与地铁相同质量的钢轨，轻轨的定义也变为客运量或车辆轴重稍小于地铁的快速轨道交通。所以，目前国内外都以客运量或车辆轴重的大小来区分地铁和轻轨。在我国《城市轨道交通工程项目建设标准》（建标 104—2008）中，把每小时单向客流量为 0.6 万～3 万人次的轨道交通定义为中运量轨道交通，即轻轨。

轻轨交通一般采用地面和高架相结合的方式建设，路线可以从市区通往近郊。列车编组采用 3～6 节铰接式车体。由于轻轨交通采取了线路隔离、自动化信号、调度指挥系统和高新技术车辆等措施，因此最高速度可达 60 km/h，克服了有轨电车运能低、噪声大等缺点。

由于轻轨交通具有投资少（每千米造价为 0.6 亿～1.8 亿元人民币）、建设周期短、运能高、运行灵活等优点，因此发展很快。目前，轻轨交通的发展方兴未艾，各国纷纷根据自己的国情，制定相应的轻轨交通发展战略和模式。

二、轻轨的发展模式

纵观各国情况，轻轨大致有以下 3 类发展模式。

1. 改造旧式有轨电车为现代化的轻轨交通

这种模式以德国、苏联及东欧其他国家为典型代表。德国国内共有 35 个城市运行着有轨电车,线路总长 3 200 km,共有有轨电车 5 200 辆,是城市公共交通运输的重要组成部分。为了将有轨电车改造成轻轨交通系统,德国首先对有轨电车网进行了整顿,使其趋于合理,有的线路被设为专用车道,有的线路被改建到地下,从根本上改变了有轨电车与其他交通的混杂运行情况。其次,还对有轨电车车辆进行了现代化改造,研制出先进的轻轨车辆以供使用。

2. 将废弃铁路线路改建成轻轨线路

这种模式以美国圣迭戈轻轨交通为代表。那里的轻轨交通只有一条线路,全长 25.6 km,起初是从市区圣太飞火车站到墨西哥边境的铁路线路,后来被飓风破坏,于是圣迭戈市就将其改造成为轻轨线路,为城市公共交通服务。现在这条线路的运营状况良好,圣迭戈市也因此成为美国修建轻轨的第一座城市。类似情况在欧洲也屡见不鲜,瑞典的哥德堡、德国的开姆尼茨也都采用这一模式。我国上海市轨道交通明珠线一期工程也是将原有的城市内部铁路改造为轻轨线路的。

3. 建设轻轨交通新线路

对于第三世界国家的大城市而言,修建轻轨交通要比修建地铁更加经济实惠,因此,诸如菲律宾的马尼拉、荷兰的鹿特丹、中国的香港等城市都相继新建了轻轨交通。

三、轻轨的主要类型

经过 100 多年的发展,轻轨已形成 3 种主要类型,即钢轮钢轨轻轨、线性电动机牵引轻轨和橡胶轮轻轨。

1. 钢轮钢轨轻轨

钢轮钢轨轻轨即新型有轨电车,是应用地铁的先进技术对老式有轨电车进行改造的成果。

2. 线性电动机牵引轻轨

线性电动机牵引轻轨系统是由线性电动机牵引、轮轨导向、车辆编组运行在小断面隧道及地面和高架专用线路上的中运量轨道交通系统。20 世纪 80 年代,加拿大成功开发了线性电动机驱动的新型轨道交通车辆。它采用线性电动机牵引、径向转向架和自动控制等高新技术,降低综合造价近 20%。它与轮轨系统兼容,便于维护救援,具有较大的爬坡能力。线性电动机技术在加拿大、日本、美国都取得了较大的成功,由此研制的线性电动机列车也已投入使用,线性电动机列车在我国的广州和北京也有应用。

3. 橡胶轮轻轨

橡胶轮轻轨系统采用全高架运行,不占用地面道路,具有震动小、噪声低、爬坡能力强、转弯半径小、投资少等优点。

四、国外城市轻轨交通概况

越来越多的国家和地区开始认识到轻轨交通的作用,非洲第一届城市公交会议明确指出,在非洲城市中要用轻轨交通来取代拥挤不堪的公共汽车。刚果(金)、突尼斯、泰国、菲律宾、新加坡等国家的城市都已建或在建轻轨交通系统。轻轨交通系统正发挥着越来越重要的作用。

下面列举几个有代表性的城市,简要介绍它们的轻轨交通系统。

(1) 美国的萨克拉门托市,市区人口约为92万人,1987年3月建成一条穿越市中心的轻轨交通线路,全长29.4 km,共有27个车站,轨距为1 435 mm,采用直流750 V架空接触网供电,运行间隔为1.5 min,选用车型为六轴单铰接车辆32辆,并按单一票制进行管理。

(2) 法国的南特市,市区人口约为45万人,1984年建成一条自东向西穿过市区的轻轨交通线路,这也是法国建成的第一条现代化轻轨交通系统。线路全长10.6 km,共设22个车站,轨距为1 435 mm,采用直流750 V架空接触网供电,选用车型为六轴单铰接车辆28辆,行车间隔为3 min,平均旅行速度为24 km/h,年客运量接近2 000万人次。

(3) 菲律宾的马尼拉市,城市总人口约为800万人,1985年建成一条规模较大的现代化轻轨交通系统,线路全长15 km,为全高架式轨线,共设18个车站,轨距为1 435 mm,采用直流750 V架空接触网供电,选用车型为八轴双铰接车辆64辆。高峰时行车间隔为2.5 min,平时行车间隔为3~5 min,并设有信号系统和列车自动防护装置。平均旅行速度为39 km/h,采用单一票价制管理,全部车站的出入口采用自动开闭门,配有检查员进行管理。

(4) 加拿大的温哥华市,市区人口约为120万人,1986年建成世界上第一条全自动化、线性电动机牵引的轻轨交通系统,线路全长22.5 km,其中有13 km为高架桥,共设车站16座,轨距为1 135 mm,采用直流600 V侧轨供电方式,车辆总数为114辆,行车间隔为3~5 min。信号系统由计算机集中控制,全部列车以无人驾驶全自动控制方式运行。这是当今世界上投入运营的技术最先进的轻轨交通系统。

五、轻轨系统的主要技术指标

目前蓬勃发展的轻轨交通集各种先进技术于一身,无论是轨道、车辆,还是通信信号、供电系统、环控系统,都采用了现代化程度较高的技术设备,因而可以快速、安全、便捷地完成中等客运量的乘客运输任务。

轻轨交通是中等运量客运交通系统。以现代有轨电车为例,其单向高峰小时客运量为10 000~30 000人次,是地铁的1/3~1/2,比公共电(汽)车的每小时8 000人次高出数倍,而轻轨交通的工程造价要比地铁减少2/3还多,能为广大经济实力并不太强的城市所接受,因此这种中等运量的"客运走廊"受到普遍欢迎。

轻轨交通系统(现代有轨电车)的主要技术指标如下。

1. 客运量

轻轨交通是介于公共汽车和地铁之间的中运量交通系统,客运量的适应范围为单向高峰小时10 000~30 000人次,最大不宜超过40 000人次。中心车站则可以更密集一些。

2. 线路

轻轨线路有地下、地面和高架桥三种形式,具体采用何种形式应结合城市总体布局,充分考虑城市用地、客流方向、环境保护等因素。

线路要与现有交通系统衔接良好,把住宅区、商业区、办公区有机联系在一起,为乘客出行提供方便。

线路最小曲线半径,正线不小于100 m,困难条件下不小于50 m,车场线不小于25 m,线路正线最大坡度为60‰,为了保证曲线线路运行平顺,还应设缓和曲线和两曲线之间的夹直线。

3. 轨道

轻轨系统的轨道结构一般应采用国家标准,这样不仅维护方便,而且远期还可以考虑与其他轨道交通方式统一管理,充分发挥网络功能。

正线钢轨一般采用 50 kg/m 的钢轨,除小半径曲线地段外,均可敷设无缝线路,以提高行车质量,减少噪声污染。

4. 车辆

轻轨交通车辆基本上可分为四轴车、六轴单铰接式车和八轴双铰接式车三种。每种车还可以分为双驾驶室车、单驾驶室车和无驾驶室车,均为动车。它们既可单节运行,也可编组运行。

我国目前一般选择两端设驾驶室、六轴单铰接直流电动车辆为基本车型,最多可 4 节连挂。

5. 车站

根据线路位置、地形条件、行车组织要求及乘降客流量,确定轻轨车站的规模、形式和位置。

车站应考虑设置在客流集散点,如铁路车站、机场、码头、商业中心、娱乐中心、居民区、办公区及公交枢纽站附近。

车站的建筑形式应与城市景观和地面建筑相协调,力求浑然一体。车站间距以 1 000 m 左右为好,郊区地段可以适当加长,市中心车站则可以更密集一些。

6. 供电系统

安全、可靠的供电系统是保证正常运输秩序和乘客人身安全的先决条件。轻轨供电系统属国家一级负荷,由双路电源供电,而且其中一路必须是专用路线,保证电能安全、连续地供给轻轨系统。新建轻轨交通的电压制式应按国际标准 DC750V 电压制式选用,并采用架空线接触网的供电方式。

7. 通信信号系统

通信信号系统起着保证行车安全与提高运输效率的作用,一般应满足以下原则:

(1) 系统必须具有确保行车安全,提高运输效率,为乘客提供安全、可靠、舒适服务的能力。

(2) 系统必须结合实际,采用先进技术,在经济合理的条件下充分利用高科技,提高现代化水平。

(3) 系统必须符合功能综合、设备一体化的要求,并留有设计余量,能适应远期发展的需要。

8. 环境保护

随着经济和社会的发展,城市居民对生活质量的要求越来越高,也更加重视人与环境的相互协调、相互依赖的发展关系,因此,由轻轨交通产生的噪声问题就成为部分城市对轻轨望而却步的主要原因。

采用先进技术、减少噪声污染是轻轨技术发展的重要原动力,目前已在轨道和车辆的研制上获得了明显效果。在改进技术的同时,城市规划部门应尽量避免在轻轨线路周围设置住宅区,以使居民避开噪声影响。

只要科学、合理地安排轻轨线路,积极采取措施来减少环境污染,轻轨交通对城市的负面作用就会微乎其微。

六、我国轻轨交通发展前景展望

对于我国的许多大中城市来说,经济基础薄弱是制约交通建设的主要因素,选择经济合理且符合我国人口众多这一国情的交通模式是当务之急。轻轨交通既免除了地铁的昂贵投资,又具有中运量的特点,特别是其建设标准低于地铁,因而其国产化进程容易推进。因此,选择轻轨交通作为城市公共交通的主要发展目标是极为适当的,也是势在必行的。轻轨交通是适合我国大中城市特别是中等城市的轨道交通运输方式。

我国的轻轨交通建设必须从国情出发,既要采用先进技术,向国际先进水平靠近,也要考虑实际,充分利用我国现有的技术条件和科技能力,走自力更生发展轻轨交通的道路。

轻轨交通系统的类型

由于不同的使用范围和技术特点,各国对轻轨交通系统的分类不尽相同。

1. 日本对轻轨交通的分类

日本将轻轨交通系统分为有轨电车型、市郊有轨电车型、地下铁道型、铁路电车型、新交通系统型5种类型。其中,有轨电车型是指在旧式有轨电车的基础上改造而成的新型交通工具,一般采用专用车道,以德国和欧洲为典型代表;市郊有轨电车型基本采用路面交通,只是在技术上要比旧式有轨电车更先进、安全、可靠,主要应用在人口密度较低的市郊住宅区,波士顿、斯德哥尔摩及日本的镰仓属于这种类型;由于地铁工程造价较高,不易负担,于是人们采用部分地下、部分地面以及小断面、小曲线、陡坡道等办法节省投资,建造地下铁道型轻轨交通系统,英国纽卡斯尔、比利时布鲁塞尔也称其为"半地铁"或"准地铁"。日本的这种分类方法有其合理的方面,也有其不确切的地方,它把新交通系统、独轨系统等与轻轨导向方式不同的轨道交通系统也包括在轻轨交通系统之中。

2. 德国对轻轨交通的分类

德国将轻轨交通划分为四级,以有轨电车改造的不同阶段为标准,一级相当于有轨电车的现代化,线路全部在地面上,只是新建线路采取有隔离带的专用车道;二级在人口密集的闹市区修建少量的高架或隧道线,在郊外则采用路堑或路堤形式,车站根据运营要求和城市具体情况采用高站台或低站台;三级轻轨交通,隧道部分增加,全部为专用行车道,与公路没有共行线路,广泛采用列车速度控制和计算机控制运行的指挥系统;四级轻轨交通只用于特大城市,系统自动化程度高,客运量最大可达到单向高峰小时 40 000 人次。

3. 其他分类方法

轻轨交通按路权分,又可分成初级、中级、高级三个等级。初级轻轨交通的线路以地面线为主,采用半封闭行车专用道,主要道口为立交,次要道口为平交,列车 2~3 节编组,运输能力为 0.8 万~1.5 万(人次/小时);中级和高级地面线路全部采用封闭式行车道,以隧道和高架为主,中级轻轨的运输能力在 1.6 万~2.8 万(人次/小时),高级轻轨的运输能力在 2.8 万~3.8 万(人次/小时)。

2.4 城市铁路系统

城市铁路指的是由电气或内燃牵引、轮轨导向、车辆编组运行在城市中心与市郊、市郊与市郊、市郊与新建城镇之间,以地面专用线路为主的大运量快速城市轨道交通系统。通常其所有权不属于所在城市的城市政府,而由铁路部门经营。

城市铁路系统线路设施与干线铁路基本相同,服务对象以城市公共交通客流,即短途、通勤乘客为主。它既是连接城市市区与郊区以及连接城市周围几十千米甚至更大范围的卫星城镇的铁路,又是连接大中城市的干线铁路的一部分,因此具有干线铁路的技术特征,如轨道通常是重型的。

一、城市铁路的分类

城市铁路通常分为城市快速铁路和市郊铁路两部分。

1. 城市快速铁路

城市快速铁路是指运营在城市中心,包括近郊城市化地区的轨道系统,其线路采用电气化,与地面交通的相交处大多采用立体交叉。

2. 市郊铁路

市郊铁路是指建在城市郊区,把市区与郊区,尤其是与远郊联系起来的铁路。市郊铁路一般和干线铁路设有联络线,设备与干线铁路相同,线路大多建在地面上,部分建在地下或高架上。其运行特点接近干线铁路,只是服务对象不同。

市郊铁路是城市铁路的主要形式。市郊铁路是伴随着城市规模的扩大、卫星城的建设而发展起来的,通常使用电力牵引和内燃牵引,列车编组多为4~10节,最高速度可达100~120 km/h。市郊铁路的运输能力与地铁相同,但由于站距较地铁长,因此运行速度超过地铁,在40 km/h以上。

因为市郊铁路与城市轻轨不同,故又被称为重轨铁路,又因为其与干线铁路亦不同,所以也常被称为通勤铁路或月票铁路。

二、城市铁路的发展历史

众所周知,产业革命以后,铁路进入蓬勃发展时期,无论是城市间的客货交流,还是城市交通,铁路都承担了绝大多数的客货流量。铁路的发达程度成为经济发展与社会进步的象征,当时所有的世界性大都市都有若干条铁路干线通向四面八方,把不同的城市连接成一个整体,极大地促进了经济发展和社会进步。

汽车时代的到来改变了这一切。由于汽车乘坐方便,不受线路限制,可以实现"门"到"门"运输,免去换乘之苦,因而在发达国家迅速发展起来,逐步取代了铁路的统治地位,成为城市间与城市内交通的主要形式,在美国甚至出现拆铁路的情况。

小汽车促使城市范围急剧扩大,城市道路的面积与日俱增,但同时带来了严重的环境问题,交通阻塞、空气污染破坏着城市这个有机体的良性循环,在曼谷甚至出现市中心行车速度不足3 km/h的严重阻塞现象。

发达国家的教训使人们发现,在交通量巨大的城市发展小汽车并不是明智之举,于是人们开始重新重视铁路在城市交通中的应用。由于早期形成的铁路设施和客运站都在市中心或近郊,可以被重新利用,这就为市郊铁路的发展奠定了坚实的基础,城市铁路在城市中的地位和作用也逐渐得到重视。

日本、德国、苏联及其他东欧国家从20世纪50年代起开始建设市郊铁路。例如,日本东京交通圈包括以东京为中心的50 km半径范围,由东京都和周围7个县组成,白天以通勤、通学、购物、娱乐为目的而进城的人很多,尤其是千代田区,其日间人口是常住人口的15倍,交通流量极大,在早高峰时段,1 h约有100万人从郊外涌向市区,市郊铁路在缓解客流压力方面起到了极为重要的作用。

从巴黎市的公共交通客运量比例中可以看出市郊铁路的重要地位和作用。在巴黎正常工作日的高峰小时交通客流量中,市郊铁路的客运量占总运量的40%以上,地铁占40%。这说明在5个巴黎市民当中,有2人使用市郊铁路,2人使用地铁或其他公共交通工具,只有1人使用私人小汽车,由此不难看出市郊铁路在现代化都市中起到的重要作用。

日本研究资料表明,市郊铁路的运营效率、能源消耗、投资费用及土地利用等指标明显优于其他交通方式,市郊铁路的投资额是地铁的1/10~1/5,能源消耗是汽车的1/7左右,而且运送能力单向每小时高达60 000~80 000人次,是一种经济可行的交通方式。

三、市郊铁路的形式

目前大城市的市郊铁路主要有以下三种形式。

1. 独立的城市铁路网

独立的城市铁路网是指专门或主要用于城市交通的铁路,如日本的JR、德国的S-Bahn、法国巴黎的RER等。这种铁路的技术设备好、列车运行速度快、效率高,可以实现按运行图行车,高峰小时最小列车间隔可达1.5~2.0 min,乘客候车时间短,但由于大多采用地下或高架线路,投资费用比较高,适合于人口密度大的城市。

2. 客运专线

客运专线是指专供旅客列车行驶的线路,可用于不同速度的各种旅客列车,包括市郊列车和长途列车,一般在上下班高峰小时为市郊列车专用。这种线路的利用率高、投资费用低,是市郊铁路的普遍形式。

3. 混合运输线

混合运输线通常用于客货混跑,运行速度低,条件较差。

国外市郊铁路的运营管理模式

在国外,市郊铁路的运营管理模式众多,各有特色,主要有以下几种。

1. 由国有铁路公司经营

这种市郊铁路与国有铁路连接紧密,或者以前就是国有铁路的一部分,后来由于城市的发展成为市郊铁路,不再承担大宗货运任务,而以短途客运为主。例如,日本东京的山手线和武藏野两条环线形成"回"字形,主要承担东京市郊乘客的运输;伦敦、巴黎、莫斯科等城市的电气化市郊铁路也属于这一类。

2. 由私营铁路公司经营

在日本,除国铁外,不少私营铁路公司也建设了自己的市郊铁路,承担一部分城市公共交通任务。

3. 由城市公共交通公司经营

随着市郊铁路的发展,有的城市出现了专门经营市郊铁路的公共交通公司,如巴黎运输公司从1961年开始修建地区快速铁路线,简称RER。RER全长274 km,由3条线组成,有133个车站,线路标准与大铁路相同。它提供了巴黎市区与20 km以外郊区间的快速联系,并通过共用车站与国有铁路及地铁建立了良好的联系。美国旧金山的海湾铁路(BART)于1971年由旧金山海湾快速铁路公司修建,全长120 km,通勤职工占总客流的70%。它是美国第一条城市快速铁路系统。

4. 采用租赁形式

在加拿大的多伦多市,安大略省政府租用了加拿大国有铁路的市郊线来开展市郊乘客运输服务。在英国也有这种模式。

探索我国市郊铁路新模式

我国的大城市一般同时也是铁路枢纽,由于市郊铁路尚没有形成方便快捷的市郊联络走廊,而且我国的铁路与城市公共交通分属不同部门,条块分隔,难以协调统一,因此,市郊铁路的发展还很缓慢。

随着我国城市化进程加速,城市圈、城市群的出现,我国铁路不应该只局限于城际间铁路运输一种模式,而应该积极向城市交通领域进军,大力发展城市轨道交通,尤其是市郊铁路网的建设。在这方面,法国的经验值得借鉴。

法国国有铁路公司积极介入巴黎的城市公共交通。法国国铁的6个火车站分布在巴黎的6个方向,且都成了巴黎城市交通的枢纽站,极大地方便了市民和旅游者。在巴黎,国铁的一部分线路归入了巴黎市交通管理局;有一部分线路由双方共管;还有一部分与巴黎周围铁路干线相连的线路,仍由法国国铁管辖。法国国铁与巴黎市交通管理局有协议,上述所有线路上的车票票价都是统一的。法国国铁的线路网是巴黎郊区与巴黎市中心联系的主要纽带,形成了大巴黎公共交通网的一部分,其运营长度达887 km,共有327个车站,每天客运量超过100万人次,真可谓四通八达。这种条块结合的管理体制对我国很有启示。

2.5 独轨系统

一、独轨系统的概念

独轨系统是车辆或列车在单一轨道梁上运行的城市客运交通系统。独轨系统的线路通常采用高架结构,车辆则大多采用橡胶轮胎。

独轨系统从构造形式上可分为跨座式独轨与悬挂式独轨两种。跨坐式独轨是列车跨坐在轨道梁上运行的形式,悬挂式独轨则是列车悬挂在轨道梁下运行的形式。独轨系统由于道岔转换时间较长而制约着通过能力,因而单向小时最大运输能力仅有 5 000～20 000 人次,但它的爬坡性能很好,适合在地面起伏较大的城市修建。我国重庆现已开通的轻轨线路采用的就是跨座式独轨系统技术。

二、独轨交通系统的发展历史

独轨交通历史悠久,早在 1821 年,英国人达尔默(P. H. Dalmer)就开发了独轨铁路,并因此获得发明专利。1888 年,法国人在爱尔兰敷设了长约 15 km 的跨座式独轨铁路,采用蒸汽机车牵引,有动力的独轨交通从此走向实用化阶段,但因为车厢摇摆、噪声大等原因,这条线路于 1942 年停止运营。1893 年,德国人朗根(Langen)发明了悬挂式独轨车辆,1901 年在伍珀塔尔开始运营。线路长 13.3 km,其中 10 km 跨河架设,成为利用街道上空建设独轨铁路的先驱。这条线路至今仍在使用,成为该市的一个历史景观。

随着科学技术的进步,独轨交通技术日臻成熟,轨道、车辆和通信信号都有了很大的发展,再加上独轨交通可以利用道路和河流的上方空间,因此独轨技术受到一定的重视。特别是 1958 年研制出跨座式、混凝土轨道和橡胶充气轮胎的独轨交通制式,即目前所称的 ALWEG 型之后,美国、日本、意大利等许多国家都建设了这种形式的独轨交通,其中日本建成多条独轨交通系统,是使用独轨交通最多的国家。

我国首条跨座式独轨交通线路是在有"山城"之称的重庆修建的。重庆轨道交通 2 号线(较新线)一期工程于 2001 年建成,全线于 2006 年开通,独轨客车技术是从日本引进的。跨座式独轨交通十分适合重庆市道路坡陡、弯急、路窄的地形特点,同时因其结构轻巧、体型简洁、易融于山城景色而取得了较好的景观效果。

三、独轨交通系统的优缺点

1. 优点

与轻轨交通相比,独轨交通的优点主要表现在以下几个方面:

(1) 占用土地少。高架独轨不需要很大空间,每根支柱的直径仅为 1.0～1.5 m,双线轨道梁线路的断面总宽度为 5～7 m,与其他高架轻轨系统相比是最窄的。

(2) 运量较大。国外独轨列车一般由 4～6 节组成,列车运输能力为每小时 5 000～20 000 人次。

(3) 能满足复杂地形的要求。由于使用橡胶轮胎,可以满足复杂地形的要求,适宜在狭窄街道的上空穿行,可减少拆迁,降低造价。

(4) 建设工期短,造价低。高架独轨结构简单、易于建造,因此工期较短,造价较低,一般为地铁的 1/3。

(5) 运输能确保安全。由于车辆与轨道的特殊结构,在轨道梁两侧均有起稳定作用的导向轮,能确保运行安全。

(6) 噪声与震动均低,且无排气污染等公害。由于采用橡胶轮胎,因此震动和噪声大大降低。此外,电力驱动也不存在污染环境的问题。

(7) 对日照和城市景观影响小。高架独轨占用空间少,沿线不会投下很大的遮光阴影,并且对城市景观还能起到一定的点缀作用。

2. 缺点

与轻轨交通相比，独轨交通的缺点主要表现在以下几个方面：

（1）独轨交通的客运量在实践中还没有达到过预测客运量，所以，独轨车辆的最大客运量问题尚待进一步论证。

（2）我国没有这种类型车辆的研制经验，而引进的价格每辆高达160万美元。

（3）独轨交通也存在橡胶轮与轨道梁摩擦产生橡胶粉尘的问题，对环境有轻度污染。

（4）列车在区间运行时，若发生事故则救援比较困难。

（5）独轨铁路的导向、稳定及转辙装置等关键技术问题尚未完全解决。

（6）独轨交通的运输能力与有轨电车接近，但对技术的要求要高很多。

四、独轨交通系统的适用范围

国外研究表明，在人口不少于100万的城市建设独轨交通是比较合理的，但城市人口不足100万的，如德国伍珀塔尔也有独轨交通线路，而且运营良好。因此，各城市应结合自身的实际情况，对地铁、轻轨、独轨交通进行充分细致的技术经济比较，最终选择经济、合理、高效的轨道交通方式。

尽管独轨交通已经经历了一个多世纪的发展历程，但因为独轨铁路的导向、稳定及转辙装置等关键技术问题尚未完全解决，而且独轨交通对技术的要求很高，因此在世界范围内并没有得到广泛的应用。

思考与练习

（1）轨道交通的主要技术特性有哪些？

（2）轨道交通的类型有哪些？

（3）地铁与轻轨有何相同？有何不同？

（4）什么是市郊铁路？它有何特点？

（5）什么是独轨系统？它有何特点？

模块 3　城市轨道交通规划与线路设计

学习目标

（1）了解城市轨道交通规划的意义。
（2）熟悉城市轨道交通系统规划与设计的主要内容。
（3）掌握城市轨道交通规划的原则。
（4）掌握城市轨道交通线网规划与线路设计。

3.1 城市轨道交通规划与设计的主要内容及原则

一、城市轨道交通规划的意义

对于发展中国家来说,城市轨道交通系统的规划工作具有特殊意义,主要包括以下几方面。

1. 科学制订城市经济发展计划的需要

城市轨道交通耗资巨大,一条线的建设投入少则数十亿人民币,多则上百亿人民币,往往成为最大规模的基础设施建设项目。此外,城市轨道交通线网建设一般都是持续数十年甚至上百年的浩大工程,因此无论在强度还是时间方面都会对城市经济发展产生巨大的影响,没有一个稳定、合理的线网规划和修建计划,城市就无法科学地制订经济发展计划,合理地安排财政支出。

2. 制订城市各项设施建设计划的需要

城市轨道交通系统规划将解决在城市哪些地方修建城市轨道交通的问题,从而为城市各项设施,尤其是城市基础设施的建设奠定基础。凡在城市轨道交通沿线兴建城市建筑、道路立交桥及大型地下管线,只要与城市轨道交通工程在规划设计上协调配合,做到统一规划、综合设计、分步建设,就可起到事半功倍的作用。

(1) 某市大型体育馆东北侧的溜冰训练馆要建在地铁规划控制走廊一侧,经设计配合,采取了必要的措施后,既保留了地铁走廊,又将溜冰训练馆建立了起来。

(2) 某市大型体育馆附近的两座特大型立交桥都要建在地铁车站的隧道上,经同步设计、同步施工后地铁与立交桥同时建成。

(3) 某市在建设主干道时,为配合城市轨道交通线的规划设计,在道路中央预留了 12~16 m 宽的城市轨道交通线规划用地走廊。

(4) 某市在建设长江公路桥时,结合轻轨线规划,在设计大桥时预留出轻轨走廊,为未来的轻轨交通工程建设创造了条件。

(5) 许多城市将城市轨道交通工程的车站土建工程交付给房地产开发商进行开发,将来根据使用年限和投资回收情况,采用不同的方式进行收回。

总之,有了城市轨道交通线网规划,城市与城市轨道交通的建设就可以相互协调、有机配合、各得其利。

3. 控制城市轨道交通建设用地、降低工程造价的需要

城市轨道交通是系统的、大型的城市基础设施工程,对其用地范围有严格的技术要求,因此在实施过程中,最大的问题是工程用地困难,造成大量的拆迁工程。在工程总投资中,拆迁工程一般占 10%~15%,其数额十分可观。

在拆迁工程中,属于道路拓宽、城市改造规划中必拆的危旧房屋,尚属合理。如果因城市轨道交通用地未得到配合和控制,需要对建在城市轨道交通用地范围内的房子、桥梁、大型管道等建筑物,进行搬迁改移,这样不但会增加拆改费用,而且影响也不好;若采取各种措施来保留现有建筑物,又会增加工程造价,有时代价比重建还大。某城市曾遇到过类似的情况,因未对用地范围严格控制,造成地铁隧道必须从几栋楼下通过,为此采用了楼房基础托换技术,工程费用因此增加约 1 000 万元。如果当时能控制用地或对楼房基础位置进行必要的改移和配合,就可以减小施工难度,节约费用。由此可见,做好线网及其用地控制规划是一项十分重要的基础工作,其经济效益是无法估量的。

有了线网规划,才能知道对哪些路段及地块进行控制,因此线网研究的另一个目的就是为城市规划部门控制城市轨道交通工程建设用地提供依据。

4. 城市轨道交通工程立项建设的依据

一条城市轨道交通线路的合理性和必要性要从其在整个线网中的作用及地位来看。各线之间的关系、换乘站的分布、联络线的分布、车辆段的共用关系、线路的走向是否合理、线路大概是何种规模等级、应该修建哪一条或哪一段,都必须以线网规划为依据。

城市轨道交通工程的立项报告应当阐明立项的目的和依据,其中线网规划是最重要的依据。因此,线网规划就需要为城市轨道交通提出分期建设顺序,为工程立项做好必要的前期准备,也为各阶段设计研究工作提供最基础的依据。

以上分析说明,城市轨道交通系统规划是促进城市总体规划整体实施和城市环境改善的重要保证,与城市规划相辅相成。因此,城市轨道交通系统规划是城市总体规划中不可缺少的组成部分,对城市总体规划的实施具有重要的影响。

二、城市轨道交通系统规划与设计的主要内容

切合实际的、科学的规划与设计是未来城市轨道交通良好运营的基础。一般认为,城市轨道交通系统规划与设计的主要内容包括以下几方面。

1. 特定城市社会与经济环境下城市轨道交通系统的功能定位

特定城市社会与经济环境下城市轨道交通系统的功能定位主要包括城市经济地理特征分析、城市规划总体目标及城市交通结构的协调性分析、城市轨道交通的功能评估等。

2. 城市轨道交通线网规划

城市轨道交通线网规划主要包括线网规模的确定、线网构架方案的选择和方案的评估等。线网规划是城市轨道交通线路设计和建设的基础。

3. 城市轨道交通系统客流预测

城市轨道交通系统客流预测是在城市规划与综合交通规划的基础上进行的客流预测,是确定城市轨道交通网络及线路建设规模、能力水平的依据。

4. 城市轨道交通工程可实施规划

城市轨道交通工程可实施规划主要包括车站、车辆段、换乘点的选址与规模,线路敷设方式规划,线网建设顺序与运营及城市轨道交通与地面交通的衔接设计等内容。

5. 城市轨道交通系统的线路和车站设计

城市轨道交通系统的线路和车站设计包括线路的走向、线路平纵断面的设计、车站的数量及分布、车站的站型设计及换乘站的设计等。

6. 城市轨道交通的枢纽设计与规划

城市轨道交通的枢纽设计与规划主要包括城市地区枢纽点的规划、枢纽客流的分析、枢纽换乘的设计、枢纽用地的分析、枢纽不同方式间的协调等。

7. 城市轨道交通系统与其他交通方式的衔接设计

城市轨道交通系统与其他交通方式的衔接设计主要包括地面交通的设计、城市间交通的设计等,具体包括车站周边其他交通方式的站点布局及设计。

8. 城市轨道交通系统的安全防护设计

安全防护的内容包括地震防护、火灾防护、水灾防护及杂散电流防护等设施的设计。需要考虑城市轨道交通运营中的安全对策与应急措施。

9. 城市轨道交通运营规划

从规划与设计阶段开始考虑运营问题不仅是一条城市轨道交通线路建设成功的重要前提条件,也直接关系到城市轨道交通系统建设目标的实现。这些内容也可以作为工程可实施规划的内容。

三、城市轨道交通规划的原则

城市轨道交通规划应遵循以下原则:

(1) 符合城市发展总体规划。

城市轨道交通规划在传统的城市规划理论中是城市交通规划的一部分。新的认识观念,将城市轨道交通作为城市发展的主要构架来设计,具有较强的导向性特征。

根据城市轨道交通规划(类似的还有城市交通规划、综合运输规划、区域交通规划等)与城市交通发展的趋势相关性分析,对制定时机和实施效果两方面进行综合评价,城市轨道交通规划可粗分为追随型、满足型、导向型三种类型。

①追随型。城市轨道交通规划始终落后于城市交通发展的需求,且供需矛盾比较突出,建设轨道交通十分必要、十分迫切。这类情况往往存在于一些经济欠发达国家和地区的城市。当然,也不排除因交通政策的导向问题,而发生在经济发达国家与地区的城市发展的某一时期。

追随型轨道交通规划使城市交通发展进入一个恶性循环,迫使轨道交通建设仓促上马,带来不良后遗症。一般而言,追随型轨道交通规划容易受制于满足近期客运需求的急迫要求,而带来线路走向、设备取向、制式选择、产业发展等方面不尽理想的缺憾,与城市发展所需要的科学合理布局的趋势难以协调配合。

这类供给与需求严重脱节的规划被称为追随型规划。

②满足型。城市轨道交通规划基本满足城市发展对大运量客运公共交通体系的需求,使轨道交通的建设与发展对城市道路交通、市民出行的便捷性均有较强的骨干支持作用,并能通过不断调整,与城市布局发展的趋势基本协调匹配,起到相当好的支持保障作用。

满足型轨道交通规划已成为各个城市发展轨道交通的基本规划目标。一些城市轨道交通发展较为成熟的城市,经过长期的努力,其城市轨道交通规划已基本达到满足型的境界,成为城市生存发展不可缺少的主要保障体系,是城市赖以高速、健康、有效运转的关键因素。

③导向型。城市轨道交通规划已具有较强的超前性,并能对城市的可持续发展起到较明显的导向作用。如前所述,城市轨道交通对城市长远发展的布局结构有很强的导向作用,城市轨道交通的系统特征又决定了其规划必须具有超前性。因此,导向性规划又称为理想规划,其难度也是显而易见的。

由于城市发展是一个在较广的空间范围和较长的时间跨度内,包含众多可变因素的动态变化系统,因此,导向型规划既要有超前意识与较准确的战略发展预测,又要有较强的可调整性。除了在传统的规划过程中融入更新的预测与规划方法之外,寻求新的技术手段,加强规划的超前导向性,是城市轨道交通规划从满足型(已属不易)走向导向型(更为困难)的努力方向。

(2) 符合城市交通规划。

作为城市交通大系统中的一个主要子系统、一个骨干交通网,轨道交通规划必然属于城市交通规划的一部分。它既要符合城市交通规划的整体要求,又要与其他交通方式(包括城市对外交通、城市地面交通、城市静态交通等子系统)取得良好的协调配置关系。

(3) 符合城市轨道交通建设的充分必要条件。

(4) 符合城市轨道交通系统经营管理与产业发展的基本条件。

城市轨道交通系统既是一项重视社会经济效益,带有公益性质的公共交通事业,又必须注重企业经济效益,培养较强的偿还能力、盈利能力、发展能力。因此,在规划时,不仅要根据城市总体发展需求,追求轨道交通系统的科学合理的理想规划,也要确保轨道交通系统高效低耗运营所必需的基本条件,如较理想的客流量(除了线路直接吸引客流外,可通过各方面的协调配合产生较多的诱发吸引客流)、较好的线路走向与线路条件等,还需在政策支持、开发经营、产业构筑等方面形成较超前的策划保障。

3.2 城市轨道交通线网规划与线路设计

城市轨道交通线网规划与线路设计中经常用到以下几个基本概念。

(1) 线网。线网是指在一个城市中轨道交通线路所构成的路网状态。

(2) 线路。线路是指在城市中把甲地到乙地连接起来的某一轨道路径。

(3) 线网与线路的关系。线网与线路是整体与局部的关系,若干条线路构成线网。

(4) 线网规划。线网规划是指在具有一定数量规模的线路的条件下,确定路网的形态及各条线路走向的决策过程。

(5) 线路设计。线路设计是指在已经确定的城市轨道交通线网规划的基础上,研究某一条或某一段线路的具体位置,包括线路路由、敷设方式及站位选择等的确定过程。

(6) 线网规划与线路设计的区别。线网规划更注重与城市发展的协调关系,强调城市整体发展的理论性、科学性、前瞻性,属宏观层面;线路设计关注线路走向的优化及与沿线土地开发及地面交通的协调,强调项目实施的合理性、实用性和可操作性,属微观层面。

一、城市轨道交通线网规划

1. 城市轨道交通线网规划的内容

线网规划是城市轨道交通规划的核心内容和主要成果,主要内容包括规划背景研究、线网构架规划研究和线网实施规划研究,线网构架规划研究和线网实施规划研究是线网规划的核心内容。

1) 规划背景研究

(1) 线网规划现状调研。线网规划现状调研是整个城市轨道交通线网规划的基础,包括城市现有的人文特征、自然条件、城市用地、城市经济发展程度、交通背景等方面的研究，分析城市轨道交通发展的必要性和可行性；确定线网规划的特殊性和针对性，明确需要解决的问题，如解决城区道路交通拥挤、区域间联系不足等问题。由此形成线网规划的基础。

（2）确立轨道交通线网规划方向。线网规划的主要依据是城市总体规划和综合交通规划等。在分析城市总体规划、综合交通规划等相关规划的基础上，应充分理解城市发展战略要求。轨道交通线网的规划需要同城市发展战略相一致，有时还需要超前于城市发展，促进城市朝着规划的方向发展。

（3）相关政策分析。分析已有的城市土地开发政策和交通政策体系，如交通需求管理政策、交通系统管理政策、轨道交通经营政策研究和不同交通方式之间的衔接等，研究城市轨道交通线网规划的原则和技术手段。

2）线网构架规划研究

线网构架规划研究是线网规划的核心部分，在规划背景研究的基础上，研究如何使线网规模与人们的出行需求相符合，如何使线网几何结构与城市结构形态、城市发展规划相符合。通过客流预测结果和评价方法对多个线网规划方案进行比选，确定最终的规划方案。规划方法要体现出科学性和公正性，线网规划方案要体现出层次性、稳定性和灵活性等。这部分研究的内容主要包括线网合理规模确定、线网构架设计、线网方案综合评价及作为评价依据的线网方案客流预测。

3）线网实施规划研究

线网实施规划是城市轨道交通线网规划具有可操作性的关键。如果由于缺乏线网实施规划而导致可操作性不强，由于频繁改动而造成线网不稳定，这就等于没有线网规划。线网实施规划体现了快速轨道交通工程的专业性和系统性，应从工程、用地、经济方面研究推荐方案的可操作性。

2. 城市轨道交通线网规划的步骤

城市轨道交通线网规划采用通用的系统工程方法，即包括提出和分析存在的问题、明确规划目标、制定备选方案、评价备选方案、提出推荐方案、实施和修订规划等阶段。具体的规划步骤如下：

（1）收集和调查历年城市社会经济资料，如 GDP、人均收入、常住人口、流动人口、岗位分布、土地利用、全方式 OD 流量（OD 流量指起终点间的交通出行量）及流向资料等，为分析现状及客流预测提供基础。

（2）根据路段交通量、拥挤度、车速、行程时间、出行距离等指标，分析城市交通现状，并预测按目前的发展趋势可能发生的问题，为制定规划目标提供基础性资料。

（3）分析未来城市结构形态、经济发展态势、人口分布、出行特征、交通结构等，结合目前交通存在的问题，制定远景综合交通发展战略，明确轨道交通在城市综合交通中的定位，论证轨道交通的规划目标。

（4）根据轨道交通规划目标，结合人口、岗位分布情况、出行特征、交通结构等，进行轨道交通远景年的客流需求预测。

（5）根据城市的经济发展、交通发展战略等初步拟定城市轨道交通线网的总体规模。

（6）在轨道交通线网规模的指导下，结合城市结构、路网形态及重要集散点等编制多个线网方案。

(7) 对线网方案进行客流预测,校验线网规模的合理性,并进行适当调整,再重新编制多个备选线网方案。

(8) 制定综合评价体系,对各方案进行定性与定量的分析比较,形成推荐方案。

(9) 在推荐方案的基础上,进一步做细致的规划研究,如选择大型枢纽点、优化个别线路的局部路段等。

需要指出的是,上述各个步骤间存在着相互作用,可能会反复循环。一个好的规划方案是在不断反复的过程中逐步完善的,这种反复循环的过程使得规划方案更加科学、合理。

3. 线网基本结构

根据城市现状与规划情况编制的线网中各条线路组成的几何图形一般称为线网结构。其形式一般要与城市道路的结构形式相适应,但在选定时,首先应考虑客流主方向,并为乘客创造便利条件,以便吸引更多乘客。另外,由于交通与城市发展之间的相互作用关系,轨道交通建成后,将对城市发展产生重大而深远的影响。线网结构形式布置适当与否,直接关系到线网建成后的经济效益、社会效益和交通服务质量。

线网结构形式主要有星形结构、条带状结构、网格状结构、放射网状结构、有环放射状结构、有环网格状结构等几种形式,如图 3-1 所示。

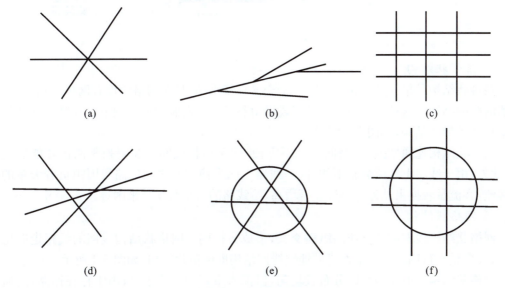

图 3-1 线网结构形式

1) 星形结构

星形结构是指所有线路只有一个换乘站的线网结构。其唯一的换乘站一般位于市中心的客流集散中心,线网中所有线路间都可以在该换乘站实现直接换乘。匈牙利首都布达佩斯地铁线网结构图即星形结构,如图 3-2 所示。

星形线网换乘车站的设计与施工难度较大,一般多采用分层换乘,车站埋深加大,车站建设费用增加;而且换乘枢纽的客流量大,换乘客流间相互干扰大,易引起混乱和拥挤,乘客换乘时间延长。这种线网结构由于各线路都通达市中心,使得郊区与市中心的往来较为方便,郊区乘客可以直达市中心,并且由一条线到任何另一条线只要一次换乘就能达到目的;但郊区之间的联系不便,必须经过市中心进行换乘。

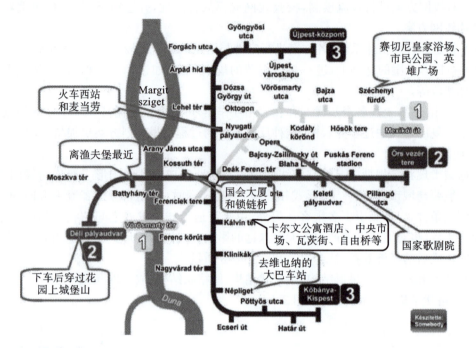

图 3-2　布达佩斯地铁线网

2）条带状结构

条带状结构是指 n 条线路有 $(n-1)$ 个交叉点换乘站，且在网络中没有网格结构，形如树枝状的线网结构。这种结构适合于沿江或沿山谷条带状发展的城市地域。亚特兰大地铁线网结构即条带状结构，如图 3-3 所示。

条带状结构连通性差，线路间换乘不方便，两条树枝线间至少要换乘两次才能实现互通，此外，由于线路上客流分布不均，同一线路上两个换乘站之间的路段因担负着大量的换乘客流，客流量较换乘站外侧路段显著增高，给线路的行车组织带来困难。

3）网格状结构

网格状结构线网的各条线路纵横交叉，形成方格网。网格状结构线网的线路走向比较单一，大多呈平行四边形。墨西哥城地铁线网结构即网格状结构，如图 3-4 所示。

网格状结构一般在内城区分布较均匀，但深入市郊的线路不多；由于存在回路，连通性好，乘客换乘的选择也较多；线路多为平行分布，方向简单，一般只有纵横两个方向，能提供很大的输送能力，线路和换乘站上的客流分布较均匀；但由于没有通达市中心的径向斜线，市郊到市中心的出行不便。

4）放射网状结构

放射网状结构是指线路（至少 3 条）多为径向线且线路交叉所形成的网格多为三角形的线网结构。斯德哥尔摩地铁线网结构即放射网状结构，如图 3-5 所示。

在放射网状结构中，多数线路都在市中心有三角形交叉，市中心线路和换乘站密集而均匀，网络连通性好，乘客换乘方便。在规模不大的情况下，任意两条线路间都可以实现直接换乘，线网中交织成网的部分影响范围较小，但深入市郊的射线很长。这种结构由于各个方向都有线路通达市中心，市郊到市中心的出行方便；但市中心对市郊的经济辐射距离较远，

图 3-3　亚特兰大地铁线网

图 3-4　墨西哥城地铁线网

图 3-5　斯德哥尔库地铁线网

当市郊间发生联系时,必须到市中心的换乘站换乘,乘客需要绕弯路。

5) 有环放射状结构

有环放射状结构是在放射网状结构的基础上增加环形线而形成的网络结构,线网由多条径向线及环绕市区的环线共同构成。伦敦地铁线网结构即有环放射状结构,如图 3-6 所示。

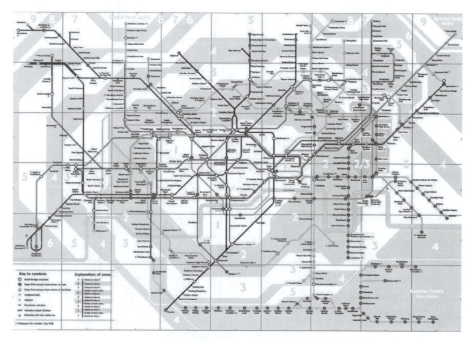

图 3-6　伦敦地铁线网

由于有环放射状结构由放射网状结构增加环线而形成,因此具有放射网状结构的全部优点;同时由于环线与所有径向线之间都能直接换乘,整个线网的连通性更好,线路间换乘更方便,而且能有效地缩短市郊间乘客利用轨道交通出行的距离和时间。

6) 有环网格状结构

有环网格状结构是在网格状结构的基础上增加环形线而形成的网络结构。北京地铁线网结构即有环网格状结构,如图3-7所示。

图 3-7　北京地铁线网

有环网格状结构除具有网格状结构的全部优点外,由于增加了环线,环线和所有纵横线路之间便可以直接换乘,这样就增加了整个线网的连通性,并减轻了市中心的线路负荷,起到了疏散客流的作用。

二、城市轨道交通线路设计

1. 城市轨道交通线路设计的过程

城市轨道交通线路设计是在规划路网和可行性研究的基础上,对拟建的城市轨道交通线路走向及其平面和纵断面(线路平面是线路中心线在水平面上的投影,线路纵断面是沿线路中心线展直后的轨面高程在铅垂面上的投影线)位置,通过不同的设计阶段,由浅入深地逐步进行研究与设计,并不断地比较和修正线路平面、纵剖面和坡度、线路与车站的关系,最后得到轨道交通线路在城市三维空间中的准确位置。线路设计的基本要求是保证行车安全、平顺,并且使整个工程在技术上可行、经济上合理。

线路设计一般分为4个阶段,即可行性研究阶段、总体设计阶段、初步设计阶段和施工设计阶段。

1) 可行性研究阶段

可行性研究阶段主要通过实际调查确定方案,然后通过进行线路多方案比选,选择线路走向、路由、车站分布、辅助线分布、线路交叉形式、线路敷设方式等,提出设计指导思想和主要技术标准。

2) 总体设计阶段

总体设计阶段的主要任务是根据可行性研究报告和审批意见,初步确定线路平面规划,提出线路纵断面的标高位置,确定车站的大体位置。

3) 初步设计阶段

初步设计阶段的主要任务是根据总体设计文件及审查意见,确定线路设计的原则、技术标准等,基本上确定线路平面位置和车站位置,以及进行纵断面设计。

4) 施工设计阶段

施工设计阶段的主要任务是根据初步设计文件及审查意见,对部分车站位置和个别曲线半径等进行微调,按有关的设计规范和技术标准对线路平面及纵断面进行精确计算与详细设计,并提供施工图样及说明。

2. 城市轨道交通线路设计的内容

城市轨道交通线路设计的内容主要包括以下几个方面。

1) 选线

(1) 选线分类。选线分为经济选线和技术选线。

①经济选线。经济选线就是选择行车线路的起始点和经过点,使城市轨道交通线路尽可能多地经过一些大的客流集散点,如闹市区、商业区、政治、文化、经济中心、居民生活集中区、工矿区和地面交通枢纽等,以吸引最大的客流量,提高城市轨道交通的内部效应,方便市民搭乘轨道交通。

②技术选线。技术选线就是按照行车线路,结合有关设计规范的平面和纵剖面设计要求,确定不同坐标处的线路位置。一般要遵循先定点、后定线、点线结合的原则。定点就是选定车站的位置。

(2) 选线内容。选线内容包括选择设计线路的走向、线路路由、车站分布、辅助线分布、线路交叉形式和敷设方式等。

①线路的走向和线路路由。城市轨道交通的基础功能是为城市居民的出行服务,所以在选择线路的走向和路由时要考虑线路的作用、客流分布与客流方向、城市道路网分布状况、隧道主体结构施工方法、城市经济实力等因素。路由对线路工程建设和城市发展影响重大,应多做路由方案比较。吸引客流条件、线路条件、施工条件、施工干扰、对城市的影响、工程造价、运营效益等问题是路由方案必选的主要内容。

②车站分布。《地铁设计规范》(GB 50157—2013)中规定:车站分布应以规划线网的换乘节点、城市交通枢纽点为基本站点,结合城市道路布局和客流集散点分布确定;车站间距在城市中心区和居民稠密地区宜为1 km,在城市外围区宜为2 km,超长线路的车站间距可适当加大;地铁车站站位选择,应结合车站出入口、风亭设置条件确定,并应满足结构施工、

用地规划、客流疏导、交通接驳和环境要求。

③辅助线分布。辅助线是为保证列车正常运营，合理调度列车而设置的线路，最高运行速度限制在 35 km/h，按其使用性质可以分为折返线、存车线、渡线、联络线、车辆段（场）出入线等。

辅助线分布应符合如下原则：每条线路的起始点或每期工程的起止点必须设置折返线或渡线，在靠近车辆段一般设置渡线，利用正线折返；小客流截面的区段上应设置区段折返线；每隔 3~5 个车站应设置存车线，供故障列车临时存放或检修。

④线路交叉形式。两条轨道交通线路交叉时，应在交叉点上设置换乘站。

⑤敷设方式。线路敷设方式分为地面线、地下线和高架线三种方式。这三种方式有着各自的特点：地面线节约投资，但噪声大，占地大；地下线投资大，工期长；高架线占地少，噪声大，但相比地下线而言，一般能降低工程投资的 1/5~1/3。

线路敷设方式应根据城市环境、地形条件和总体规划要求，因地制宜地选择。在城市中心区，宜采用地下线；在城市中心区外围且街道宽阔地段，宜首选地面线和高架线（在地面线和高架线地段，应注意环境保护和景观效果，并维护地面道路的交通功能）。在设计时，无论是地下线还是地上线，都要充分考虑利用地下和地上的空间资源。所以，规划部门要严格按路网规划用地要求控制用地，以防后患。

2) 线路平面的设计

从平面上看，线路是由直线和曲线组成的，曲线包括圆曲线与缓和曲线。在线路设计时，主要是根据实地情况和技术要求考虑线路平面的组成要素，即直线与曲线的技术标准，如曲线半径、圆曲线长度、缓和曲线等。

3) 线路纵断面的设计

从纵断面上看，线路主要是由平道和坡道组成的。在线路设计时，主要是根据地形、地质情况及工程量和施工条件等因素，考虑线路纵断面的组成要素，即平道与坡道的技术标准，如最大坡度、最小坡度、坡段长度、坡段连接及竖曲线等。

4) 车站站位的选择

一般车站站位可分为跨路口站位、偏路口站位、两路口之间站位和贴道路红线外侧站位，如图 3-8 所示。

①跨路口站位。站位跨主要路口，并在路口的各个角上都设有出入口，乘客从路口的任何方向进入轨道交通系统均不需过马路，提高了乘客的安全性，减少了路口的人、车交叉；与地面公交线衔接较好，乘客换乘方便。

②偏路口站位。车站不易受路口地下管线影响，可以减少车站埋深，方便乘客使用，减少施工对路口交通的干扰，减少地下管线拆迁，降低工程造价。不足之处是乘客集中在车站端，降低了车站的使用效能，增加了运营管理上的困难。

③两路口之间站位。当两路口都是主路口且相距较近，横向公交线路及客流较多时，可将车站设置于两路口之间，以兼顾两路口。

④贴道路红线外侧站位。这种站位方式一般在有利的地形条件下采用，典型的有设于火车站站前广场或站房下，以利于乘客换乘。将车站建于红线外侧的建筑区内，可以破坏路面，少动地下管线，减少交通干扰，充分利用城市土地。

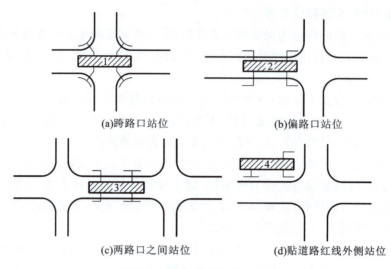

图 3-8　车站位置与路口关系

思考与练习

（1）为什么要进行城市轨道交通的规划？
（2）城市轨道交通的规划应遵循哪些原则？
（3）简要说明你所在地区中心城市轨道交通的建设与规划。

模块 4　城市轨道交通车站与线路

学习目标

(1) 熟悉城市轨道交通车站的组成与分类。
(2) 熟悉城市轨道交通车站的设计原则。
(3) 掌握城市轨道交通车站规模的确定。
(4) 熟悉城市轨道交通线路的特点与分类。

扫码看视频

4.1 城市轨道交通车站

车站是城市轨道交通线路的重要组成部分,也是客流集散的场所,它必须具有供乘客乘降、换乘的功能。某些车站还必须提供折返、停车检修、临时待避的功能。因此,要求车站能安全、迅速、方便地组织乘客进出,能全面、可靠、机动地满足运营要求。

车站是城市轨道交通系统中最重要的现代建筑类型,除了提供乘客上下车服务以外,还具有一系列其他功能,如购物、聚会及作为城市景观等。车站也是空间建筑物与工程结构的结合之处,反映着城市轨道交通系统的特色。

一、城市轨道交通车站的组成

对城市轨道交通系统来说,车站一般包括车站主体、地面出入口及通道、通风道及风亭(地下)和其他附属建筑,如图4-1所示。

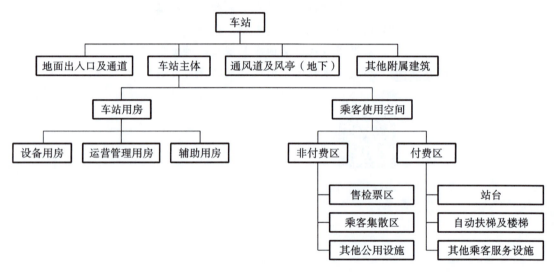

图 4-1 一般车站设施组成

1. 车站主体

车站主体是列车的停车点,它不仅要供乘客上下车、集散、候车,一般也是办理运营业务和设置运营设备的地方。根据功能的不同,车站主体可分为以下两大部分。

1)乘客使用空间

(1)站厅。

站厅的主要功能是集散客流兼客运服务等,如站厅中部为公用厅,两侧为客运管理区、机电设备区。此外,根据不同地段还安排了商业开发。站厅的规模大小和建筑特征要符合城市规划与交通的要求并与地面建筑相协调,还要各具特色,达到简洁、明快、流畅、富于时代感的效果。

(2)站台。

站台主要供乘客上、下车使用,并用于集散客流,做短暂的停留候车。

乘客使用的空间又可分为非付费区和付费区。非付费区是乘客购票并正式进入车站前的活动区域。它一般应有较宽敞的空间、售检票位置，根据需要还可设置银行、公用电话、商店等设施。付费区包括站台、楼梯和自动扶梯、导向牌等，它是为乘客提供候车服务的设施。通常非付费区的面积应略大于付费区。

2）车站用房

车站用房包括运营管理用房、设备用房和辅助用房三部分。

（1）运营管理用房。

运营管理用房是车站运营管理人员使用的办公用房，主要包括站长室、行车值班室、业务室、广播室、会议室和保卫室等。

（2）设备用房。

设备用房是为保证列车正常运行、保证车站内具有良好环境条件，以及在灾害情况下保证乘客安全所设置的用房。设备用房主要包括通风与空调用房、变电所、综合控制室、防灾中心、通信机械室、信号机械室、自动售检票室、泵房、冷冻站、配电室、工区用房等。

（3）辅助用房。

辅助用房是为保证车站内部工作人员正常工作生活所设置的用房，主要包括卫生间、更衣室、休息室、茶水间等。

2. 地面出入口及通道

地面出入口是乘客由地面进入车站或由车站上到地面的通道。地面出入口的结构形式应根据当地的气候、所处位置的特点等制作成独建式（敞口、带顶棚或全封闭等）或合建式。

地面出入口的布置形式一般采用三种形式：L 形、T 形及一字形。图 4-2(a)在对角线位置各设一个 T 形出入口，此时，每个出入口的宽度可减小，这种设在人行道上的出入口，一个车站不能少于 4 个。图 4-2(b)为车站偏离地面交叉口的情况，此时可利用地铁车站的出入口兼作行人过街地道，有时还可使出入口伸入地面建筑物内。

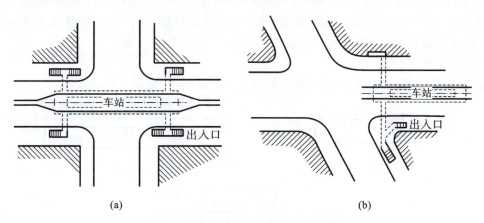

图 4-2　地面出入口的布置形式

地面出入口的通道数量视客运量和地面条件而定，但应使出入口通过能力的总和大于该站远期高峰流量。在一般情况下，每个车站出入口不宜少于 4 处，分期修建及规模小的车站不应少于 2 处。站厅与站台的联络通道也应视情况而定，不得少于 2 处（岛式站台每端各

1处,侧式站台每侧各1处)。出入口及通道的宽度由所需通过的客流量计算确定。单个通道或出入口宽度不应少于2 m,通道净空高度在2.5 m左右。

二、城市轨道交通车站的分类

1. 按功能分类

城市轨道交通车站按功能的不同,可分为终点站、中间站、换乘站、区间站、通勤停靠站。

(1) 终点站。终点站是指线路两端端点的车站,其主要功能是乘降(乘客上下车)、服务、列车折返及少量检修作业。

(2) 中间站。中间站是线路中数量最多的基本站型,其主要功能是乘降、服务。

(3) 换乘站。换乘站是指两条或两条以上轨道交通线交叉点设置的车站,其主要功能是乘降、服务、换乘。

(4) 区间站。区间站又被称为折返站、区域站,是设在线路中间,供列车折返开行区间列车的车站,其主要功能是乘降、服务、部分列车折返。

(5) 通勤停靠站。通勤停靠站是内部职工通勤乘降点,设在车站与车辆基地的联系线路上。

2. 按车站站台形式分类

城市轨道交通车站按车站站台形式的不同,可分为岛式车站、侧式车站、混合式车站(一岛一侧、一岛两侧等)。

(1) 岛式车站。

岛式车站站台位于上、下行行车线路之间[见图4-3(a)],具有站台面积利用率高、能调剂客流、乘客中途改变乘车方向方便、车站管理集中、站台空间宽阔等优点。因此,岛式车站一般用于客流量较大的车站。

(2) 侧式车站。

侧式车站的站台位于上、下行行车线路的两侧[见图4-3(b)],侧式站台上下行乘客可避免相互干扰,正线和站线间不设喇叭口,造价低,改建容易。但是,站台面积利用率低,不可调剂客流,中途改变方向须经过地道或天桥,车站管理分散,站台空间不及岛式车站宽阔。因此,侧式车站多用于两个方向客流量较均匀(或流量不大)的车站。

(3) 混合式车站。

混合式车站将岛式站台和侧式站台同设在一个车站内[见图4-3(c)]。

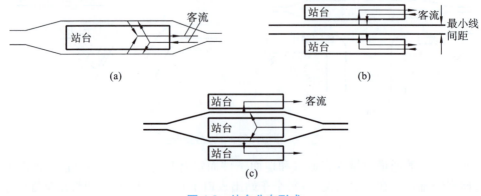

图4-3 站台分布形式

3. 按位置分类

城市轨道交通车站按位置的不同,可分为地面车站、地下车站和高架车站。

三、城市轨道交通车站的设计原则

城市轨道交通车站的设计原则如下:

(1) 车站总体设计要注意与周围环境保持协调,如与城市景观、地面建筑规划相协调。

(2) 车站的规模及布局设计要满足路网远期规划的要求。

(3) 车站应尽可能地靠近人口密集区和商业区,最大限度地方便乘客出行。

(4) 车站的设计应尽可能地与物业开发相结合,使土地的使用达到最经济。

(5) 车站的设计应简洁、明快、大方,易于识别,并应体现现代交通建筑的特点,同时应与周围城市景观相协调。

(6) 车站设计应能满足设计远期客流集散量和运营管理者的需要,应具有良好的外部环境条件,最大限度地吸引乘客。

(7) 车站应在满足使用功能的前提下尽量缩小建筑空间,使其规模、投资达到最合理。

(8) 车站公共区应按客流需要设置足够宽度的、直达地面的人行通道,出入口的布置应积极结合城市道路、周围建筑、公交的规划等因素综合考虑,通道和出入口不应有影响乘客紧急疏散的障碍物。车站设计要尽量兼顾过街人行通道的要求。

(9) 贯彻以人为本的思想,车站需解决通风、照明、卫生等问题,以给乘客提供一个安全、快捷和舒适的乘降环境。

(10) 车站应考虑防灾设计,以确保车站的安全性。

(11) 车站设计要考虑其经济性。城市轨道交通建设投资巨大,根据我国城市轨道交通建设的经验,车站土建工程的造价约占城市轨道交通系统总投资的13%。因此,应尽量压缩车站的长度及控制车站的埋深或车站架空的高度,以降低造价,节约投资。

四、城市轨道交通车站规模的确定

车站规模主要根据远期高峰客流量来确定。远期高峰客流量选用全线通车交付运营25年后各站的高峰客流量,考虑到高峰小时进出站客流量的不均匀性,需乘以1.2~1.4的系数。高峰小时客流量一般指早、晚高峰小时客流量。对于所处位置特殊的车站,如大型文体场所、火车站等也可选用其他高峰小时客流量。我国轻轨车站规模分级如表4-1所示。

表4-1 我国轻轨车站规模分级

车 站 规 模	日均乘降量/万人次	高峰小时乘降量/万人次
小型站	<5	<0.5
中型站	≥5且<20	≥0.5且<2.0
大型站	≥20且<100	≥2.0且<10.0
特大型站	≥100	≥10.0

注:特大型站的日均客流乘降量为多条线路合计量。

地铁车站规模主要根据车站远期预测客流量及所处位置确定,一般可分为以下三级。

A级:适用于客流量大、地处大型客流集散点及地理位置十分重要的车站。

B级:适用于客流量较大、地处市中心或较大居住区的车站。

C级:适用于客流量较小、地处郊区的车站。

车站规模直接决定着车站的外形尺寸及整个车站的建筑面积等。表4-2为深圳市城市轨道交通二期11号线车站设计规模表。

表4-2 深圳市城市轨道交通二期11号线车站设计规模表

车站名称	2035年高峰小时站点双向客流乘降量/人	车站规模	站型	形式	备注
深圳西站	28 970	大型站	地面站	岛式	换乘站
建工村站	6 122	小型站	地面站	侧式	预留站
内丽站	4 797	小型站	地面站	侧式	
龙珠站	8 792	小型站	地面站	侧式	
塘朗站	9 251	小型站	地面站	岛式	
龙华站	49 009	大型站	地面站	岛式	换乘站
坂田站	1 375	小型站	地面站	侧式	
雪岗站	14 831	中型站	高架站	侧式	
上李朗站	5 887	小型站	地面站	侧式	
平湖站	14 698	中型站	高架站	侧式	
北通道站			地面站	侧式	预留站
塘坑站	33 761	大型站	高架站	岛式	换乘站

注:车站规模的分类标准为,12 000人/高峰小时以下为小型站,12 000～25 000人/高峰小时为中型站,25 000人/高峰小时以上为大型站。

4.2 城市轨道交通线路

城市轨道交通线路是由各种不同材料的部件组成的,能保证列车以规定的速度平稳、安全、正点和不间断地运行的整体工程结构。城市轨道交通线路是城市轨道交通列车行车的基础,是城市轨道交通运营的重要设备之一,必须加强线路的检查、维护和保养,以确保线路各部件保持良好状态。

一、城市轨道交通线路的特点

城市轨道交通线路有以下特点。

(1) 城市轨道交通线路一经建成,无论是在地下、地面还是在地面以上,其位置的改变都十分困难,建成后的改建会引起周围建筑、道路等很大的拆迁工程,并破坏多年来逐渐形成的协调的环境,因此线路设计要做长期的考虑。

(2) 城市轨道交通线路一般为双线,通常每条纹路设有一个车辆段和一个停车场。线路车站没有经常性的调车作业,为节省用地,一般车站不设到发线,车辆集中停放在车辆段或停车场。

(3) 市内客运的运距短，且全面分布在整个城市区域内，为保证线路的客流吸引力，通常站距设置为 1~2 km。站点设置密，停车频繁。

(4) 由于线路各站点的吸引范围小，城市客流可容忍的等待时间较短，因此要求发车间隔时间不能太长，一般不长于 10 min。又由于短时间内聚集的客流量有限，因此列车编组长度通常为 4~8 节车厢，较城际列车的编组长度要短。

二、城市轨道交通线路的分类

城市轨道交通线路可分别按线路铺设的空间位置和线路在运营中的作用进行分类。

1. 按线路铺设的空间位置分类

城市轨道交通线路按其铺设的空间位置来分主要有地下线路、地面线路和高架线路三种类型，如图 4-4 所示。同一条轨道交通线路根据实际走向及线路区域分布可采用上述三种不同的空间布置方式。较为理想的铺设方式是在市中心入口、建筑密集、土地价位较高的区域，采用地下方式设置城市轨道交通线路，也可适当布置为高架方式；而在城市边缘区或郊区，宜采用地面线路或高架线路的敷设方式。

(a)地下线路

(b)地面线路

(c)高架线路

图 4-4　城市轨道交通线路按铺设的空间位置分类

1）地下线路

地下线路常用于地下铁道系统，铺设于地下隧道内。隧道分为圆形隧道和矩形隧道，一般区间隧道为圆形隧道，站台两端为矩形隧道。隧道的开挖一般有明挖法和暗挖法，目前国内外普遍采用的是暗挖法中的盾构法。根据线路与城市道路的关系，城市轨道交通地下线路的平面位置主要有线路位于道路规划红线（道路红线是指道路用地的边界线）范围内和线路位于道路规划红线范围外两种。

地下线路与地面道路交通完全分离，基本不占城市地面空间，不受气候影响，建成运营后对道路交通及城市景观没有影响。但由于线路设于地下，需要较高的施工技术，较先进的管理方法，完善的环控、防灾措施，因此工程造价较高，运营成本较高，建设过程会影响地面交通，改造调整与线路维护均较困难。

目前，地下线路大多采用混凝土整体道床，主要由隧道、整体道床、侧沟、轨枕（混凝土长枕、混凝土短枕、支撑块等）、钢轨、扣件、钢轨联结零件等组成。

2）地面线路

地面线路直接铺设于路面上，占用路面面积，对道路交通有很大影响。地面线路普遍采用碎石道床。碎石道床线路造价低，道床弹性好，但稳定性较差，运行噪声较大。地面线路施工简便，工程造价较低，运营成本较低，线路调整与维护方便，但占地面积较多，会破坏城市道路路面，且运营速度难以提高，容易受气候影响。

在城市道路上铺设地面线路时一般有两种位置，一种是位于道路中心带上，另一种是位于快车道一侧，如图 4-5 所示。

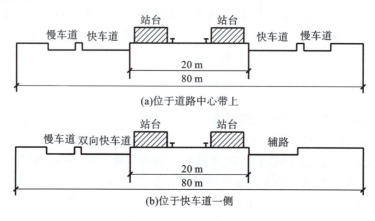

图 4-5　地面线路设置

地面线路主要由路基、碎石道床、侧沟、轨枕（木枕、混凝土枕）、钢轨、扣件、钢轨联结零件等组成。

3）高架线路

高架线路铺设于城市高架桥上，是城市轨道交通中一种重要的线路铺设方式。高架线路一般沿城市道路一侧或中央铺设。桥面轨道线路大多采用混凝土整体道床。高架线路铺设的工程造价介于地下线路和地面线路之间。

高架线路结构稳定，比地面线路占地少，不影响地面交通，在施工、维护、管理、环控、防灾等方面较地下线路方便。但采用高架桥形式会影响城市景观，容易受到气候变化影响，占用一定的城市用地，列车运行时的噪声对沿街区域城市声环境质量的影响较大。

高架线路主要由高架桥、整体道床、侧沟、混凝土支撑块、钢轨、扣件、钢轨联结零件等组成。

2. 按线路在运营中的作用分类

城市轨道交通线路按其在运营中的作用分为正线、折返线、渡线、停车线、联络线、检修线、试验线、出入段线、洗车线、安全线等。城市轨道交通线路的整体布置如图 4-6 所示。

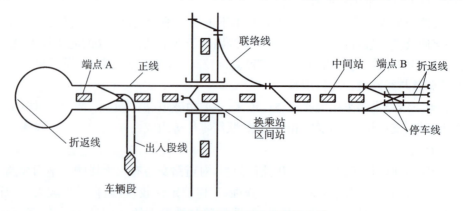

图 4-6　城市轨道交通线路的整体布置

1)正线

正线是指连接所有车站、贯穿运营线路始终点、供车辆载客运行的线路,如图 4-7 所示。正线行车速度高、密度大,需要保证行车安全和乘坐舒适性,对线路标准要求较高。正线与其他交通线路的相交处一般采用立体交叉。在特殊条件下(如运营初期),两条线路或交通方式的运量均较小时,若经过计算,通过能力满足要求,也可考虑采用平面交叉。

图 4-7　正线

城市轨道交通系统的正线是独立运行的线路,大多数线路为全封闭式,一般设计为双线,采用上、下行分行,实施右侧行车规则,以便与城市地面交通的行车规则相吻合(世界上除了英国、日本等部分国家外,绝大部分国家的城市道路交通均实行右侧行车规则)。一般南北走向的线路,向北的为上行,向南的为下行;东西走向的线路,向东的为上行,向西的为下行;线内圈为上行,外圈为下行。

2)折返线

折返线是指设在线路两端的终点站或准备开行折返列车的区间站,方便列车调头、转线及存车等的线路。

城市轨道交通线路一般较长,全线的客流分布不太均匀,这时可组织区段运行。区段运行是指列车根据运行调度的要求,在端点站与中间站之间或在中间站与中间站之间进行列车折返。故需要在这些地方设置折返线,折返线的形式应能满足折返能力的要求。折返线除了供运营列车往返运行时的调头转线使用外,有些也可以供夜间存车使用。

折返线有如下几种折返方式。

(1)环形折返线。

环形折返线俗称灯泡线,如图 4-8 所示。

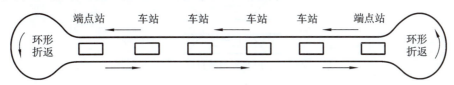

图 4-8　环形折返线

环形折返线将端点折返作业转化为沿一个环形单线区段运行的作业,实质上取消了折返过程,变为区间运行,有利于列车运行速度的发挥,消除了因折返作业而形成的线路通过能力限制条件,是一种有利于提高运营效率的折返方法。

图 4-9　天津地铁 1 号线的"灯泡线"

环形折返线的缺点在于环线占地面积较大,尤其是在地下修建时难度更大,投资较高;环线折返丧失了一端停车维护、保养、检查的机动线路,对车辆技术要求和运行组织工作要求较高;线路机动性下降,线路延伸可能性甚微,一般只适用于线路较短、线路延伸可能性较小且端点站在地面的情况。图 4-9 为天津地铁 1 号线的"灯泡线"。

(2) 尽端折返线。

尽端折返线可分为单线折返、双线折返、多线折返等,如图 4-10 所示。尽端折返线弥补了环线折返线的不足,使端点站既可有效组织折返(如双折返线可明显降低折返时间),又可备有停车线供故障停车、检修、夜间停车等作业使用。尽端折返线对于线路延伸也十分方便,比较适合于地下结构的端点站,以及线路较长或有延伸可能,不宜多占用土地的情况。

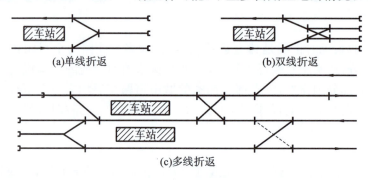

图 4-10　尽端折返线

(3) 渡线折返。

渡线折返即在车站前或车站后设置渡线来完成折返作业。渡线折返分为站前渡线折返、站后渡线折返和区间站渡线折返,如图 4-11 所示。

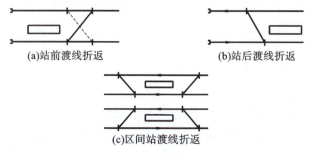

图 4-11　渡线折返

很明显,利用渡线折返需要修建的线路最少,投资下降。然而,列车进出车站与折返作业有严重的干扰,尤其是在区间站利用渡线进行区间列车折返时,需占用正线进行作业,故对运营管理要求十分严格。同时,列车运行间隔时间因受其制约而需要延长,导致线路通行能力下降,安全可靠性存在隐患。所以,列车运行速度较高、运行间隔时间较短(发车频率较高)、运量较大的线路不宜采用渡线折返。

(4)单轨线路折返。

单轨线路与双轨线路不同,必须采用专门的转线设备来完成折返,如图 4-12 所示。

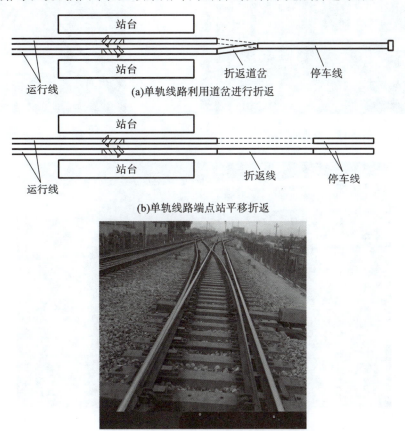

图 4-12　单轨线路折返

单轨线路折返设备需要承载线路,使列车做转动或平移(包括单轨交通线路间的分岔连接均需转动承载平台的道岔),故建造有一定的难度,投资费用也较高,是单轨交通发展的一个制约因素。

3) 渡线

渡线是指利用道岔将线路上下行正线(或其他平行线路)连接起来的线路。渡线分单渡线和交叉渡线两种,分别如图 4-13 和图 4-14 所示。图 4-11 所示的渡线折返是渡线的一种。

4) 停车线

停车线一般设置在端点站,是专门用于停车和进行少量检修作业的尽端线,如图 4-15 所示。车辆基地拥有众多的专用停车线,供夜间停止运营后的列车停放。需要进行检修作业的停车线设有地沟。城市轨道交通线路运输量大,列车运行间隔较密,在运营过程中列车可能会发生故障,为了不影响后续列车的运行,在设计上应能使故障列车及时退出运营正线。一般在轨道交通线路沿线每隔 3～5 个车站的站端应加设渡线和停车线。

图 4-13 单渡线

图 4-14 交叉渡线

图 4-15 停车线

5）联络线

联络线是轨道交通线路之间为方便调动列车等作业而设置的连接线路，主要是两条正线间的连接线，如图 4-16 所示。联络线按其布置形式可分为单线联络线、双线联络线和联络渡线。

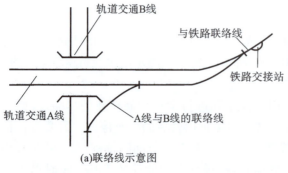

图 4-16 联络线

联络线因连接的轨道交通线路往往不在一个平面上,因此有较大的坡道与较小的曲线半径,故列车运行速度不会太高。如果在地下建设,则施工难度较大,投资也随之增加。

6)检修线

检修线是指设在车辆基地检修库内,专门用于检修列车的线路,如图4-17所示。检修线设有地沟,配有架车设备和检修设备。

图4-17 检修线

7)试验线

试验线是指设在车辆基地,用于对检修完毕的列车进行状态检测的线路,如图4-18所示。为达到必要的运行速度,试验线需要有一定的长度标准和平纵断面设计标准。

图4-18 试验线

8）出入段线

出入段线是专供列车进出车辆段的线路，如图 4-19 所示。为保证运行列车的停放和检修，应在城市轨道交通沿线的适当位置设置车辆段。车辆段与正线连接的线路为出入段线，是车辆段与正线之间的联络通道。出入段线可以设计为双线或单线，与城市道路或其他地方的交叉处可采用平交或立交。

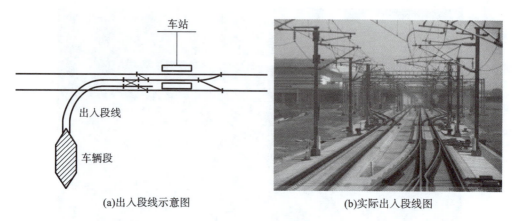

(a)出入段线示意图　　(b)实际出入段线图

图 4-19　出入段线

9）洗车线

洗车线是专门用于清洗车辆的线路，如图 4-20 所示。

图 4-20　洗车线

10）安全线

在出入段线、折返线，停车线和岔线上应根据情况设置安全线，安全线的长度一般不小于 40 m。例如，当出入线上的列车在进入正线前需要一度停车，且停车信号机与警冲标之间的距离小于列车制动距离时，应设安全线，如图 4-21 所示。

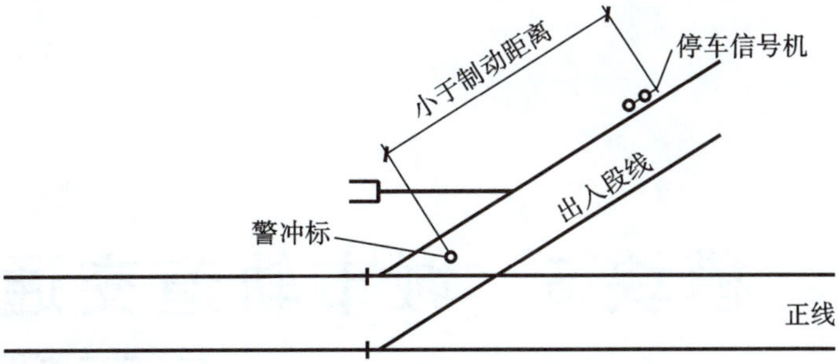

图 4-21　设置安全线

上述分类中的折返线、渡线、停车线、联络线、安全线也可统称为辅助线,辅助线是城市轨道交通系统的重要组成部分,直接关系到系统运营组织的效率。检修线、试验线、出入段线、洗车线也可统称为车场线,是车辆段内进行厂区作业与停放列车的线路。

思考与练习

(1) 什么是城市轨道交通的正线和折返线?
(2) 城市轨道交通线路按用途不同分为哪几种类型?
(3) 城市轨道交通线路的空间设置位置有哪几种形式?各有什么优缺点?
(4) 普通单开道岔由哪几部分组成?各组成部分的作用是什么?
(5) 轨道交通线路的施工方法主要有哪几种类型?
(6) 城市轨道交通车站如何分类?
(7) 地铁车站一般由哪几部分组成?地面出入口的形式主要有哪几种?
(8) 地铁车站的站台形式有哪几种?分别用图示表示。
(9) 车站辅助用房包括哪些设施?
(10) 车站的设计原则是什么?

模块 5　城市轨道交通车辆与车辆基地

 学习目标

(1) 了解城市轨道交通车辆的基本知识。
(2) 掌握城市轨道交通车辆的基本组成。
(3) 掌握城市轨道交通车辆基地的基本知识。

扫码看视频

5.1 城市轨道交通车辆基本知识

城市轨道交通车辆一般指地铁车辆和轻轨车辆,是城市轨道交通工程中最重要的设备,是运输乘客的载体,是城市轨道交通系统的重要组成部分。

一、城市轨道交通车辆的特点

城市轨道交通车辆应具有先进性、可靠性和实用性,满足容量大、安全、快速、舒适、美观和节能的要求,其主要特点如下。

1. 安全可靠性高,载客能力强

城市轨道交通车辆作为城市公共交通工具,主要在市内和市郊运行。它的运营条件与铁道车辆有所不同,城市轨道交通车辆要在地下隧道、高架线路和地面轨道线路运行,站距短,线路曲线半径小、坡度大;客流量大而集中,乘客上下车频繁,高峰时会超载。

2. 车辆性能好,加减速度快,制动效果佳

城市轨道交通车辆作为城市公共交通工具,站间距离较短,车辆要以最高速度运行是困难的,因此需要有较高的启动加速度和制动减速度,以达到启动快、停车制动距离短、提高车辆平均速度的目的。

3. 牵引效率高,能源消耗低

车辆的设计应遵循减少能耗、减少发热设备的原则,以降低隧道内的温度,为此应尽量减轻城市轨道交通车辆自重,选择效率高的传动系统。

4. 牵引方式灵活,适应能力强

城市轨道交通车辆的牵引方式较为灵活,包括动力集中牵引、动力分散牵引等。由于行车密度大,地下铁道的通信信号比较复杂,为确保安全行车,车载通信信号设备及车辆的控制系统应有良好的适应能力。

5. 乘车环境优越

随着生活水平的提高,人们对乘坐舒适性的要求越来越高,因此城市轨道交通车辆的悬挂系统比大铁路要求高。地下铁道车辆的车厢内除采用机械式通风换气来改善车内空气品质外,还增设了空气调节装置,以提高乘坐舒适性,并改善司机的工作条件。同时,在降低车厢内来自轮轨系统和动力系统的噪声上也采取了多种有效的措施。

二、城市轨道交通车辆的分类

城市轨道交通车辆是技术含量高且集中的机电设备,也是整个城市轨道交通系统中的关键设备。各城市的轨道交通车辆的结构和性能不尽相同,种类繁多,按不同的分类方式可分为不同的种类。

1. 按牵引动力配置分

城市轨道交通车辆按牵引动力配置可分为动车(motor,用 M 表示)和拖车(trailer,用 T 表示)。动车本身带有动力装置,即装有牵引电动机,具有牵引和载客的双重功能。动车又可分为带有受电弓的动车和不带受电弓的动车。拖车本身没有动力牵引装置,需要通过动车的牵引拖带来实现运行,仅有载客功能,可设置司机室(用 Tc 表示),也可带受电弓。城市轨道交通车辆在运营时一般采用动拖结合、固定编组,从而形成电动列车组。

2. 按车辆规格(车体宽度)分

城市轨道交通车辆按车体宽度的不同可分为 A 型车(宽度为 3 m)、B 型车(宽度为2.8 m)和 C 型车(宽度为 2.6 m)三种。A 型车为高运量地铁车辆的基本车型,轴重较重,载客人数较多,车体尺寸较大,单向运能为每小时 5 万～7 万人次;B 型车为大运量地铁车辆,相对 A 型车而言各项指标值均较小,单向运能为每小时 3 万～5 万人次;C 型车更小,一般为轻轨车辆的基本车型,单向运能为每小时 1 万～3 万人次。

此外,城市轨道交通车辆按照驱动方式可分为旋转电动机驱动车辆和直线电动机驱动车辆;按车辆制造材料可分为钢骨架车辆和合金材料车辆;按供电方式可分为接触网供电车辆和接触轨供电车辆;按车辆连接方式可分为贯通式车辆和非贯通式车辆。

三、城市轨道交通车辆编组

按照运营需求,将各独立车辆连接起来形成一个运行体,就称为车辆编组。车辆编组应考虑线路坡度、运营密度、站间距离、舒适度、安全可靠性、工程投资、客流大小等因素。

城市轨道交通车辆编组通常由 3～8 节车辆组成,可以是全动列车编组,也可以是动拖结合编组,依线路、客流、车型情况而定。在编组方式中,以 M 表示动车,T 表示拖车,c 表示带有驾驶室,p 表示带有受电弓。我国地铁列车常用的编组形式有四节编组(二动二拖)、六节编组(三动三拖或四动两拖)、八节编组(六动两拖)等,列车两端的车辆必须带有驾驶室。四节编组的形式是 Tc-Mp-Mp-Tc;六节编组的形式可以是 Tc-Mp-M-Mp-M-Tc 也可以是 Tc-Mp-M-M-Mp-Tc;八节编组的形式可以是 Tc-Mp-M-Mp-M-Mp-M-Tc,也可以是 Tc-Mp-M-Mp-M-M-Mp-Tc。列车编组示意图如图 5-1 所示。不同城市列车编组方式有所不同。

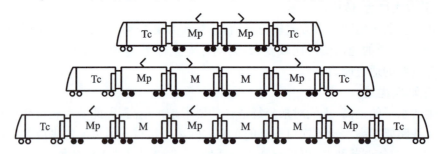

图 5-1 列车编组示意图

另外,国内列车编组方式中有采用 A、B、C 等字母来表示车型的。其中,A 代表带驾驶室的拖车;B 代表带受电弓的动车;C 代表不带受电弓的动车。例如,上述六节编组的列车 Tc-Mp-M-M-Mp-Tc,可表示为 A-B-C-C-B-A;八节编组的列车 Tc-Mp-M-Mp-M-M-Mp-Tc,可表示为 A-B-C-B-C-C-B-A。

5.2 城市轨道交通车辆组成

城市轨道交通车辆种类很多,性能各异,但其结构大致相同,一般由车体及内部设备、转向架、车钩缓冲装置、制动装置、空调通风系统、车辆电气牵引系统、辅助供电系统、列车控制及诊断系统等部分组成。

一、车体及内部设备

车体是城市轨道交通车辆最重要的组成部件之一，位于转向架上，其主要功能是运载乘客，承受和传递载荷，安装传动机构、电气设备和内部设备等。

1. 车体的特征

城市轨道交通车辆是城市公共交通或近郊客运所选择的特殊运输方式，车体的特征有如下几点。

（1）由于是服务于市内及近郊的公共交通，因此车体的外观造型和色彩运用应与城市景观相协调。

（2）列车一般采用四节、六节或八节的编组形式，由动车与拖车组成。

（3）为了增加载客量和利于乘客疏散，车厢内座位较少，车门多且开度大，一般设有残疾人轮椅停放区域等，内部服务于乘客的设备较简单。

（4）对质量限制较为严格，设计时讲求车体轻量化，以降低高架线路的工程投资。

（5）车体的防火要求严格，采用了防火、阻燃、低烟和低毒的材料。

（6）对车辆的隔声、减震、隔热要求严格，最大限度地为乘客提供舒适的乘车环境。

2. 车体的材料

城市轨道交通车辆的车体一般有碳素钢车体、不锈钢车体、铝合金车体三种。碳素钢车体自重能达到10～13 t，材料和制造成本相比于另两种材料要低，但耐腐蚀性在三者中最差，维修费用高，总成本最高；不锈钢车体自重比碳素钢减轻了1～2 t，材料和制造成本较碳素钢高，耐腐蚀，基本不需要定期维修保养，总成本在三者中是最低的；铝合金车体自重比钢制车体轻3～5 t，是三者中最轻的，材料和制造成本是最高的，耐腐蚀性较好，需定期维护，所以总成本较高。为了保证车体具有足够的弯曲刚度，须满足城市轨道车辆设计规范的要求。铝合金车体主要承载构件采用大型中空截面的挤压铝型材，以满足车体所需的强度和刚度。

3. 车体的制造工艺

车体的制造工艺一般采用焊接和铆接，这两种工艺交替使用，大部件之间的组装以铆接为主。

4. 车体的承载方式

车体的承载方式一般有底架承载、侧墙和底架共同承载与整体承载三种方式。

5. 车体的结构

城市轨道交通车辆的车体按结构和功能的不同，可分为车体（壳体）、驾驶室、车门、车窗、贯通道和内部装饰等。

1）车体

车体是由底架、侧墙、端墙、车顶等部件组成的，为封闭筒形结构的整体承载方式。它是保证乘客安全的主要部件，也是减轻车辆自重的关键部件，如图5-2所示。

2）驾驶室

驾驶室是列车的控制中心，位于列车两端。不同车型的驾驶室内的设备略有差异，一般由驾驶台、驾驶室侧门、紧急疏散门、通道门、驾驶室座椅、电器控制柜等组成，如图5-3所示。

图 5-2 车体

图 5-3 列车驾驶室

3) 车门

车门的结构和类型多种多样,但无论结构形式如何变化,地铁车辆的车门都应满足城市轨道交通的特殊性,即车门要有足够的数量和有效宽度;车门附近要有足够的空间,以使乘客上下车的时间满足列车运行密度的要求。一般城市轨道交通车辆每节车厢两侧各均匀分布有 5 扇车门,车门的有效宽度达 1 400 mm。

车门按照驱动系统的动力来源可分为电动车门、气动车门;按照车门的运动轨迹及与车体的安装方式可分为内藏门、外挂式移动门、塞拉门、外摆式车门,如图 5-4 所示。另外,还有一种车门称为紧急疏散门,如图 5-5 所示。当列车运行时,在隧道发生火灾或其他险性事故等特殊情况下,这种车门用于紧急疏散车上的乘客。由于隧道宽度有限,紧急疏散门一般设在驾驶室的前端。在紧急情况下,司机可打开紧急疏散门,将其向前放下到路基上,作为通向地面的踏板,以紧急疏散乘客。运行于地面或高架线路的列车可以不开紧急疏散门,一旦发生险情,司机可以打开列车两侧的车门来疏散乘客。

(a)内藏门

(b)外挂式移动门

(c)塞拉门

(d)外摆式车门

图 5-4　城市轨道交通车辆车门

图 5-5　紧急疏散门

4）车窗

城市轨道交通车辆的车窗一般设在两个客室车门之间,列车两侧分别均匀布置车窗。车窗的基本形式是完全密封且无法打开的。车窗玻璃为双层中空玻璃,具有良好的隔热、隔声效果。玻璃周边镶有环形氯丁橡胶条,玻璃借助环形氯丁橡胶条直接嵌入和装配在侧墙上,车窗无窗框,如图 5-6 所示。

图 5-6　城市轨道交通车辆的车窗

5）贯通道

车辆贯通道位于两节车厢的连接处,它将两个车体的客室内部贯通为一体,是城市轨道交通车辆的重要部件,如图 5-7 所示。它具有良好的防雨、防风、隔声功能,还可适应车厢之间所有可能产生的相对位移,保证乘客自由穿行于车厢之间。车辆贯通道主要由折篷、护墙板、过渡板和车顶板组成。

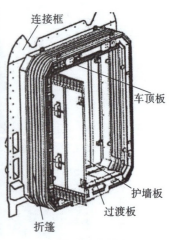

(a)车辆贯通道连接　　(b)贯通道示意图

图 5-7　城市轨道交通车辆贯通道

6）内部装饰

内部装饰一般是指车辆壳体以内的内墙板、内顶板、地板、座椅、扶手及立柱等，如图 5-8 所示。车内装饰不仅要求具有良好的隔声、隔热性能，而且要求外表美观、色彩新颖，能为乘客营造舒适、温馨的乘车环境。

图 5-8　城市轨道交通车辆的内部装饰

6. 车体的外形特点

车体断面形状一般为类似矩形或鼓形。选取这样的外形是为了提高车辆在隧道内的最大空间截面积，从而使地铁工程取得最好的经济效益；同时能提高车辆在圆隧道内的"活塞"效应，加强隧道的自然通风能力。

二、转向架

转向架安装在车体与轨道之间，是支撑车体及其负载并引导车辆沿轨道运行的支撑走行装置，是车辆最重要的组成部件之一。转向架的结构和各部位的参数是否合理，直接影响着车辆的运行品质、动力性能和行车安全。

1. 转向架的作用

转向架的基本作用是支撑整个车体，并引导其沿线路运行；承受并传递车体与轨道之间的各种载荷及作用力；保证在正常运行条件下，车体能可靠地坐落在转向架上并将轮对的滚动转化为车体的平动；安装弹簧减振装置，使转向架具有良好的减振特性，缓和车辆与线路之间的作用，减小振动和冲击，提高车辆运行的平稳性和安全性；安装牵引制动装置，并充分利用轮轨之间的黏着作用，传递牵引力和制动力，提高车辆通过曲线的能力。

2. 转向架的结构

转向架是城市轨道交通车辆的一个独立部件，一般有动车转向架和拖车转向架两种，如图 5-9 所示。为了方便拆卸和维修，在转向架与车体之间应尽可能地减少连接部件，同时满足相同部件的互换性。动车转向架和拖车转向架的基本结构相同，一般由构架、轮对轴箱装置、弹性悬挂装置、中央牵引连接装置、传动装置、制动装置等部分组成。它们的主要区别在于驱动系统。动车转向架由于要提供动力，通常配置牵引电动机、联轴器、齿轮箱、齿轮箱悬挂装置及动力轮对等；拖车转向架则没有驱动装置。动车转向架的结构示意图如图 5-10 所示。

图 5-9 转向架

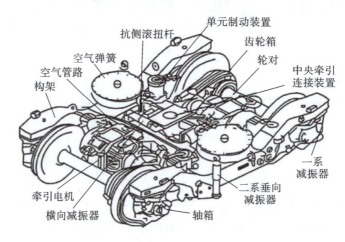

图 5-10 动车转向架的结构示意图

1）构架

构架是转向架的基础，它把转向架的零部件组成一个整体。构架不仅承受和传递各种载荷和作用力，而且是转向架各组成部件安装的基础。构架的结构形状、尺寸大小都应满足各零部件的结构、形状和组装的要求，如制动装置、弹簧减振装置、轴箱定位装置等的安装要求。构架主要由左右侧梁、一根或几根横梁组成。两端的横梁又称为端梁，具有端梁的呈矩形的构架称为封闭式构架，只有一个或两个相邻的中部横梁而没有端梁的构架称为开口式或 H 形构架，如图 5-11 所示。侧梁是构架的主要承载梁，同时侧梁的结构确定了轮对位置。

2）轮对轴箱装置

轮对轴箱装置包括轮对和轴箱两部分。

（1）轮对。

轮对由一根车轴和两个相同的车轮组成。轮对沿着钢轨滚动，除了传递车辆质量外，还

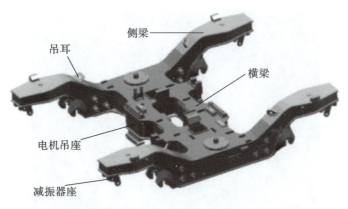

图 5-11　转向架构架

传递轮轨之间的各种作用力,包括牵引力和制动力。车轮包括轮缘、轮辋、轮毂、辐板、踏面等部分,如图 5-12 所示。车轮与钢轨的接触面为踏面;踏面一侧突出的圆弧部分称为轮缘,轮缘是保持车辆沿钢轨运行,防止脱轨的重要部分;轮辋位于踏面下,是车轮最外的一圈;轮毂是轮与轴相互配合的部分;辐板是连接轮辋和轮毂的部分。

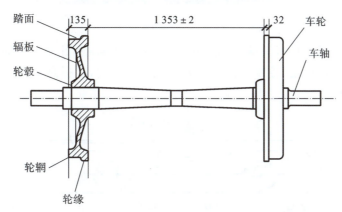

图 5-12　轮对组成

两轮缘的内侧距是影响车辆运行安全的重要因素,轮缘内侧距应保证在任何线路上运行时,轮缘与钢轨之间有一定的间隙,以减少轮缘与钢轨之间的磨耗。同时轮缘内侧距应保证在最不利的情况下,轮对踏面在钢轨上仍有足够的安全搭接量,以免造成脱轨,保证车辆安全通过道岔。我国城市轨道交通车辆轮对的内侧距为(1 353±2)mm。

(2) 轴箱。

轴箱装置的作用是将轮对和侧架连接在一起;承受和传递轮对与转向架之间的各种载荷,承受车体重力,传递牵引力、制动力;保护轴颈,使轴颈与轴承间得到润滑,减少摩擦,以防止在高速运行条件下发生热轴,保证列车运行安全。轴箱装置如图 5-13 所示。

3) 弹性悬挂装置

为了减少线路的不平顺和轮对运动对车体的各种动态影响(如由于轨隙、道岔、轨面的缺陷和磨耗及车轮踏面的斜度、擦伤等造成的垂向振动、横向振动等),在转向架上装有弹性悬挂装置,如图 5-14 所示。弹性悬挂装置安装在轮对轴箱装置与构架之间(一系悬挂)以及

图 5-13 轴箱装置

构架与车体之间（二系悬挂），其基本作用主要体现在：能够缓和并减少车辆行驶时的振动与冲击；控制车体的侧滚振动；控制车体地板面与轨道的高度，以提高车辆运行的平稳性和舒适性，降低噪声。

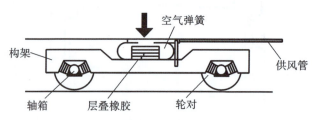

图 5-14 弹性悬挂装置

（1）一系悬挂。

一系悬挂位于轮对轴箱装置与构架之间。来自轨道的各种冲击和振动通过一系悬挂缓冲后再传递给构架与车体。一系悬挂与转向架的轴箱定位方式有关，常见的有"人"字层叠橡胶弹簧、内外圈钢螺旋弹簧和锥形橡胶、金属层叠橡胶弹簧等形式。"人"字层叠橡胶弹簧如图 5-15 所示。

（2）二系悬挂。

二系悬挂位于转向架构架与车体之间，大多采用空气弹簧、紧急弹簧、各方向的液压减振装置、抗侧滚扭杆装置等。

4）中央牵引连接装置

中央牵引连接装置是车体与转向架的连接部件，其结构应能满足安全可靠地支撑车体，并传递各种载荷和作用力；同时车体与转向架之间应能绕不变的旋转中心相对转动，以使车辆顺利通过曲线。

图 5-15 "人"字层叠橡胶弹簧

5) 传动装置

传动装置安装在动车转向架上,包括牵引电动机、减速齿轮箱和联轴器等。它使牵引电动机的扭矩转化为轮对或车轮转矩,利用轮轨之间的黏着作用,驱动车辆沿着钢轨运行。

6) 制动装置

为了使运行中的车辆在规定的距离内停车,必须安装制动装置。其作用是传动和放大单元制动装置产生的制动力,使闸瓦与轮对或制动钳与制动盘之间产生摩擦力,使车辆承受前进方向的阻力,产生制动效果。

三、车钩缓冲装置

车钩缓冲装置是城市轨道交通车辆最基本的,也是最重要的部件之一。它用来连接列车中的各车辆,使它们彼此之间保持一定的距离,实现车辆之间机械、电气和气路的连接,并且传递与缓和列车在运行中,或在调车时所产生的纵向力或冲击力,如图 5-16 所示。

车钩缓冲装置固定在车体底架上,车辆运行、牵引、制动时发生的纵向拉力、压缩力经车钩、缓冲器,最后传递给车体底架的牵引梁,缓冲器起到缓解车辆之间互相冲击的作用。车钩缓冲装置主要包括车钩和缓冲器,还涉及风管连接装置、电气连接装置和车钩对中装置等其他装置。

1. 车钩

车钩用来连接列车中各车辆,使各车辆彼此保持一定的距离,并且传递列车的牵引力及制动力。

1) 车钩的分类

车钩可分别按车钩的特点和车钩的连接方式进行分类。

(1) 按车钩的特点分类。

按车钩特点的不同,可分为非刚性车钩和刚性车钩。

图 5-16　车钩缓冲装置

①非刚性车钩。非刚性车钩允许两个相连的车钩在垂直方向上有一定的位移,当两个车钩连挂前的纵向中心线存在高度差时,发生连挂的车钩各自保持水平位置,同时保证车钩在水平面内可以自由摆动,如图 5-17 所示。

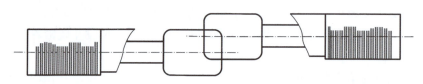

图 5-17　非刚性车钩

②刚性车钩。刚性车钩不允许连挂的两车钩在垂直方向上存在相对位移,当两个车钩连挂前的纵向中心线存在高度差时,连挂后两车钩的中心线将处在同一条直线上,并呈倾斜状态。刚性车钩钩体的尾端具有完全的铰链,保证连挂车钩之间可以具有相对的水平角位移和垂直角位移,这种车钩也称为密接式车钩(见图 5-18)。刚性车钩在我国城市轨道交通车辆中应用的有自动车钩、半自动车钩和半永久性车钩三种。

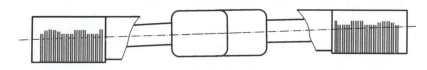

图 5-18　刚性车钩

刚性车钩与非刚性车钩相比较具有以下优点:连接间隙小、磨耗小,降低了纵向力;同时改善了自动车钩零件的工作条件,并且降低了车钩冲击噪声,避免发生事故时后车辆爬到前一车辆上的危险。刚性车钩主要应用于地铁车辆、城市轻轨车辆及高速列车,非刚性车构较普遍地应用于一般的铁路客车和货车。

(2) 按车钩的连接方式分类。

按车钩连接方式的不同,可分为全自动车钩、半自动车钩和半永久车钩。

①全自动车钩。全自动车钩可以实现机械、风管和电气回路的自动连挂、解钩或人工解

钩等，如图 5-19 所示。

(a)全自动车钩实物图

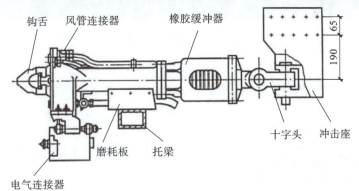

(b)全自动车钩示意图

图 5-19　全自动车钩

②半自动车钩。半自动车钩的机械和风管的连接机构与作用原理基本上和全自动车钩相同，可以实现自动连挂、解钩或人工解钩，但电气回路必须靠人工连挂和解钩，如图 5-20 所示。

图 5-20　半自动车钩

③半永久车钩。半永久车钩的机械、风管和电气回路的连挂与解钩都需要人工操作完成,一般只有在架修以上作业时才进行分解,如图5-21所示。

图5-21 半永久车钩

2)车钩的组成

密接式车钩由钩头(钩体)、钩舌、解钩杆、解钩风缸、弹簧(顶杆弹簧)等组成,如图5-22所示。

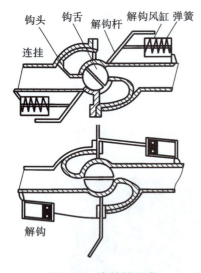

图5-22 车钩的组成

两钩连接时,一方凸锥插入对方的凹锥孔中,这时凸锥的内侧面在前进中压迫对方的钩舌转动,使解钩风缸的弹簧受压,钩舌沿逆时针方向旋转40°。当两钩连接面接触后,凸锥的内侧面不再压迫对方的钩舌。此时,由于弹簧的作用,钩舌恢复到原来的状态,即处于闭锁位置。要使两钩分解,需由司机操纵解钩阀,压缩空气由总风管进入前车(或后车)的解钩风缸;同时经解钩风管连接器送入相连接的后车(或前车)解钩风缸,活塞杆向前推并带动解钩杆,使钩舌转动至开锁位置,此时两钩即可解开。两钩解开后,解钩风缸的压缩空气迅速排出,解钩弹簧得以复原,带动钩舌顺时针转动40°,恢复到原始状态,为下次连挂做好准备。如果采用手动解钩,只要人力扳动解钩杆,也能使钩舌转动至开锁位置,实现两钩的分解。

2. 缓冲器

缓冲器用于列车运行或调车时缓和车辆之间所产生的纵向力或冲击力,分为可再生缓冲器和不可再生缓冲器两种类型。可再生缓冲器有环弹簧缓冲器、橡胶缓冲器、弹性胶泥缓冲器等;不可再生缓冲器有压溃管等。

3. 其他装置

风管连接装置用来连接车辆间的气体管路,主要有制动主管、解钩风管和主风管等;电气连接装置用来连接车辆间的电路线路,有自动电气连接器和插头插座式连接器;车钩对中装置的作用是使车钩缓冲装置和车体的中心线在同一平面内,在缓冲器的尾部下方设有对中气缸,以实现对中功能。

根据车辆连挂要求,车辆不同部位应装配不同类型的车钩缓冲装置。在 Tc 车驾驶室端安装全自动车钩,便于两列车辆在救援或调车时快速连挂和分解,并能实现连挂列车间的电气控制。在两节 M 车之间安装半自动车钩,便于车辆检修时连挂、分解及重新编组。其他各车辆之间的车钩连挂和分解频率比较低,一般安装半永久车钩。

四、制动装置

人为地使列车减速或阻止其加速的行为称为制动。对于城市轨道交通车辆来说,制动装置是保证列车车辆安全运行所必不可少的设备。在动车、拖车上均应设置制动装置,以使运行中的列车按需要减速或在规定的距离内停车。

1. 制动装置的特点

城市轨道交通一般站间距离较短、调速及制动频繁,所以列车在正常运营时,为了提高行车速度,列车必须启动快、制动距离短。为适应这一特点,城市轨道交通车辆制动装置必须具备以下特点:

(1) 城市轨道交通站间距一般为 1 km 左右,因此制动装置应具有操纵灵活,制动减速度大,动作灵敏、可靠,停车平稳、准确,车组前后车辆制动、缓解作用一致等特点。

(2) 城市轨道交通的客流量波动大,因此制动装置的制动力应能随着载荷的变化而自动调整,保证停车的准确性和平稳性。

(3) 城市轨道交通具有摩擦制动与动力制动两种制动形式,两者应互相配合,并尽量充分发挥动力制动能力,以减少对城市环境的污染,降低运行成本。

(4) 制动系统应具有防滑功能。

(5) 为防止列车运行中发生危及行车安全的事故,列车应具有自动施加紧急制动的功能。

2. 车辆的制动方式

车辆的制动方式可分别按动力获取的方式和动能转移的方式进行分类。

1) 按动力获取的方式分类

按照动力获取方式的不同,车辆的制动方式可分为黏着制动和非黏着制动。

(1) 黏着制动。

列车制动时车轮在钢轨上滚动,由于车辆重力的作用,车辆与钢轨的接触处形成椭圆形的接触面,此时轮轨接触处既不是静止状态也不是滑动状态,而是"静中有微动"或"滚中有微滑"的状态,在铁路术语中称这种状态为黏着状态。黏着状态下车轮与钢轨间的最大水平作用力又称为黏着力。依靠黏着滚动的车轮与钢轨黏着点之间的黏着力来实现车辆的制动,称为黏着制动,如闸瓦制动。列车采用黏着制动时,能够获得的最大制动力不会大于黏着力。

(2) 非黏着制动。

在制动时,钢轨作用在机车、车辆上的制动力不是通过车轮与钢轨的滚动接触点(黏着点)的制动方式,称为非黏着制动。非黏着制动的制动力不受轮轨间黏着力的限制。轨道电磁制动与轨道涡流制动属于非黏着制动。以轨道电磁制动为例,钢轨给出的制动力是通过吊挂在转向架上的电磁铁而作用于车辆上的,所以制动力的大小不受轮轨间的黏着力的限制,这是超出黏着力以外获得制动力的一种制动方式。非黏着制动目前主要用于黏着状态下制动力不够的高速旅客列车,作为一种辅助的制动方式。

2) 按动能转移的方式分类

按照动能转移的方式,车辆的制动方式可分为摩擦制动和动力制动。

摩擦制动方式中,动能通过摩擦副的摩擦转变为热能,消散于大气中,主要有闸瓦制动、盘形制动;动力制动方式中,动能通过发电机转化为电能,然后将电能从车上转移出去,主要有再生制动、电阻制动。

(1) 闸瓦制动。

闸瓦制动又称为踏面制动,是最常用的一种制动方式,如图 5-23(a)所示。制动时,机械杆件的传递使闸瓦压紧车轮,轮、瓦间发生摩擦,电动车组的动能大部分通过轮、瓦间的摩擦变成热能,经车轮与闸瓦最终逸散到大气中去。

(2) 盘形制动。

盘形制动有轴盘式制动和轮盘式制动之分,一般采用轴盘式盘形制动装置。轴盘式制动和轮盘式制动分别如图 5-23(b)、(c)所示。根据制动需要,可在一根车轴上布置 2 个、3 个,甚至 4 个制动盘。当轮对中间由于牵引电动机等设备使制动盘安装发生困难时,可采用轮盘式盘形制动装置。制动时,制动缸通过制动夹钳使闸片夹紧制动盘,使闸片与制动盘间产生摩擦,把电动车组的动能转变为热能,热能通过制动盘与闸片散于大气中。盘形制动装置代替了闸瓦对车轮踏面的摩擦,因此不存在对车轮的热影响;同时减少了车轮的磨耗,延长了车轮的使用寿命并改善了运行性能,保证了行车安全。

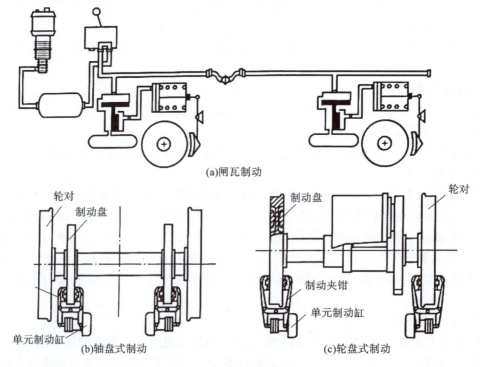

图 5-23 盘形制动

(3) 再生制动。

再生制动时，电动机变成发电机状态运行，将车辆的动能变成电能，经 DCU/M 逆变器整流成直流电并反馈于接触网，供列车所在接触网供电区段上的其他车辆牵引用和供给本列车的其他系统（如辅助系统等）。再生制动取决于接触网的接收能力，即取决于网压高低和载荷利用能力。当列车所在的接触网供电区段内无车时，也就是负载利用能力较低时，再生制动效果会降低，并且随着速度的降低，再生制动力会逐渐减小。显然这种方式既能节约能源，又能减少制动时对环境的污染，并且基本上无磨耗。因此，城市轨道交通车辆普遍采用这种制动方式。

(4) 电阻制动。

如果制动列车所在的接触网供电区段内无其他列车吸收制动能量，那么网压会迅速上升，当网压达到最大设定值 1 800 V 时，DCU/M 打开制动电阻，将电动机上的制动能量转变成电阻的热能消耗掉，即电阻制动，也称为能耗制动。电阻制动一般能提供较稳定的制动力，但需要在车辆底架下安装体积较大的电阻箱，如图 5-24 所示。

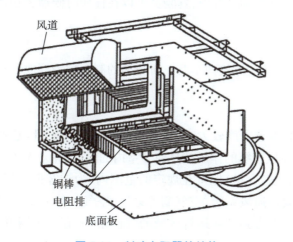

图 5-24　制动电阻器的结构

再生制动与电阻制动之间的转换由 DCU/M 控制，能保证它们连续交替使用，转换平滑，变化过程不被人所感受到。当列车高速运行时，动车采用再生制动，将列车动能转换成电能；当再生的电能无法再回收时，再生制动能够平滑地过渡到电阻制动。

在列车制动过程中，首先应充分利用电制动，电制动由列车的动车承担。在电制动初期，动车的电动机转变为发电机，将列车制动产生的动能经过转换，变成直流电输送回接触网和供给本列车的辅助系统，这时发生的是再生制动。如果列车所在的接触网供电区段内没有其他列车吸收该制动能量，而辅助系统的用电量不能完全消耗再生的电能，则将多余的电能送到制动电阻上消耗掉，这个过程称为电阻制动。随着列车的速度下降，其电制动力也将不断地减弱，当列车速度降低至一定值时，电制动已不能满足制动所需要的要求，这时电制动力将逐渐被切除，所有的制动力由摩擦制动来承担，同时列车进入停车制动的程序。因此，在列车制动过程中，再生制动、电阻制动、摩擦制动分别为第一优先级制动、第二优先级制动和第三优先级制动。

3. 车辆的制动操纵模式

车辆的制动操纵模式主要有常用制动、紧急制动、快速制动和停放制动四种类型。

1) 常用制动

常用制动是指在正常运行情况下，调节列车运行速度或使列车在预定地点停车的制动。常用制动时，首先充分利用电制动，若电制动力不能满足制动需求，则由摩擦（空气）制动加以补偿，以满足列车的制动需求。

2) 紧急制动

紧急制动是指在紧急情况下使列车迅速减速并达到在最短距离内紧急停车的制动。紧急制动时，完全利用摩擦制动，在相同载荷的情况下，其制动力高于常用制动。列车一旦施加紧急制动，其制动指令将直至列车停止，中途是不可撤销的。

3) 快速制动

快速制动的制动力与紧急制动的制动力一样，但与紧急制动不同的是，快速制动时电制动和气制动配合施加。在制动过程中，驾驶员可以在任何时候撤销快速制动指令，恢复列车的运行。

4) 停放制动

列车静止停放时，为防止停放列车溜车所施加的制动称为停放制动。

五、空调通风系统

城市轨道交通车辆客流密度较大，为改善车厢内的空气质量，必须要有空调通风系统，如图 5-25 所示。空调通风系统的作用就是使客室内的温度、相对湿度、空气流动速度及洁净度（主要指尘埃及二氧化碳含量）保持在规定的范围内，为乘客创造舒适的乘车环境。一般车辆空调通风系统主要由通风系统、空气制冷系统、空气加热系统、空气加湿系统及自动控制系统五大系统组成。考虑到实际运行区域的气候条件，有些车辆可不设专门的加热及加湿系统。

1. 通风系统

通风系统的作用是将车外的新鲜空气吸入并与车内的再循环空气混合，在滤清灰尘和杂质后，再输送和分配到车内各处，使车内获得合理的气流组织。同时将车内污浊的空气排出车外，使车内的空气参数满足设计要求。

2. 空气制冷系统

空气制冷系统的作用是在夏季对进入车内的空气进行降温、减湿处理，使车内空气的温度与相对湿度维持在规定的范围内。

3. 空气加热系统

空气加热系统的作用是在冬季对进入车内的空气进行预热和对车内的空气进行加热，以保证冬季车内空气的温度维持在规定的范围内。

4. 空气加湿系统

空气加湿系统的作用是在冬季车内空气相对湿度较低时对空气进行加湿，以保证冬季车内空气的相对湿度在规定的范围内。

图 5-25　空调通风系统

5. 自动控制系统

自动控制系统的作用是控制各系统，使其按给定的方案协调工作，以将室内的空气参数控制在规定的范围内，同时对空调装置起自动保护作用。

六、车辆电气牵引系统

城市轨道交通车辆电气牵引系统包括车辆上的受流器和各种电气牵引设备及其控制回路，它是车辆上高电压、大电流、大功率的电传动回路，如图 5-26 所示。受流器是列车将外部电源引入车辆电源系统的重要设备，根据供电方式的不同，列车受流器分为受电弓和集电靴两种，如图 5-27 和图 5-28 所示。

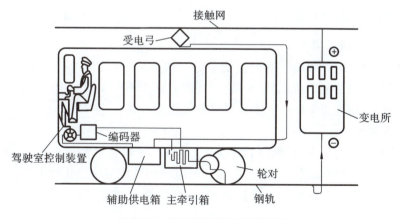

图 5-26　车辆电气牵引系统原理

城市轨道交通车辆首先通过受流器与接触网或接触轨（第三轨）接触，将电流引流到车辆，然后通过车辆牵引传动控制系统将电流送入牵引电动机，牵引电动机驱动车辆运行，驾驶员通过操纵驾驶控制器改变牵引电动机的运行速度和运行方式，此时电流经过车辆轮对、钢轨（或回流装置）回到变电所，形成闭合回路。

图 5-27　受电弓

图 5-28　集电靴

1. 城市轨道交通车辆供电方式

目前城市轨道交通车辆一般采用架空式接触网或接触轨（第三轨）供电，如图 5-29 和图 5-30 所示。

图 5-29　架空式接触网供电

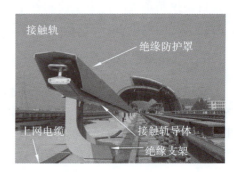

图 5-30　接触轨供电

1）架空式接触网供电

架空式接触网供电方式由车辆通过受电弓与接触网（直流 1 500 V）接触进行授流。该供电方式电流小而线路电压低，能量损失少，同时会减少整个牵引系统的电流容量。很多城市轨道交通车辆采用直流 1 500 V 接触网供电的授流方式。

2）接触轨供电

接触轨供电方式由装在车辆转向架上的集电靴与接触轨接触进行授流，授流方式分为上部授流、下部授流和侧部授流。上部授流即集电靴的滑块与接触轨的上部接触滑行，下部授流即集电靴的滑块与接触轨的下部接触滑行，侧部授流即集电靴的滑块与接触轨的侧面接触滑行。

2. 电气牵引系统的工作原理

城市轨道交通车辆电气牵引系统是列车牵引动力和电制动力得以实现的载体，实际上是牵引电动机的控制系统。根据驱动电动机形式的不同，控制系统分为两大类，即采用直流牵引电动机的直流牵引传动控制系统和采用交流牵引电动机的交流牵引传动控制系统。在牵引工况和电制动工况时，车辆电气牵引系统分别进行如下工作。

在牵引工况时,牵引电机作为电动机运行。城市轨道交通车辆通过受电弓将接触网的 1 500 V 电能引入车底架下部的高压箱内,电能在高压箱中受高压断路器控制后,经牵引逆变器送入牵引电动机,使牵引电动机驱动车辆轮对,牵引列车运行。在电制动工况时,牵引电机作为发电机运行。牵引电机将列车的动能转化为电能,并经牵引逆变器、高速断路器、受电弓等将电能反馈给电网,如果电能不能反馈给电网,就通过牵引逆变器和制动电阻以热量的形式散发掉。城市轨道交通车辆单元车的控制如图 5-31 所示。

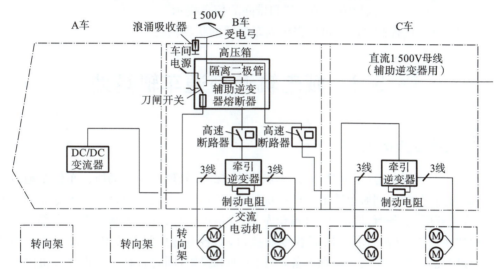

图 5-31 城市轨道交通车辆单元车的控制

七、辅助供电系统

辅助供电系统是城市轨道交通车辆上一个必不可少的部分,其功能是为空调、通风机、空气压缩机、蓄电池充电器及照明等辅助设备供电。辅助供电系统主要由辅助逆变器和低压电源(DC/DC 变流器和蓄电池)两大部分组成。

1. 辅助逆变器

辅助逆变器主要输出三相交流电供辅助电动机工作,该类电动机不需要调速,直接启动,因此辅助逆变器的结构和控制较主变流逆变器简单。

2. 低压电源

低压电源包括 DC/DC 变流器和蓄电池。DC/DC 变流器输出 DC 110 V 和 DC 24 V 电压。正常情况下列车运行时,车上所有的 DC 110 V 负载由 DC/DC 变流器供电,蓄电池处于浮充电状态。只有当主供电系统发生故障时(如电网供电中断),蓄电池才向紧急负载供电。紧急负载是指紧急照明、紧急通风设备,其中最大的负载是紧急通风设备。紧急状况下的通风量是正常情况下空调通风量的一半,但要求持续工作的时间较长。一般规定:在隧道中运行的车辆要保证供电 45 min,在地面或高架运行的车辆要保证供电 30 min。蓄电池容量就是根据这一要求确定的。

八、列车控制及诊断系统

列车控制及诊断系统是列车的核心部件。城市轨道交通车辆都是采用计算机进行自动控制的,其功能主要包括以下几方面。

(1) 实现牵引控制,即牵引特性曲线的实现和牵引功能的优化。

(2) 实现列车牵引的黏着控制,使列车在各种运用条件下,都能保持轮轨间的牵引力,并尽可能地使机车运用在轮轨间的牵引力实现最大化。

(3) 实现关联和电路连接,即逻辑控制功能。

(4) 实现列车运行过程中的故障信息处理,即进行故障信息的采集、处理、传输、显示和记录,并为列车乘务员提供故障现场处理和排除的信息提示。

(5) 列车计算机控制系统还可以提供列车运行的状态信息。

5.3 城市轨道交通车辆基地

一、车辆基地的组成

车辆停放及维修基地(车辆基地)是车辆停放、保养、修理的专门场所。车辆基地以车辆运用、检修为主,但考虑到城市轨道交通系统的管理需要及方便组织系统中各专业的维修工作,可以将工务所、电务所、机电所、材料仓库、教育培训中心、行车控制中心等全部或部分与车辆基地建在一起,这样有利于协调各专业接口,对各专业的维修工作进行有效的协调管理,可以合理规划、统一使用场地和设备,节约土地和投资,同时有利于实现计算机网络与现代化管理。

车辆基地根据功能和规模的不同可划分为停车场(库)、车辆段、列检所。

1. 停车场(库)

停车场是供车辆停放的场所,承担的任务有车辆的停放、洗刷、清扫及车辆列检和乘务工作,停车场所在正线运营列车的故障处理和救援工作,车辆定修(年检)及以下车辆的各级日常检查、维修。若遇到车辆的重大临修则采用部件互换的修理方式。每条轨道交通线路按其线路长短和配属车辆的多少设置停车场,根据需要再增加设置辅助停车场,辅助停车场仅设置停车、列检设施,只承担车辆的停放、清洁、列检工作。

停车场应配备车辆运用、整备和日常维修及配套设施,主要有停车列检库、调机库、临修库、车辆自动洗刷库和出入段线、洗车线、试车线、车库线,以及牵出线、走行线等各种辅助线路。主要设备有调车机(内燃机)、不落轮镟床、自动洗车机、车辆救援设备,以及为车辆重大临修服务的架车机、起重机等。

停车场(库)不仅要有足够的轨道停车位,还要设置管理人员、乘务员工作、活动和休息的场所。

2. 车辆段

车辆段是城市轨道交通系统中对车辆进行运用、管理、停放及维修保养的场所。车辆段除具有停车场的功能外,还是承担城市轨道交通车辆较大修程的场所。车辆段主要拥有以下功能:

(1) 承担所属线路的车辆停放、清洁、列检工作。

(2) 承担所在线路车辆的定修(年检)及以下车辆检查、维修和临修工作。

（3）承担所属线路和由多条联络线互相沟通的线路架修、大修工作。

（4）承担车辆部件的检测、修理工作，满足车辆各修程对互换部件的需求。其维修能力的设置也可使其成为地铁网络的车辆部件维修点，为其他车辆段服务。

车辆段要在停车场的基础上增加架修、大修的设施设备。车辆的主要检修方式采用部件互修，同时根据工艺要求，车辆段应具备车辆零部件的检修能力。

车辆段配备的车辆检修设施主要有架修库、大修库、静调库和部件检修间，以及油漆间、加工间、熔焊间和必要的辅助间等。架修、大修库的主要设备有架车机、移车台或车体吊装设备、公铁两用牵引车、转向架、车钩、电动机等各种部件的试验和修理设备，车辆油漆设备，列车静态调试和动态调试设备。承担列车转向任务的车辆段还应设置列车的回转线。

车辆段内无物资总库时还要设置材料库，并配备必要的运输和起重设备。

车辆段主要划分为检修区和运营区，所有的检修工作均集中在检修区进行，运营区主要负责段属车辆的停放、列检和乘务工作。

车辆段一般还兼有综合检修基地的功能，是保障线路各系统正常运行的基地和管理部门。一般在停车场设置的各系统的维修工区，属综合检修基地管辖。

3. 列检所

列检所的任务是利用列车停放时间和停放场地，对车辆的重要部件进行例行技术检查，对危害行车安全的一般故障进行重点修理。因此，列检所一般设在停车场（库）或列车折返段（列车折返时停留和准备的场所）的停车线上。

二、车辆基地的主要线路

1. 停车库线

停车库线要满足线路所有运营车辆的停放需要，线路长度根据车辆编组的需求进行设计，一般为列车长加 8 m，可设计为一线一列位或一线二列位，线路间隔通常为 3.8 m，通常设检修坑道。

2. 出入段（场）线

出入段（场）线位于车辆段或停车场与正线的结合部，是段（场）与正线的过渡线路，供车辆出入停车场或车辆段。除特殊条件限制外，出入段线都要设置为双线，并避免切割正线，根据行车和信号的要求留有必要的段（场）线路与运营正线的转换长度。其有效长度至少保证一列车的停放。

3. 牵出线

牵出线适应段（场）内调车的需要，牵出线的长度和数量根据列车的编组长度、调车作业的方式及工作量确定。

4. 静调线

静调线设在静调库内，列车检修完毕到试车线试车之前，要在静调库内对列车进行静态调试，检查列车各部分的技术状态，对各种电气设备、控制回路的逻辑动作及整定值进行测试和调整。静调线全长设置地沟，地沟内设置照明光带。静调线为平直线路，静调库内还要设置车间牵引电力电源和有关的测试设备。车辆段在车辆检修后进行车辆的尺寸检查，其中要对车辆的水平度进行检查，对于轨道高差精度等标准较高的线路（称为零轨），宜设在静调线。

5. 试车线

试车线供定修、架修、大修后列车在验收前的动态调试。试车线的有效长度应保证列车最高时速和全制动的需求,一般为平直线路,线路中间要设置不小于一单元列车长度的检查坑,供列车临时检查用。为进行列车车载信号装置的试验,试车线还应设置信号地面装置。试车线旁应设置试车工作间,内设信号控制机和试车必备的有关设备、设施和仪器。试车线应采取隔离措施。

6. 洗车线

洗车线供列车停运时洗刷车辆用,中部设有洗车库。洗车线一般为贯通式,尽量和停车线相近,这样可以缩短列车行走时间,并减少对车场咽喉地区通过能力的压力。洗车库前后要设置不小于一列车长度的直线段,以保证列车平顺地进出洗车库。

7. 检修线

检修线是指用于车辆各种不同修程的专用线路。检修线为平直线路,布置在检修、定修、架修、大修库内,包括架修线、大修线、定修线、临修线、静调线等。这些线路均设有1.4~1.6 m深的检修坑道,中间设有维修平台,根据需求配有架车机、悬挂式起重机、转向架、转向盘等设备。

8. 临修线

当列车发生临时故障和破损时,需在临修线上完成车辆的临修工作。临修线的长度应能停放一列列车,并考虑列车解编的需要。

以上线路是保证列车运行和检修的主要线路,除此之外,维修基地内还必须按需要设置临时存车线、检修前对列车清洗的吹扫线、材料装卸专用线、内燃调机车和特种车辆(如轨道车、接触网架线试验车、磨轨车、隧道冲洗车等)停车线、联络线和与铁路连通的地铁专用线等。

三、车辆运用、检修库房和车间及其主要设备

1. 停车列检库及其附属车间

停车库兼有停车、整备、清扫、日常检查、司机出乘等多种功能,为了实现这些功能,停车库除设有停车线外,还设有运用车间、运转值班室、司机待班室等司机出乘用房,设有列车及列车车载信号检修用房。

由于列车价格昂贵,且在地铁运行中占据着重要地位,因此在停车列检库中都设置有自动防灾报警设备,该设备和整个消防系统联系在一起。架空接触网或接触轨应进库,接触轨应加防护装置,在每条库线两端和库外线之间及停车台位之间设置隔离开关,以便对每条停车线的接触网(接触轨)独立停、送电。每条停车线还应有接触网(接触轨)送电的信号显示和列车出、入库的音响报警装置。停车线兼作车辆列检线,应设检查地沟。

地铁车辆除了由自动洗刷机洗刷外,对自动洗刷接触不到的部件应进行人工辅助洗刷,每日还要对列车室进行清扫、洗刷和定期消毒。这些工作都在清扫库中进行,清扫库一般毗邻停车库,库内应设置上、下水及洗刷平台。

在停车库两端应有一段平直硬化地面,作为消防、运输通道,通道应该设置可动防护栏杆,平时封锁,仅在特殊情况下使用。

2. 检修库及其辅助车间

检修库及其辅助车间的平面布置主要取决于车辆的配属情况,车辆的修程、检修方式及其工艺流程,同时要综合考虑自然地形条件、工件运输线路,以及安全、防火和环保要求等因素。

1) 双周、双月检库

双周、双月检都要在库内对列车的走行部、车体及车顶设备进行检查,为便于作业和保证安全,线路采用架空形式,除线路中间设置地沟外,在检修线两侧分别设有 3 层立体检修场地,底层地坪低于库内地坪(若轨面标高为±0.000 m,则底层地坪标高约为−1.000 m)。底层场地可以对走行部及车体下布置的电气箱、制动单元、蓄电池进行检查,中间为标高+1.100 m 左右的平台,可对车体、车门进行检查作业,车顶平台标高为+3.500 m,主要对车辆顶部的受电弓、空调设备进行检修,车顶平台设有安全栏杆。双周、双月检库立体检修平台如图 5-32 所示。

图 5-32 双周、双月检库立体检修平台

双周、双月检库根据作业的要求可设有悬臂吊,可以对需要进行拆、装作业的受电弓和空调设备进行吊装。双周、双月检库还配置了液压升降车、蓄电池搬运车、电气箱搬运车等运输车辆。

为了对车辆进行双周、双月检,定修(年检),还应设置受电弓、空调装置、车载信号、试验设备等辅助车间及备品工具间。

2) 定修库

定修库和双周、双月检库一样,线路采用架空形式,线路中间设置检修地沟,线路两侧设置 3 层检修场地,车库内设 2 t 起重机。车辆的定修和临修有时也可以在一个车库内进行,合并为定修、临修库,这时必须根据列车编组在库内设置架车机组,在列车解钩后可以同步架起一个单元的车辆。车库内设有 10 t 起重机,可吊装车辆的大部件。定修库的辅助车间应和其他检修库统一考虑。

3）架修、大修库

架修、大修库的布置应根据车辆检修工艺流程来确定。车辆设备和零部件的检修方式以互换修为主，作业流程根据实际情况，一般采用流水作业和定位修方式相结合。采用部件互换修可以缩短列车的停库时间，并且可以合理地安排计划，做到均衡生产，避免因某一部件检修周期长而影响列车的整体检修进度。联合检修厂房内应设置车辆的待修部件、修竣部件和备用部件的存放场地。

架修、大修库内的主要设备有地下式架车机、移车台、转向架、桥式起重机、公铁两用牵引车、必要的运输工具、工作平台等。图 5-33 为地下式架车机。

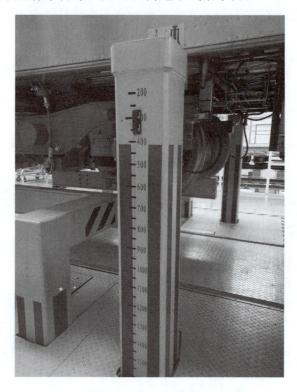

图 5-33　地下式架车机

4）辅助检修车间及其设备

地铁车辆是一种涉及多种专业、极其复杂的设备，在对车辆进行架修、大修时，都要架车、分解，对部件进行检修。这些检修工作都是在辅助检修车间内进行的。这些辅助检修车间根据列车架修、大修的工艺流程，大部分都布置在检修主库的周围。

①转向架、轮对间。转向架、轮对间通过轨道和转向架转盘、大修库相连接。转向架、轮对间主要由转向架检修区、轮对检修区和轮对等零部件的存放区组成。

转向架检修区对转向架进行分解，分解后的零部件被送到相应的检修位置进行检修，恢复技术状态，然后进行组装。

轮对检修区主要对轮对及轴箱、轴承进行检修。因为轴承检修工作的专业性较强，需要大量的设备和较大的占地面积，但是每年的工作量又很小，所以一般都将该工作委托给第三方专业单位进行。有条件的地方,也可以将探伤工作委托给第三方专业单位。

转向架、轮对间要有足够的转向架、轮对及其他零部件的存放场地,还应配备相应的起重设备。

②电机间。电机间是对车辆牵引电动机、空气压缩机电动机及其他车辆设备(如制动电阻冷却风机等)的动力电机进行检修的辅助车间。电动机大修的专业性较强,检修量较少,并且需要绕线、浸漆、烘干等设备,因此一般都委托专业工厂进行。

③电气、电子间。电气间承担对车辆电气组件的检修作业,包括对列车的主控制器、主逆变器、辅助逆变器、各类高速开关、直流接触器等各种电器进行试验、检修、检验。电子间主要对列车牵引、制动、空调等计算机控制系统的各类电子控制板进行检修作业。

此外,辅助车间还有车门、制动、车钩、受电弓检修间等。

上述辅助车间一般都布置在架修、大修主库的周围,可以使检修工艺流程合理、紧凑、简洁,缩短运输路程,提高工作效率。

3. 其他库房及车间

维修场地内的有些库房及车间由于环境保护要求、劳动保护要求、检修的特殊要求等因素,或是由于设施和维修基地的检修共同使用,要单独设置。

1) 不落轮镟床库

地铁车辆转向架的轮对在运行中有时会出现踏面擦伤、剥离和轮缘磨耗的问题,达不到运行技术要求,需要及时镟削。使用不落轮镟床可以在不拆卸轮对的条件下直接对车辆的轮对踏面和车缘即时进行镟削。运行实践说明,不落轮镟床是保证地铁车辆正常运行的重要设备,开始建设时就要对此做充分考虑。

不落轮镟床需要在温度、湿度得到控制的环境中使用,为减少投资,应在库内为镟床单独设置隔离的环境空间。

不落轮镟床库及其前后一列车辆范围内的线路为平直线路。作业线的长度要满足列车所有车辆轮对镟削的要求,列车出入库和轮对的就位一般由专门的牵引设备承担。

2) 列车洗刷库

列车洗刷库建在洗刷线的中部,库内设有自动洗刷机,可对列车端部和侧面进行化学洗涤和清水洗刷。在洗刷过程中,列车以低于 5 km/h 的速度通过洗车设备,完成车体清洗作业,也可用专门设置的小车带动。目前,较高级的洗车设备有喷淋、去污、上蜡、吹干等功能,减少了人工作业。列车自动洗刷机如图 5-34 所示。为避免列车洗刷作业影响其他线路的进路,洗刷机前后线路的长度都不应小于一列车辆的长度。

3) 蓄电池间

蓄电池间主要对地铁车辆的碱性蓄电池进行充电和检修,也对各种运输车辆的酸性蓄电池进行充电和检修。蓄电池间要配置相应的试验、充电设备和通风、给排水及防腐设施。碱性蓄电池操作间和酸性蓄电池操作间应分开设置,防止酸气进入碱性蓄电池,酸、碱发生中和作用,影响电池的质量。蓄电池间要单独设置,并布置在长年主导风向的下风侧,还要有防爆措施。

4) 中心仓库

中心仓库承担城市轨道交通全线各系统所需机电设备、机具、工具、材料、备品备件的供应工作。其主要工作环节有采购、入库、仓储、发放。仓库中应有起重、运输等设备和设施,

图 5-34　列车自动洗刷机

还应附有露天存放场和材料专用轨道线，同时要设置专门的环控库房，存放对环境要求高的高精度配件。

对于易燃、易爆物品要单独设立危险品仓库，危险品仓库应单独设置在对周围建筑影响最小的位置，并与外界隔离，根据易爆、易燃物品的性质，应分不同房间分别存放，建筑物的通风、消防系统等要符合有关规定。有时为了减小与邻近建筑物之间的防火距离，危险品仓库也可设在半地下式或地下式的建筑内。

城市轨道交通设备配件种类繁多（仅车辆配件就有数千种），价格昂贵。仓库对物流的管理涉及社会流通领域和城市轨道交通内部生产流域。它既是各专业检修生产工艺的组成部分，与检修生产密不可分，要保证材料的供应；又有着非常强的"成本中心"的作用，材料、备件的消耗管理，物流本身对资源的占用和消耗都与检修成本有着直接关系。

随着现代物流技术、计算机信息管理技术和电子商务的发展，中心仓库采用自动化立体仓库仓储技术、建设城市轨道交通自动化综合物流系统成为可能。

除此之外，根据需要还可设置调机（内燃机车）库、消防间、污水处理站、配电站、变电站、机械加工中心、汽车库等库房，它们的车间也需要单独设置。

四、综合维修基地

综合维修基地承担全线各种设备、设施的定期维修、维护和故障维修。综合维修基地一般和车辆维修场地设置在一起，也可以单独设置，但必须与车辆维修基地毗邻。

当城市轨道交通运营线路较长或者要承担两条以上运营线路的设备、设施的维修任务时，因为维修任务重，可以设立综合维修中心，在综合维修中心下可设各专业段（或车间）。在维修量不大，也就是在运营线路不长的情况下或在地铁运营的初、近期阶段，可设立综合维修段（所），下设各专业维修工区。

按照专业的不同，综合维修基地一般可分为下述几个段（工区），这些段根据专业特点需要有相应的检修间,并配备必要的检修设备。

(1) 通(信)、(信)号段(工区)承担全线通信(包括有线通信、无线通信、车站和车载广播、电视监控系统)和信号(包括ATC设备、地面和车载设备及车场折返线的道岔电气集中联锁控制系统)设备、设施的维修、维护工作,为了满足工作需要,要设立通信维修间和信号维修间。

(2) 机电段(机电工区、接触网工区)承担全线主变电站、牵引变电站、降压变电站的运行和设备维护、维修,以及接触网、车站通风、空调等环控设备和自动扶梯、电梯、照明、防灾报警等辅助设备的维护、维修工作。机电段需设置机电维修间和接触网架线、实验车和相关的机械加工设备。

(3) 修建段(工区)承担全线地下隧道及建筑、高架桥梁及建筑、线路、道岔等设备、设施的巡检、维护、维修工作。在综合维修中心设有工务维修间,并配备有轨道探伤与检测设备、磨轨机、隧道清洗车等必要的生产设施。

在综合维修基地还要配备相应的生产设施、特种车辆存放线和车库及办公、生活设施。

综合维修基地的功能和任务如下:

(1) 承担所辖线路沿线隧道、线路和桥梁等设施的检查、保养和维修工作。

(2) 承担所辖线路车站建筑、地面建筑的保养和维修工作。

(3) 承担所辖线路变电所、接触网、供电线路和设备的运行管理、检查、保养及维修工作。

(4) 承担所辖线路各机电系统及设备的运行管理、检查、保养和维修工作。

(5) 承担所辖线路通信、信号系统的运行管理、检查、保养和维修工作。

(6) 承担所辖线路自动售检票系统及设备的运行管理、检查、保养和维修工作。

(7) 承担所辖线路防灾报警系统、设备监控系统的检查、保养和维修工作,基地各系统和设备的大、中修等工作。

(8) 承担所辖线路运营、检修所需的各类材料、设备、备品配件的采购、储备、保管和发放工作。

综合检修基地的主要设施包括综合检修基地检修车间、材料总库、特种车辆库、办公楼等。

思考与练习

(1) 简述城市轨道交通车辆的特点。
(2) 简述城市轨道交通车辆的分类。
(3) 简述城市轨道交通车门的分类。
(4) 简述城市轨道交通车辆转向架的组成。
(5) 简述车钩的类型。
(6) 简述城市轨道交通车辆的制动方式。
(7) 简述城市轨道交通车辆电气牵引系统的工作原理。
(8) 简述城市轨道交通车辆基地的组成。
(9) 什么是计划修?什么是状态修?计划修的修程有哪些?

模块 6 城市轨道交通供电系统

  学习目标

(1) 了解城市轨道交通供电系统的功能。
(2) 了解城市轨道交通供电系统的基本要求。
(3) 掌握城市轨道交通供电系统的供电原理。
(4) 掌握城市轨道交通供电系统牵引网供电的制式。
(5) 掌握城市轨道交通供电系统的构成。

扫码看视频

城市轨道交通供电系统是城市轨道交通重要的组成部分之一，它不仅为城市轨道交通电动列车提供牵引用电，还为运营服务的其他设施提供电能，如照明、通风、空调、电梯、防灾报警、通信、信号等设备。安全可靠、经济合理的供电系统是城市轨道交通正常运营的重要保障和前提，一旦运营中的城市轨道交通线路供电中断，不仅会造成运输系统的瘫痪，还会危及乘客和工作人员的生命安全，造成严重的损失。

6.1 城市轨道交通供电系统的功能和要求

城市轨道交通供电系统是由电力系统经高压输电网、主变电所降压、配电网络和牵引变电所降压、整流等环节，向城市轨道交通系统输送电力的能源系统。由于城市轨道交通系统与一般电力用户有很大区别，因此其供电系统的功能、要求和供电原理等也存在一定的特殊性。

一、城市轨道交通供电系统的功能

城市轨道交通供电系统是城市轨道交通运营的动力源泉，负责为电动列车提供牵引用电，为车站、区间、车辆段、控制中心等建筑物提供动力和照明用电。因此，供电系统应具备安全可靠、经济适用、调度方便的特点，具备供电服务，故障自救，自我保护，防止误操作，灵活调度，控制、显示和计量，电磁兼容等功能。

1. 供电服务功能

保障城市轨道交通安全运营是城市轨道交通供电系统的最基本功能，即为所有用电设备提供安全、可靠的电能。城市轨道交通系统中的用电设备既有风机、水泵、照明灯具等固定设备，也有运动着的列车，这些设备的电压等级、制式不同，对电源的要求也不同。城市轨道交通供电系统就是为这些用电设备提供合格的电力，使其正常运行，保证城市轨道交通的安全运营。

2. 故障自救功能

系统的安全性、可靠性是供电系统的首要要求，城市轨道交通供电系统应设置必要的应急措施，以保证供电系统发生任何一种故障时都不影响城市轨道交通的正常运行。双电源是城市轨道交通供电系统的主要原则，两路电源互为备用，当一路电源发生故障时，另一路电源应能满足系统正常供电的要求。

3. 自我保护功能

城市轨道交通供电系统应设置完整、协调的保护措施，各级保护应相互配合和协调，保护装置应满足可靠性、灵敏性、速动性、选择性的要求。当系统某处发生故障时，应使最近的保护装置动作，只切除故障部分的设备，从而缩小故障影响范围。

4. 防止误操作功能

防止误操作是保证系统安全、可靠运行所不可缺少的环节。供电系统中任何一个环节的操作都应有相应的联锁条件，避免因误操作而发生故障。

5. 灵活调度功能

城市轨道交通供电系统应能在控制中心进行集中控制、监视和测量，并能根据运行需要，方便、灵活地进行调度，变更运行方式，分配负荷潮流，使系统在更加经济合理的模式下运行。

6. 控制、显示和计量功能

城市轨道交通供电系统应能方便地进行各种控制操作，各环节的运行状态应有明确的显示，各种电量的测量和电能的计量应准确。另外，城市轨道交通供电系统应具备远距离控制、监视和测量功能，即在控制中心可根据运行需要方便地进行调度，提高系统运行的经济性。

7. 电磁兼容功能

城市轨道交通处于强电、弱电多个系统共存的电磁环境中，为了使各种设备或系统在这个电磁环境下能正常工作且不对该环境中的其他设备、装置或系统造成不能承受的电磁干扰，各种电子和电气设备系统与其他系统之间的电磁兼容就显得尤为重要。供电系统既是电磁干扰源，又是电磁敏感设备，因此要在技术上采取措施抑制干扰，提高抗干扰能力。

二、城市轨道交通供电系统的基本要求

城市轨道交通供电系统对保证城市轨道交通正常、安全运行具有很大的影响，因此，它应达到安全可靠、经济适用和满足不同用户需求的基本要求。

1. 供电系统必须安全可靠

城市轨道交通电动列车和车站设备都是为乘客提供服务的设备，在运营过程中，一旦发生供电中断，受影响最大的是行车和客运两个部门。因此，城市轨道交通供电系统必须具有高度的安全性和可靠性，以保证供电的连续性和稳定性。为此，各变电站均采用两路进线，并互为备用；设计电源容量时应为发展留有余地；应选用先进、可靠的电气设备，采用模块化的计算机控制系统，实现实时监控、调度自动化的运行模式；以专人定时巡视检查来进一步保障供电运行的安全可靠。

2. 供电系统必须经济适用

经济是指在满足供电系统安全可靠的前提下，实现项目在全生命周期内供电系统费用的最低化。经济性不但要求节省初期的工程投资，还要求尽量降低运营成本，以保证项目在全生命周期内实现最佳的技术经济效果。

适用是指城市轨道交通供电系统的建设应满足业主的建设目的和对性能的要求。这项要求主要通过系统设计来实现。

3. 供电系统必须满足不同用户的需求

无论是车站还是列车的用电设备，对供电都有不同的要求，为了分析其用电要求，首先应对供电负荷进行分类。根据供电对象的重要性，可将供电负荷分为三类。负荷的具体分类及应满足的相关供电要求如下。

1) 一级负荷

一级负荷必须连续供电，不可间断，一旦停电将造成重大人员伤亡和经济损失。城市轨道交通电动列车、通信设备、信号设备、通风设备、消防设备等属于一级负荷，必须确保不间断供电。为此，必须采取两路电源供电，当任何一路电源失电后，应自动、迅速地切换至另一路电源。除由两个电源供电外，还应增设应急电源，并严禁将其他负荷接入应急供电系统。可作为应急电源的有独立于正常电源的发电机组、供电网络中独立于正常电源的专用馈电线路、蓄电池、干电池。

2)二级负荷

二级负荷为不可停电负荷,一旦停电将造成较大人员伤亡和经济损失。城市轨道交通车站照明、自动扶梯等设备属于二级负荷。对于二级负荷,应确保连续供电,如果停电,会在一定程度上影响客运服务质量,但并不影响列车运行安全。设计时,一般采用二路进线电源,再分片、分区供电。

3)三级负荷

三级负荷是除一、二级负荷以外的负荷。城市轨道交通的商业用电、广告照明等设备属于此类负荷。对于三级负荷,应确保正常供电,在维修保养或其他必要期间(如负荷高峰)可以停电。停电后不会影响客运服务质量和列车运行,其用电可根据电网负荷情况进行调整。

城市轨道交通供电系统中的用电设备,必须依据不同的用电需求区别对待,以满足和保障用户的需求,实现城市轨道交通的正常运营。

6.2 城市轨道交通供电系统的供电原理与方式

一、城市轨道交通供电系统的供电原理

城市轨道交通供电电源一般取自城市电网,通过城市电网一次电力系统(从发电厂经升压变压站、高压输电网、区域输电网、区域变电站至主降压变电所部分通常被称为城市电网一次电力系统)和轨道交通供电系统实现输送或变换,最后以适当的电流(直流电或交流电)和电压等级供给用电设备。其中,牵引供电系统和动力照明系统是城市轨道交通供电系统中最主要的组成部分。城市轨道交通供电原理如图6-1所示。

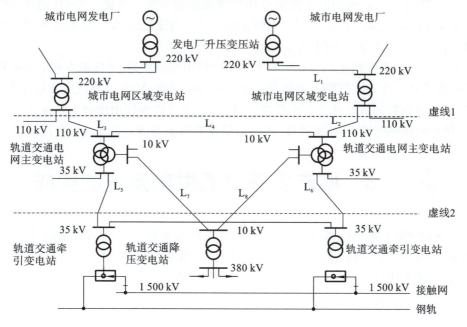

图6-1 城市轨道交通供电原理

城市轨道牵引变电站的电源进线来自两个区域变电站或来自一个区域变电站的两路独立电源,当一路电源失压时,另一路电源自动切入,使轨道交通系统能获得不间断的电源。

二、牵引网供电制式

牵引网供电制式是指轨道交通的供电系统向电动车组或电力机车供电所采用的电流制式、电压等级等。一个地区的轨道交通牵引供电制式,影响到整个线网的供电设施和车辆配置、城市景观、居民出行的方便、城市轨道交通工程建设的投资和效益等,具有重要的社会意义和经济意义。

1. 牵引网的电流制

目前城市轨道交通电力机车基本上都采用直流供电制。直流馈电方式不但适用于电阻启动控制方式,也适用于斩波调压和变频调压等电子控制方式。采用直流供电的电动车辆具有调速范围大、调速方便、易于控制、启动制动平稳、接触网简单、投资少、电压质量高等优点。

2. 牵引网的电压等级

目前,世界上城市轨道交通中的直流牵引电压等级繁多,如 570 V、600 V、625 V、650 V、700 V、750 V、780 V、825 V、900 V、1 000 V、1 100 V、1 200 V、1 500 V、3 000 V,其发展趋向是国际电工委员会(International Electrotechnical Commission,IEC)所制定的标准中的 600 V、750 V 和 1 500 V,而我国国家标准规定为 750 V、1 500 V 两种,其电压允许波动范围分别为 500~900 V、1 000~1 800 V。在选择电压等级时,要结合系统馈电方式,根据车轴、线路等的工程特点综合比较确定。

3. 牵引网馈电方式及其与电压等级的关系

电压等级与馈电方式是牵引网供电制式中的关键点,两者密切相关。对于一个具体的轨道交通工程,电压等级与馈电方式的选择应该结合起来统一考虑。牵引网的馈电方式有架空接触网和接触轨两种方式,我国牵引网供电制式有直流 1 500 V 架空接触网、直流 1 500 V 接触轨、直流 750 V 架空接触网、直流 750 V 接触轨四种方式。

与 750 V 电压等级相比,1 500 V 电压等级的供电距离更远,电压损失和电能损耗更小,但防护要求更高。在我国早期城市轨道交通项目中,1 500 V 电压等级主要用于架空接触网,但随着支撑材料和防护材料的不断发展,目前在接触轨系统中也有大量应用,而且直流 1 500 V 接触轨在供电能力、施工难度、对城市景观的影响等诸多方面都更有优势。

6.3 城市轨道交通供电系统的构成

城市轨道交通供电系统包括外部电源、主变电所或电源开闭所、牵引供电系统、动力照明供电系统、电力监控系统、杂散电流腐蚀防护系统,其中,牵引供电系统包括牵引变电所和牵引网,动力照明供电系统包括降压变电所和动力照明。

一、外部电源

城市轨道交通供电系统的外部电源就是为系统的主变电所或电源开闭所提供电力的外

部城市电网电源,它包括发电厂、高压输电线路和区域变电所。城市轨道交通供电系统作为城市电网的特殊用户,一条线路的用电范围是 10～40 km,负荷呈线状分布。

根据线路和城市电网的实际情况,城市轨道交通供电系统外部电源的供电方式有集中式供电、分散式供电和混合式供电。

1. 集中式供电

集中式供电是指由城市轨道交通供电系统的主变电所引入两路独立的电源,降压后经中压网络集中,为牵引变电所和降压变电所提供电力的外部电源供电方式,如图 6-2 所示。主变电所进线电压一般为 110 kV,经降压后变成 35 kV 或 10 kV 进入中压网络。每个牵引变电所和降压变电所均从中压网络获得两个独立的引入电源。

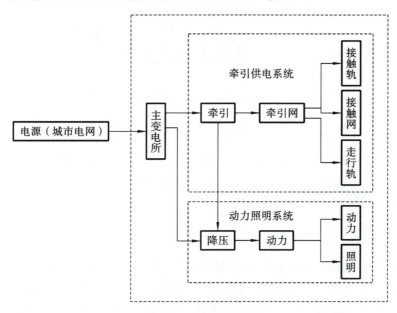

图 6-2　集中式供电

2. 分散式供电

分散式供电是指在轨道交通沿线,由城市中压电网通过电源开闭所向牵引变电所和降压变电所分散供电,或直接由城市中压电网向牵引变电所和降压变电所供电的外部电源供电方式,如图 6-3 所示。分散式供电一般从城市电网引入 10 kV 中压电源,但也有少量的 35 kV 中压电源。

3. 混合式供电

混合式供电是指以集中式供电为主、以分散式供电为辅,或以分散式供电为主、以集中式供电为辅的供电方式,是介于集中式供电和分散式供电之间的一种混合供电方案。

二、主变电所或电源开闭所

主变电所适用于外部电源集中供电方式,其功能是接受城市电网高压电源经降压向牵引变电所和降压变电所提供中压电源。电源开闭所适用于外部电源分散供电方式,一般与车站牵引(或降压)变电所合建,其功能是接受城市高压电源,为牵引变电所和降压变电所转供中压电源。

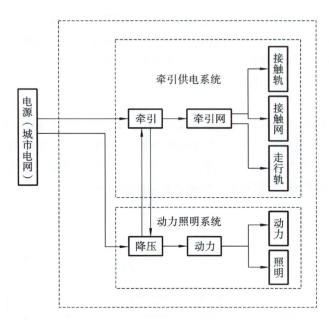

图 6-3　分散式供电

主变电所至少应设置两台变压器，有开关电路的开关设备，汇集电流的母线，计算和控制互感器、仪表、继电保护装置和防雷保护装置、调度通信装置等。电源开闭所通常由开关柜、母线、控制和保护装置等设备组成。

三、牵引供电系统

牵引供电系统包括牵引变电所和牵引网，其功能是将交流中压经降压整流变成直流 1 500 V 或直流 750 V 电压，为电动列车提供牵引供电。图 6-4 为牵引供电系统示意图。

区域变电所或主变电所将供电部门送来的三相高压交流电降压为所需电压等级10 kV，并通过三相线路送到牵引变电所，再降压并整流为适于电动车组工作的 1 500 V 或 750 V 直流电。这种直流电通过电动车组受流装置与接触网或接触轨滑动接触，将直流电引入电动车组。工作后的电流经车体、轮对、轨道由回流线流回牵引变电所。

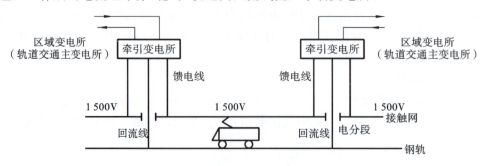

图 6-4　牵引供电系统示意图

1. 牵引变电所

1）牵引变电所的功能

牵引变电所的功能是将由区域变电所或主变电所获取的中压电压等级为 35 kV 或

10 kV的电能,经降压与整理变换为可供列车牵引用的直流电 1 500 V 或 750 V,并以直流电的形式把电能经馈电线送至接触网。

2）牵引变电所的组成

牵引变电所主要由交流开关柜、整流变压器、整流器、直流开关柜、交直流屏和钢轨电位限制器等设备组成,其主要设备是整流变压器和整流器。

3）牵引变电所的设置

牵引变电所的容量与设置距离应根据牵引供电计算结果,进行经济技术分析比较后确定。牵引变电所沿线路布置,每一个牵引变电所有一定的供电范围。供电距离过长会使末端电压过低及电能损耗过大；供电距离过短又会使变电所数目太多而不经济。一般相邻牵引变电所之间的距离为 2～4 km。牵引变电所分为正线牵引变电所和车辆段或停车场牵引变电所。其中,正线牵引变电所又分为车站牵引变电所和区间牵引变电所。牵引变电所一般采用在建筑物内设变电所的形式,也有少量的箱式牵引变电所。

4）牵引变电所的供电方式

由于轨道交通运输的重要性,所有轨道交通的牵引供电都属于电力部门供电的一级负荷,因此要确保供电的可靠性。为此,牵引变电所均由两个独立的电源供电。又由于轨道交通线路分布范围较广,通常需要在轨道沿线设置多个牵引变电所向它供电,再加上电源线路的具体分布情况不同,因此牵引变电所的供电方式复杂多样,但可以将它们归纳为以下几种典型的供电方式。

(1) 环形供电。

将两个或两个以上的地区变电所(或轨道交通主变电所)与所有的牵引变电所用输电线连成一个环形进行供电的方式称为环形供电,如图 6-5 所示。环形供电可靠性好,任一输电线或电源发生故障都不会影响牵引变电所的正常供电。但因牵引变电所一次侧进出线多且开关多,继电保护复杂,会使成本增加。

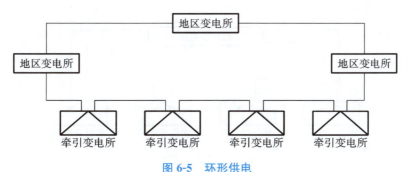

图 6-5　环形供电

(2) 双边供电。

电源来自电力系统的两个地区变电所,给城市轨道交通供电的输电线是联络这两个地区变电所的线路,这种供电方式称为双边供电,如图 6-6 所示。根据可靠性的要求及实际情况,双边供电可分为双路输电线和单路输电线两种方式,但不论采用哪种方式,各路输电线的容量应不小于相关牵引变电所的容量之和。单路输电线方式一次侧进出开关少,投资也少,但供电可靠性不及双路输电线方式。当采用双路输电线方式时,即使一路输电线或一路电源出现故障,也不会导致牵引变电所失电。

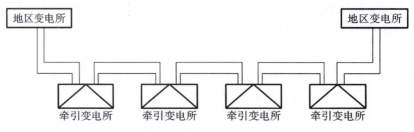

图 6-6　双边供电

（3）单边供电。

当轨道沿线附近只有一侧有电源时，需采用单边供电，如图 6-7 所示。单边供电较环形供电的可靠性差，因此为了提高可靠性，应用双回路输电线供电。单边供电设备较少，投资也少。在单边供电的情况下，每路输电线可以不必都进入所有的牵引变电所，而是轮流地每隔一个进入一个，这样可以减少进线的数目，降低变电所的投资。

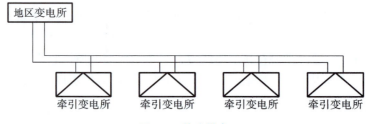

图 6-7　单边供电

（4）放射式供电。

放射式供电是指每个牵引变电所用两路独立输电线与地区变电所连接，供电方式如图 6-8 所示。这种接线方式适合于轨道线路成弧形的情况。这种接线方式比较简单，但当主降压变电所停电时，全线将停电。

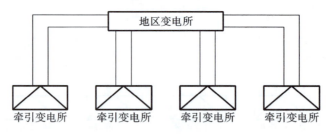

图 6-8　放射式供电

2. 牵引网

牵引网是城市轨道交通供电系统中向电动车组供电的直接环节，包括接触网、馈电线、电分段、轨道和回流线。

接触网是沿轨道线路敷设，专为电动车组提供电能的系统。接触网有柔性接触网和刚性接触网之分，柔性接触网和刚性接触网悬挂在轨道上方，接触轨一般布置在行车方向的左侧，岔道区等个别区段布置在右侧。电动车组通过受电弓或集电靴和接触网保持滑动接触，将电能从接触网引进电动车组，获得牵引动力和其他车载电器所需的电能。馈电线是连接牵引变电所和接触网的导线,它将牵引变电所输出的满足牵引制式的电能馈送给接触网。为了便于检修和缩小事故范围,将接触网分成若干段,每一段称为电分段。城市轨道交通供电系统中一般不单独设置回流轨,而是利用走行轨兼作回流用。因此,导航用的轨道还需要具有畅通的导电能力。回流线是连接轨道和牵引变电所的导线,负责把轨道中的回路电流导入牵引变电所。

在牵引网的构成中,接触网的作用最为重要,要求也更严格,下面具体介绍一下接触网。

1) 接触网的工作特点

接触网没有备用线路,经常处于动态运动中,且结构复杂、技术要求高。其具体工作特点如下:

(1) 没有备用线路。虽然牵引负荷是城市轨道交通供电系统中重要的一级负荷,但只有牵引变电所内的主变压器及其他重要设备在设计时考虑了备用措施,以保证对接触网供电的可靠性,而接触网由于沿轨道线路全程敷设,并要与受电弓或集电靴保持滑动接触而无法采取备用措施。因此,一旦接触网出现故障,将造成整个供电区间停电,使在其间运行的列车因失去电能供应而停运。

(2) 经常处于动态运动中。接触网和一般的电力线路不同,它为高速运动的电动车组提供电能,而且通过的电流很大。电动车组的受电弓对接触网形成一定的压力并以一定的速度与之接触摩擦运行,在运行中不可避免地会产生受电弓离线而引起电弧。在露天区段的接触网还要承受风、雾、雨、雪及大气污染的作用,使接触网始终处在振动、摩擦、电弧、污染、伸缩的动态运行状态之中。而这种动态运行会对接触网的各种线索、零部件产生恶劣影响,使其比一般电力线路更容易发生故障。

(3) 结构复杂,技术要求高。接触网的运行环境和运行特点使其与一般的电力线路有很大的区别,其结构比较复杂,技术要求也比较高。例如,接触网导线的高度、拉力值,定位器的坡度,接触网的弹性、均匀度等都有定量的指标要求。

2) 接触网的基本要求

城市轨道交通电动车组运行时,受电弓滑板或受流器滑靴与接触网形成滑动摩擦接触,因此需要保持一定的接触压力才能保证接触网连续向电动车组供电。电动车组运行时,受电弓产生振动、接触线不够平直、悬挂零件不符合要求而超出接触面等,会造成滑板与接触线脱离而形成电弧或碰撞现象,从而发生取流不良、机械损伤或断线事故。因此,为了保证对电动车组的供电效果,接触网应符合以下基本要求。

(1) 接触网在机械结构上应具有稳定性和足够的弹性,安装高度尽量一致,以保证电动车组在高速运行和恶劣的气候条件下正常取流。

(2) 接触网的设备及零件要有互换性,应具有较强的耐磨性和抗腐蚀能力,以延长接触网的使用年限。

(3) 接触网的结构应尽量简单,以便于施工和利于运营及维修,以及在事故情况下的抢修和迅速恢复送电工作。

(4) 接触网的建设应注意节约有色金属及钢材,以降低成本。

3) 接触网的分类

接触网分为架空式接触网和接触轨式接触网两种。

(1) 架空式接触网。

架空式接触网是架设在走行轨上部的接触网,由电动列车顶部伸出的受电弓与之接触取得电能。按照不同的分类方式,架空式接触网又可分为以下几种不同的种类。

①按线路形式,架空式接触网可分为地面架空式接触网和隧道架空式接触网。

a. 地面架空式接触网。地面架空式接触网主要包括接触悬挂装置、支持装置、定位装置、支柱与基础等部分。接触悬挂装置包括承力索、吊弦和接触线,其作用是直接为电动列车提供电流,使其正常运行;支持装置包括腕臂、拉杆和绝缘子,其作用是支持接触悬挂,并将其负荷传给支柱或其他建筑物的结构;定位装置包括定位器和定位管,其作用是保证接触线与受电弓的相对位置在规定范围内;支柱与基础的作用是用来支承接触悬挂装置和支持装置,并将接触悬挂装置固定在规定高度。地面架空式接触网的组成如图 6-9 所示。

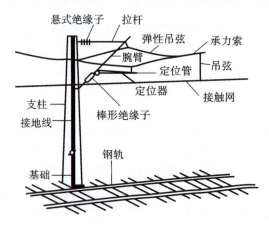

图 6-9 地面式架空接触网的组成

b. 隧道架空式接触网。隧道架空式接触网的悬挂方式与地面架空式接触网有所不同,一方面是隧道内不能立支柱,支持装置直接设置在洞顶或洞壁上;另一方面是必须考虑隧道断面、净空高度、带电体对接地体的绝缘距离、导线的驰度等因素的限制。为了减小隧道的净空,需要在隧道内采用一些特殊的支持与固定装置。隧道架空式接触网又可分为柔性悬挂接触网和刚性悬挂接触网。隧道内常用的柔性悬挂接触网有"人"字形、T 字形及弹性支架的支持与固定装置等,如图 6-10 至图 6-12 所示。

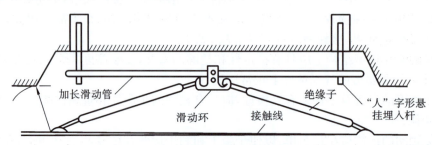

图 6-10 隧道内"人"字形支撑装置

②按架空接触网与机车受电弓的配合关系及抬升情况,架空式接触网可分为柔性悬挂接触网和刚性悬挂接触网。

a. 柔性悬挂接触网。柔性悬挂是指固定的导电体受流过程中在受电弓(一般不采用集电靴)的作用下有一定程度的变形。

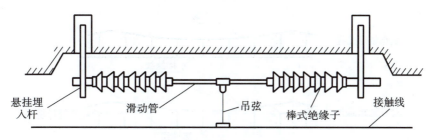

图 6-11 隧道内 T 字形支撑装置

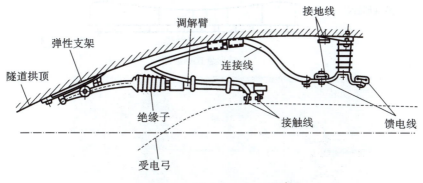

图 6-12 隧道内弹性支架装置

地面架空接触网属于柔性架空接触网,其悬挂形式可采用简单悬挂和链形悬挂,如图 6-13 和图 6-14 所示。

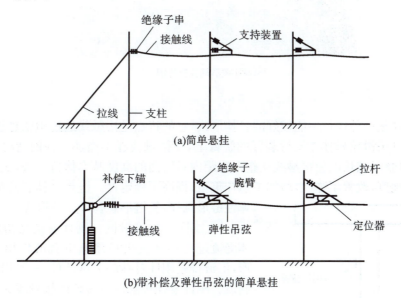

图 6-13 简单悬挂

简单悬挂是由一根或两根平行的接触线直接固定在支持装置上的悬挂方式,它的特点是不设承力索和吊弦,接触线直接悬挂在支持装置上。国内外对简单悬挂做了很多改进和研究,将其发展为带补偿装置及弹性吊弦的简单悬挂,在弹性吊弦悬挂处装设了张力补偿装置,在悬挂点加装 8~16 m 长的弹性吊弦。

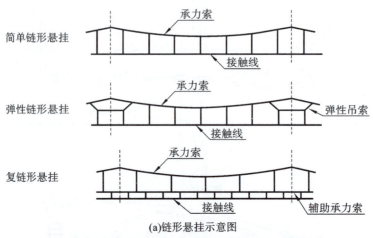

(a)链形悬挂示意图

(b)弹性链形悬挂实物图

图 6-14 链形悬挂

链形悬挂是一种运行性能较好的悬挂形式,它的特点是接触线通过吊弦悬挂到承力索,承力索通过悬吊滑轮悬挂在支持装置的腕臂上,使接触线在不增加支柱的情况下增加了悬挂点,通过调整吊弦长度使接触线在整个跨距内对轨面的高度基本保持一致,减少了接触线在跨距中的驰度,改善了弹性,增加了悬挂重量,提高了稳定性。链形悬挂有简单链形悬挂、弹性链形悬挂、复链形悬挂等多种形式。

b. 刚性悬挂接触网。刚性悬挂是指固定的导电体受流过程中在受电弓或集电靴的作用下基本不变形,汇流排是刚性悬挂的关键部件,一般用铝合金材料制成。刚性悬挂接触网将传统的接触线夹装在汇流排中,用汇流排取代了承力索和馈线,并靠它自身的刚性保持接触线的固定位置,使接触线不因重力而产生较大驰度。刚性悬挂接触网有两种典型代表,即以日本为代表的 T 形结构和以法国、瑞士等国为代表的 Ⅱ 形结构,如图 6-15 和图 6-16 所示。

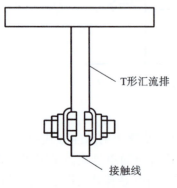

图 6-15 T 形刚性悬挂

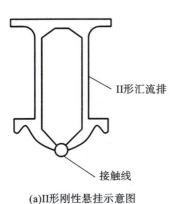
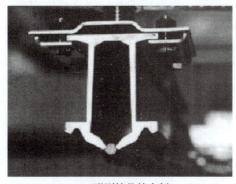

(a)Ⅱ形刚性悬挂示意图　　　　　　(b)Ⅱ形刚性悬挂实例

图 6-16　Ⅱ 形刚性悬挂

刚性悬挂需要的隧道净空小、投资小,而且导电铜线无张力架设,不必设置下锚装置,也不会发生断线事故。刚性悬挂零部件少,载流量大,安全可靠且维护量小,维护成本低,其优越性是柔性悬挂所难以比拟的。

(2)接触轨式接触网。

接触轨是沿着走行轨道一侧平行铺设的附件第三轨,故又称第三轨,如图 6-17 所示。电动车组通过转向架上伸出的授流器(集电靴)从接触轨获取电能。接触轨根据授流方式可分为上部授流、下部授流和侧部授流三种形式,如图 6-18 所示。接触轨多用于净空受限的地下线路,在地面线路也有少量应用。在我国城市轨道交通系统中,架空接触网和接触轨均有采用。

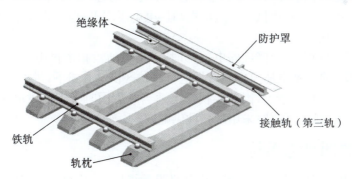

图 6-17　接触轨

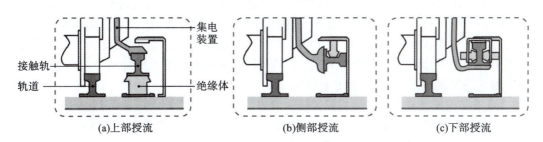

(a)上部授流　　　　　　(b)侧部授流　　　　　　(c)下部授流

图 6-18　接触轨的形式

架空接触网的安装位置较高,一般情况下乘客及司乘人员不会碰到,安全性较高,所以当牵引网电压等级为 1 500 V 时宜采用架空接触网。但对于地面线路,架空接触网有可能对城市景观造成影响。接触轨的安装位置较低,有可能被人员碰到而发生危险,所以一般用于空间受限的线路和 750 V 电压等级牵引网,但随着防护技术的发展,在牵引网电压等级为 1 500 V 的线路中也有应用。

4) 接触网的供电方式

牵引变电所向接触网供电的方式主要根据牵引变电所的分布情况、供电臂的长短、线路状态的供电可靠性而定,通常有单边供电和双边供电两种。

为了能安全、可靠地供电,通常将相邻的两个牵引变电所之间的接触网中央处断开,把两牵引变电所之间的接触网分成相互绝缘的两部分,每一部分都称为供电分区。在供电分区的末端设置有断路器和隔离开关的分区亭,以便对接触网起到分断与保护作用,同时可以通过分区亭内的开关设备将供电分区连接起来,如图 6-19 所示。

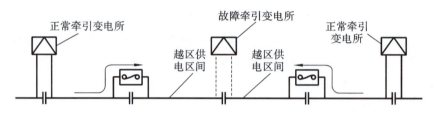

图 6-19 牵引变电所向牵引网供电的原理

每个供电分区的接触网只从一端的牵引变电所获取电流,这种供电方式为单边供电。如果将分区亭开关闭合,则相邻牵引变电所之间的两个接触网供电分区可同时从两个牵引变电所获取电流,这种供电方式称为双边供电。单边供电时,接触网发生故障只影响本供电分区,因此故障范围较小;双边供电虽然可提高供电电压水平,但一旦发生故障,影响范围较大,因此目前较少应用。

当某个牵引变电所发生故障或停电检修时,该变电所承担的供电任务通过分区亭开关闭合,由两侧相邻的牵引变电所负责越区供电。在越区供电方式下,供电末端的接触网或接触轨的电压较低,电能损耗较大,因此要视情况适当减少同时处于该供电区段的列车数目。越区供电只是在特殊情况下短时采用的一种供电方式。

四、动力照明供电系统

动力照明供电系统由降压变电所和动力照明系统构成,其功能是将中压网络的交流高压电压降压变成交流 220/380 V 电压,为轨道交通系统运营需要的各种机电设备提供低压电源,如图 6-20 所示。动力照明供电系统的中压侧电压和牵引供电系统的中压侧电压可以一致也可以不一致,国内一般采用 10 kV 或 3 kV。例如,采用混合网络的北京地铁、大连轻轨采用 10 kV,广州地铁、南京地铁采用 35 kV;采用独立网络的上海地铁 1 号线、2 号线牵引网采用 33 kV,而供配电系统采用 10 kV。

1. 降压变电所

降压变电所将三相电源进线电压降为三相 380 V 交流电。降压变电所可以分为车站降压变电所、车辆段或停车场降压变电所、控制中心降压变电所,可与牵引变电所合建成牵引、降压混合变电所,地面轨道交通线路还可以采用厢式降压变电所。

2. 动力照明系统

动力照明系统是给车站空调、给排水泵、自动扶梯等动力设备及照明、通信信号、防灾报

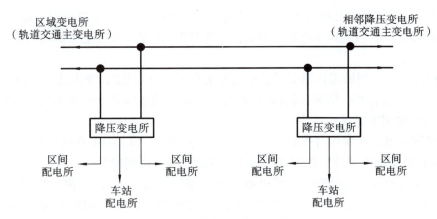

图 6-20　动力照明供电系统

警、设备监控等设备供电的系统。降压变电所通过配电所（室）将三相 380 V 和单相 220 V 交流电分别供给动力照明设备。

1）车站用电负荷

根据用电设备的用途和重要性，车站用电负荷分为以下三级。

①一级负荷包括排烟风机、消防泵、主排水泵、自动售检票机、屏蔽门、电力监控、变电所操作电源、防灾报警、通信信号、人防系统、地下车站站台和站厅照明及应急照明等。

②二级负荷包括局部通风机、普通风机、排污泵、自动扶梯、电梯等。

③三级负荷包括空调、冷冻机、热风幕、广告照明、维修电源等。

2）对用电负荷供电的技术要求

对三种负荷供电的技术要求如下。

①一级负荷为双电源、双回路，供电末端自动切换，来电自复。

②二级负荷为双电源、单回路，在电源端自动切换，来电自复。

③三级负荷为单电源、单回路，当电源失压时，可以自动切除。

④对于一级负荷，大功率设备的双电源可以来自变电所两端母线，小功率设备的双电源可以来自不同母线上的配电箱。

⑤对于二级负荷，两路电源，单回路供电，电源在变电所自动切换。

⑥对于三级负荷，由一路电源供电，当一台配电变压器故障解除时，可根据需要自动切除，另一台配电变压器可以承担全部一、二级负荷。

五、电力监控系统

电力监控系统（supervisory control and data acquisition，SCADA）实现在控制中心（operation control center，OCC）对供电系统进行集中管理和调度、实时控制和数据采集。除利用"五遥"（遥控、遥信、遥测、遥调、遥视）功能监控供电系统设备的运行情况，及时掌握和处理供电系统的各种事故、报警事件外，还可利用该系统的后台工作站对供电系统进行数据归档和报表统计，以便更好地管理供电系统。

1. 电力监控系统的作用

SCADA 系统的作用主要有在线监控、经济调度、安全分析和事故处理等。通过 SCADA

系统，调度人员在控制中心可以实现对供电系统中各类变电所内的供电设备运行状态的监视、控制及数据采集，直观地了解电力设备的工作状况，确保城市轨道交通供电系统安全、可靠、经济地运行。

（1）在线监控。当城市轨道交通供电系统正常运行时，调度管理人员通过 SCADA 系统对供电系统的电压、潮流、负荷、设备运行状态及各项工况指标进行监视和控制，以保证供电质量满足用户的用电要求。

（2）经济调度。在实现对供电系统安全监控的基础上，SCADA 系统根据供电系统的各类运行参数，对系统进行经济调度，以达到降低损耗、节约电能的目的。

（3）安全分析和事故处理。对供电系统发生事故之前、之后或事故发生时的信息要进行及时的采集、分析和处理，以缩小事故范围。根据历史数据记录和分析，提供事故处理对策和相应的监控手段，尽量在事故发生前作出预警和干预，避免事故发生或减小事故范围，及时处理已发生的事故，以减少事故造成的损失。

2. 电力监控系统的一般要求

自 20 世纪 90 年代末开始，随着计算机和通信技术的发展，以计算机为基础的变电所综合自动化技术为供电系统的运行管理带来了一次变革，它为推行变电所无人值班提供了强大的技术支持。SCADA 系统则是在变电所综合自动化技术的基础上发展而来的，它包含计算机技术、通信技术、自动控制技术等多方面现代技术。为了确保系统功能的实现和可靠运行，对 SCADA 系统有如下具体的要求。

（1）SCADA 系统应在控制中心设置电力调度中心。单独建立的 SCADA 系统必须在控制中心设置一套中央监控系统，采集各变电所的"三遥"（遥测、遥信、遥视）信息，实现对全线供电系统的远程监控。当 SCADA 系统集成于综合监控系统时，电力调度中心由综合监控系统统一设计。

（2）中央监控系统的构成方式应该保证系统运行的可靠性，独立建设电力监控系统时，系统中的关键设备，如系统服务器、前置数据处理机、交换机等要进行冗余配置。

（3）为了满足电力调度中心与变电所值班、维护人员的通信需求，在电力调度中心须设置电力调度电话总机，在各变电所内设电力调度分机。主变电所根据当地电力部门的要求装设与上级电力管理部门联系的调度电话。

（4）SCADA 系统的通信通道必须进行冗余设置，主、备用通信通道应支持手/自动切换功能。在满足通信速率不低于相关规范的要求下，通信接口类型可以选择串口或以太网等。

（5）全线各变电所设置变电所综合自动化系统，各变电所综合自动化系统均可以脱离控制中心独立运行。变电所综合自动化系统为分层、分散式结构。根据设备功能，自动化系统分为间隔设备层、网络通信层、站级管理层。

（6）如果变电所无人值守，且经济条件许可，可在变电所内的主要设备间内设置闭路电视监控装置，在控制中心设置图像监视终端，以实时监视变电所内的情况。

（7）SCADA 系统软、硬件属于国内成熟产品，因此在选择产品时应该优先选用技术成熟、功能完善、性能优越、国内领先的产品，设备选型应立足于国产化设备。

（8）各级监控网络及系统设备应满足电磁兼容的各项标准和要求。

（9）如果所建设的工程有远期延伸计划，则系统设计时应适度预留远期扩展裕量。

3. 电力监控系统的构成

SCADA 系统既可独立建设,也可集成于综合监控系统,目前后者应用比较广泛。虽然两种类型的 SCADA 系统在结构上有一定区别,但其基本结构是类似的,都是由电力调度中心主站系统、变电所综合自动化系统、通信信道和供电复示系统组成。

(1) 电力调度中心主站系统。

电力调度中心主站系统可采用客户/服务器网络结构,通过以太网形成计算机监控网络,配置专用服务器,采用双机冗余工作方式,并具有软硬件自诊断功能。

电力调度中心主站系统作为全线电力监控系统的中心,可将全线各变电所的自动化信息汇集到实时数据长度中,支持各电力操作站的监管功能,支持全线供电 SCADA 功能,并完成历史数据的处理与存储功能。

(2) 变电所综合自动化系统。

变电所综合自动化系统通过通信信道与电力调度中心进行通信,接受调度中心的控制命令,向调度中心主机传送变电所操作、事故、预告、测量等信息。但变电所综合自动化系统的运行不依赖于中央监控系统,在通信故障时,变电所综合自动化系统可以脱离控制中心独立运行。

(3) 通信信道。

SCADA 系统的通信信道一般由城市轨道交通通信系统统一组建,SCADA 系统向通信系统提出通道要求。当通信系统难以为 SCADA 系统提供通信通道时,SCADA 需要建设独立的通信信道。

(4) 供电复示系统。

供电复示系统通过电力调度中心主站系统采集全线供电系统的各类信息,用于供电系统维护人员监视、统计各类设备的运行数据。

六、杂散电流腐蚀防护系统

由于在直流牵引系统中走行轨对地存在电位差,而走行轨虽然采用了绝缘安装方式但并不能绝对绝缘,因此会产生泄漏电流,这类电流称为杂散电流。杂散电流会对走行轨、结构体的金属构件、线路周围的埋地金属管线造成电腐蚀,影响构件强度,造成管线穿孔等情况。

1. 杂散电流的产生

目前,国内城市轨道交通都采用直流牵引供电方式,牵引变电所正极通过架空接触网或接触轨为列车送电,再经过走行轨流回牵引变电所负极。由于走行轨自身存在电阻,在列车与牵引变电所之间的部分,走行轨会与大地存在电位差,因此部分回流电流不是从走行轨直接回流到负极,而是由走行轨向地泄漏,然后在某些地方重新流回走行轨或直接回到负极。

2. 杂散电流的危害

杂散电流对城市轨道交通系统来说是一种有害的电流。因为杂散电流不仅会使电气系统的部分地点发生电位变化,而且会对系统内外的金属体产生电腐蚀。归纳起来,杂散电流的危害主要有以下几个方面。

(1) 引起接地电位过高。如果杂散电流流入电气接地装置,将会引起接地装置的接地电位过高,导致某些设备无法正常工作。

（2）引起框架保护误动作。如果走行轨对地绝缘变差，走行轨对地泄漏电流增加，会使杂散电流增大，引起牵引变电所的框架保护动作。框架保护会使整个牵引变电所的直流断路器跳闸，同时联跳相邻牵引变电所对应的馈线开关，造成较大范围的停电事故，影响线路的正常运行。

（3）引起走行轨及其附件的腐蚀。由于列车的不断移动，走行轨的阳极区和阴极区也在不断变化，处于阳极区的走行轨就容易发生电腐蚀。根据资料显示，隧道内及道岔等部位走行轨的杂散电流腐蚀更为明显，道钉也有被杂散电流腐蚀的现象，且腐蚀多发生在钉入部位，在外观检查时很难发现。

（4）引起结构体中钢筋的腐蚀。杂散电流不会直接对结构体中的混凝土产生影响，但如果混凝土中存在钢筋，则钢筋会起到汇集杂散电流的作用。当杂散电流从钢筋流向混凝土时，钢筋呈阳性并产生腐蚀，腐蚀产物在阳极处的堆积会以机械作用排挤混凝土而使之开裂。混凝土开裂会使水分侵入，造成电腐蚀进一步加剧。如果结构体中的钢筋与钢轨发生有电接触，则更容易受到杂散电流的腐蚀。

（5）引起线路周围埋地金属管线的腐蚀。对于城市轨道交通线路周围的埋地金属管线，不管是平行于线路的还是与线路交叉的，都可能不同程度地受到杂散电流的腐蚀。如果埋地的金属管线管壁较薄，则在阳极区容易被腐蚀穿孔。

3. 杂散电流的防护与监测

对杂散电流的防护与监测主要从控制杂散电流的产生、设置杂散电流的收集装置、监测杂散电流三个方面进行。

（1）控制杂散电流的产生。

杂散电流的防护是以防为主，即从源头上控制和减小杂散电流的产生。杂散电流的大小与走行轨的电位成正比，与走行轨对地泄漏电阻成反比。走行轨电位与牵引变电所的距离、走行轨的纵向电阻、牵引电流有关。所以，控制杂散电流的产生就要从影响杂散电流大小的因素入手，如在变电所设置钢轨电位限制装置来控制钢轨电位；减小钢轨纵向电阻，即减小钢轨纵向电压降；使用绝缘扣件、绝缘垫、绝缘缓冲垫板等来增加走行轨与道床之间的绝缘过渡电阻，以减小杂散电流。

（2）设置杂散电流收集装置。

城市轨道交通运营初期，由于杂散电流防护措施到位，能有效地减少杂散电流的产生。但随着运行时间的推移，走行轨对地绝缘水平下降，杂散电流有可能超标，此时就要采取必要的措施以降低杂散电流的危害，设置排流装置是有效、可行的方法。因此，在城市轨道交通建设时，应适当设置杂散电流收集网及排流装置，以便在必要时将杂散电流引回牵引变电所。

（3）监测杂散电流。

虽然城市轨道交通已经设置了完善的杂散电流控制措施，并设置了排流装置作为应急措施，但还要加强对杂散电流的监测。对杂散电流监测的目的，一是在杂散电流临时超标时控制排流装置启动，二是在杂散电流经常超标或严重超标时采取措施提高走行轨对地绝缘水平。

思考与练习

（1）简述城市轨道交通供电系统的功能和基本要求。
（2）城市轨道交通牵引网供电有几种电压等级？
（3）简述用电负荷的分类。
（4）简述城市轨道交通供电系统的构成。
（5）什么是集中式供电？什么是分散式供电？
（6）简述牵引变电所的供电方式。
（7）简述接触网的工作特点。
（8）简述接触网的分类。
（9）什么是 SCADA？SCADA 系统有什么作用？
（10）什么是杂散电流？杂散电流有哪些危害？如何减少杂散电流？

模块 7　城市轨道交通信号与通信设备

学习目标

(1) 熟悉城市轨道交通信号的基础设备的相关知识。
(2) 掌握城市轨道交通的联锁及联锁设备的相关知识。
(3) 了解城市轨道交通的闭塞设备的相关知识。
(4) 掌握城市轨道交通通信设备的相关知识。

扫码看视频

7.1 城市轨道交通信号的基础设备

城市轨道交通信号的各项基础设备包括信号机、继电器、轨道电路、转辙机、计轴设备、应答器等,它们是构成城市轨道交通联锁系统和 ATC 系统的基础。

一、信号机

信号机是保证行车安全的设备,用来指挥列车运行及调车作业。行车有关人员必须熟知信号的显示方式,按照信号显示要求进行行车及调车作业。

城市轨道交通地面采用的色灯信号机在结构上与铁路信号机基本相同,但在设置原则和显示意义方面与铁路信号机有一定的区别。对于信号机的显示距离,城市轨道交道有着自己的规定,除了车辆段和有道岔的正线车站外,共他地方一般不设置地面信号机。

城市轨道交通的自动化程度比较高,一股采用地面信号显示与车载信号系统相结合、以车载信号系统为主的运行方式,列车的运行速度不取决于地面信号机的显示,地面信号只起辅助作用。

1. 信号机的设置原则

信号机的设置原则有以下两方面:

(1) 设置于列车运行方向的右侧。城市轨道交通采用右侧行车制,不论在正线还是车辆段,地面信号机均应设置于列车运行方向的右侧,地面信号机的地下部分一般安装在隧道壁上。在特殊情况下,可以设置在列车运行方向的左侧或其他位置。

(2) 信号机限界。信号机的安装位置应遵循《地铁限界标准》(CJJ/T 96—2018)的要求,信号机不得侵入设备限界。因为设备限界是用以限制设备安装的控制线。

2. 正线信号机及表示器

(1) 防护信号机。防护信号机设置在正线道岔岔前和岔后的适当地点,作用是防护正线上的道岔。

(2) 出站信号机。出站信号机设置在发车线路端部(车站出口),作用是防护区间,指示列车能否由车站进入区间。

(3) 道岔防护兼出站信号机。

(4) 阻挡信号机。阻挡信号机设置在线路终点,作用是阻挡列车。

(5) 发车表示器。发车表示器设置在正向出站方向的站台一侧,列车停车位置前方的适当地点,作用是向驾驶员表示能否关闭车门及发车的时间。

3. 车辆段信号机

(1) 进段(场)信号机。设置在车辆段(场)的入口处,作用是指示列车从正线进段(场)。

(2) 出段(场)信号机。设置在车辆段(场)的出口处,作用是防护正线,指示列车从段(场)进入正线。

(3) 调车信号机。设置在车辆段(场),作用是指示调车作业。

4. 信号显示

1) 正线信号显示

装备有全套车载设备并在基于无线通信的自动控制(communication based train control,

CBTC)模式下的列车,定义为 CBTC 列车。故障的 CBTC 列车或是没有装备车载设备的列车,定义为非 CBTC 列车。非 CBTC 列车按照地面信号机的显示行车。

地面信号机显示由主显示(红色、绿色和黄色灯)和辅助显示(蓝色灯)组成,其中,主显示用于非 CBTC 列车,辅助显示用于 CBTC 列车。对于非 CBTC 列车,使用主显示,当接近地面信号机时,区域控制器发出一个安全信息给联锁装置,让信号机不显示蓝灯。辅助显示(蓝灯)对于非 CBTC 列车为禁止信号。

(1) 道岔防护信号机。每个道岔防护信号机有四个 LED 灯位,这些 LED 信号有以下五种显示方式:

①绿灯。进路排列至下一架信号机,进路中的所有道岔都在直向且电锁闭,允许列车在线路限速条件下运行。

②黄灯。进路开放至下一架信号机,进路上至少有一个道岔在侧向且电锁闭,允许列车在道岔开通方向上按规定的限速条件运行。

③黄灯+红灯。引导信号,引导运行限速为 25 km/h,并随时准备停车。列车安全完全由人工保证。

④红灯。绝对停止信号。不允许列车越过此信号显示。

⑤蓝灯。CBTC 列车可越过该架信号机,非 CBTC 列车不允许越过该架信号机。

(2) 出站信号机。每个出站信号机都有三个 LED 灯位,出站信号机位于站台终端。出站信号机有以下三种显示方式:

①绿灯。进路排列至下一架信号机,进路中的所有道岔都在直向且电锁闭,允许列车在线路限速条件下运行。

②红灯。绝对停止信号,不允许列车越过此信号显示。

③蓝灯。CBTC 列车可以越过该架信号机,非 CBTC 列车不允许越过该架信号机。

(3) 道岔防护兼出站信号机。每个道岔防护兼出站信号机都有四个 LED 灯位,这些 LED 信号有以下五种显示方式:

①绿灯。进路排列至下一架信号机,进路中的所有道岔都在直向且电锁闭,允许列车在线路限速条件下运行。

②黄灯。进路开放至下一架信号机,进路上至少有一个道岔在侧向且电锁闭,允许列车在道岔开通方向按规定的限速条件运行。

③黄灯+红灯。引导信号,引导运行限速为 25 km/h,并随时准备停车。此时列车的安全完全由人工保证。

④红灯。绝对停止信号,不允许列车越过此信号显示。

⑤蓝灯。CBTC 列车可越过该架信号机,非 CBTC 列车不允许越过该架信号机。

(4) 阻挡信号机。阻挡信号机位于线路上的折返位置。这些信号机有以下三种显示方式:

①绿灯。进路排列至下一架信号机。

②红灯。绝对停止,不允许列车越过此信号显示。

③蓝灯。CBTC 列车可越过该架信号机,非 CBTC 列车不允许越过该架信号机。

(5) 终端信号机。终端信号机设置在线路的终端,每个终端信号机有一个红灯显示。所有列车在此架信号机前方必须停车,对接近的 CBTC 列车不灭灯。

2）正线信号显示的基本原则

如果仅有 CBTC 列车在一段区域运行，那么位于这两个 CBTC 列车间的信号机均为蓝灯。对于 CBTC 列车与非 CBTC 列车混跑的情况，非 CBTC 列车地面信号机为点灯（除蓝灯外），CBTC 列车地面信号机为蓝灯。

所有 CBTC 列车前方要接近的信号机，信号机为蓝灯；所有非 CBTC 列车前方要接近的信号机，信号机为点灯（除蓝灯外）。对于蓝灯的信号机，非 CBTC 列车不允许越过此架信号机。

3）车场信号显示

（1）进段信号机。

①绿灯。允许进段。

②红灯。禁止列车越过该信号机。

③黄灯＋红灯。引导进段。

（2）三显示列车阻挡兼调车信号机（绿灯封闭）。

①红灯。禁止越过该架信号机。

②月白灯。允许调车。

（3）二显示调车信号机。

①红灯。禁止调车或越过该架信号机。

②月白灯。允许调车。

5. 信号显示的距离

各种地面信号机及表示器的显示距离应符合以下规定：

（1）行车信号和道岔防护信号应不小于 400 m。

（2）调车信号和道岔状态表示器应不小于 200 m。

（3）引导信号和道岔状态表示器以外的各种表示器应不小于 100 m。

各种地面信号机及表示器的显示距离为无遮挡条件下的最小显示距离。

二、继电器

1. 继电器的结构

继电器由电磁系统和接点系统两大部分组成。电磁系统由线圈、固定的铁芯、轭铁及可动的衔铁组成，接点系统由动接点、静接点构成，如图 7-1 所示。

2. 继电器的基本原理

继电器的基本原理如下：

（1）接通电源—线圈通电—产生磁油（铁芯，衔铁）—产生吸引力（铁芯对衔铁）—克服衔铁向铁芯运动的阻力（衔铁自重）—衔铁吸向铁芯—衔铁带动接点动作—前接点闭合、后接点断开。此状态称为继电器励磁吸起。

（2）断开电源—电流逐渐减少—吸引力下降—衔铁依靠重力落下—动接点与前接点断开、后接点闭合。此状态称为继电器失磁落下。

可见，继电器具有开关特性，利用其接点的通、断电路，可以构成各种控制和表示电路。

3. 继电器的基本功能

继电器主要有以下基本功能：

（1）可以用较小功率的电信号控制继电器动作，由继电器控制较大功率的执行设备动

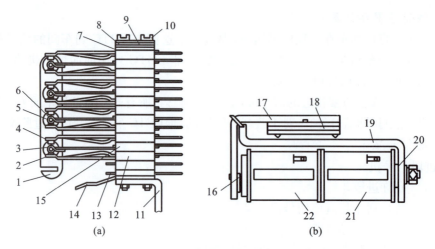

图 7-1 继电器的结构

1—拉杆；2—后接点；3—动接点；4—前接点；5—动接点轴；6—绝缘轴；7—绝缘垫；8—下压片；9—上压片；
10—螺钉；11—接点架；12—静接点单元；13—电源片；14—下止片；15—动接点单元；16—止片；
17—角形衔铁；18—重锤片；19—L形扼铁；20—铁芯；21—后圈；22—前圈（线圈）

作。城市轨道交通信号系统的控制对象，如信号机、道岔转辙机的功率都很大，现在大多都采用继电器控制。

（2）可以用继电器组成结构复杂的逻辑电路，对各种逻辑条件进行检查处理，构成功能强大的自动控制系统。在计算机控制技术应用之前，铁路信号的车站控制、区间控制、驼峰调车控制都曾采用继电控制电路，在计算机控制技术广泛应用的今天，许多电路仍然采用继电控制。

（3）当控制命令的发送端与执行端距离较远时，可将控制信号传送到接收端进行放大，继电器执行动作，实现远程控制。

三、轨道电路

1. 轨道电路的基本组成

轨道电路是以轨道线路的两根钢轨作为导体，两端加以机械绝缘节（或电气绝缘节），接上送电和受电设备构成的电路。包含多段钢轨的轨道电路如图 7-2 所示，它由钢轨、轨道绝缘、轨端接续线、引接线、送电设备及受电设备等主要元件组成。

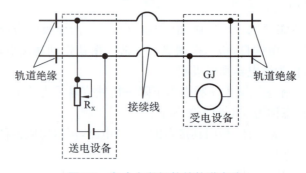

图 7-2 包含多段钢轨的轨道电路

2. 轨道电路的基本原理

轨道电路区段钢轨完整且无车占用，轨道继电器 GJ 吸起，表示轨道电路空闲。当轨道电路被列车轮对分路时，轨道继电器 GJ 落下，表示轨道电路被占用。

3. 轨道电路的作用

轨道电路有两个作用，一是监督列车的占用，二是传递行车信息。

四、转辙机

1. 转辙机的作用

转辙机的作用如下：

（1）转换道岔的位置，根据值班员的意图将道岔转换至规定位置。

（2）道岔转换到规定位置而且密贴后，实现机械锁闭，防止外力转换道岔。

（3）正确地反映道岔的实际位置，待道岔的尖轨密贴于基本轨后，给出相应的表示。

（4）道岔被挤或因故处于"四开"（两侧尖轨均不密贴）位置时，及时切断表示并发出报警。

2. 转辙机的设置

城市轨道交通线路常用的标准道岔有 7 号、9 号、12 号。在正线及折返线上统一采用 9 号道岔，常选用 S700K 型电动转辙机和 ZD(J)9 型电动转辙机。7 号一般在车辆段或停车场内使用，常选用 ZD6 型转辙机。12 号在一些重要的折返线、渡线或联络线等线路上使用。

五、计轴设备

1. 计轴的优势

20 世纪 30 年代，随着欧洲铁路轨枕的钢枕化，代替轨道电路作为铁路区段空闲检查的计轴设备随之出现。作为集现代传感技术和计算机技术于一身的优秀成果，计轴设备越来越展现出其无比的优越性和广泛的发展空间，成为当今理想的轨道区段、区间的空闲检查产品。

计轴设备的最大优势在于它与轨道状况的无关性，这使其不仅具备检查长轨道区间的能力，而且解除了长期因道床潮湿和钢轨生锈影响铁路正常运行的困扰。

2. 计轴系统的工作原理

列车从所检测区间的一端出发，驶入区间，经过计轴点时，运算单元对传感器产生的轴信号进行处理、判别及计数，此时 GJ 落下，与此同时，向所检测区间的另一端发送占用信号，使接车点控制的 GJ 落下。区段计入如图 7-3 所示。

发车端不断将计轴数及驶入状态等信息编码传给接车端。当列车驶出区间，经过接车端的计轴点时，接车端计数，接车端将计轴数及驶出状态传给发车端。区段计出如图 7-4 所示。

当两端对计轴数及驶入、驶出状态校核无误后方可使两端 GJ 吸起，给出所检测区间的空闲信号。

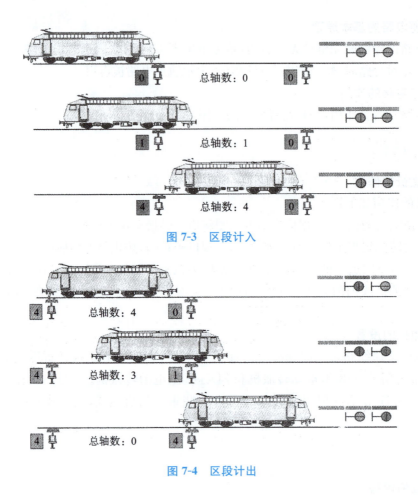

图 7-3 区段计入

图 7-4 区段计出

六、应答器

应答器是高速率、大信息量的点式数据传输设备,主要用于在特定的地点实现车地间的数据交换,向列车提供可靠的轨旁固定信息与可变信息。这种信息传输既可以是单向的,也可以是双向的。城市轨道交通中主要存在 Amtech 公司的基于美国标准的 TAG 产品和基于欧洲标准的 Eurobalise 产品两种应答器,其技术特性不尽相同。应答器也称为信标(应答器是欧洲标准的称谓,信标是北美标准的称谓)。两种应答器在成熟的信号系统中是不可以互换的。

1. 应答器的分类

按供电电源分类,应答器可分为无源应答器和有源应答器。

1) 无源应答器

无源应答器安装在钢轨中心的地面。应答器无外接电源,平时处于休眠状态,仅靠瞬间接收车载天线的电磁能量而工作,它将预置的报文数据发送给车载设备,直至电能消失(车载天线已离去)。

其预置报文数据由应答器无线读写器写入后,固化在其存储单元中,因此,向车载设备发送的数据是固定不变的。无源应答器一般预存线路的公里标、限速、坡度等信息。

2) 有源应答器

有源应答器本身具备电源,存储的信息是可变的,它通过外接电缆获得电源。有源应答器的信息是由其通过外接电缆的地面设备的实时状态控制的,一般设置在信号机或道岔旁,用于向列车传送实时可变信息,如信号机显示、临时限速、道岔位置等。

一般情况下,无源应答器用于定位,有源应答器用于将地面变化的列车控制信息传送给列车。有源应答器又分为信号机应答器和进路应答器。

信号机应答器安装于信号机旁,与信号机相联锁;进路应答器安装于道岔前,指示是否需要以侧向速度通过道岔。

2. 应答器的工作原理

当列车驶过地面应答器上方时,只有当车载查询器位于其耦合谐振位置时,才能发射高频信号,经车载天线将能量传递给地面应答器,当地面应答器接收到能量被激活后,会将所存储的数据以频移键控的调制方式通过电磁感应传送至车上。

3. 应答器的功能

在城市轨道交通中,应答器有四个基本功能:系统初始化,列车定位和轮径校核,精确停车,IATP模式运行。

7.2 城市轨道交通的联锁及联锁设备

轨道交通线路按照作业的范围大体上可分为两大部分,一部分是车站,一部分是区间。为了保证运行安全,提高运输效率,每个车站和区间都必须安装安全可靠的控制设备,实现对列车的运行制约,在站内的制约被称为联锁,在区间的制约被称为闭塞。

无论采用继电联锁还是计算机联锁控制,室外的控制对象都是相同的,即通常被称为车站信号"三大件"的信号机、转辙机和轨道电路。信号机指示列车运行或调车作业条件;转辙机控制道岔转换锁闭并监督道岔的位置;轨道电路监督线路状态及列车位置。联锁系统的任务就是实现对室外信号设备的控制和监督。

一、联锁

1. 联锁的概念

联锁是指信号、道岔、进路三者之间相互制约的关系。

2. 联锁道岔

联锁道岔是指在车站联锁区范围内参加联锁的道岔。

1) 道岔的定位、反位

①定位。道岔经常开通的位置。

②反位。排列进路时临时改变的位置。

2) 联动道岔

排列进路时,几组道岔要求定位时则都要在定位,要求反位时则都要在反位。

3) 防护道岔和带动道岔

①防护道岔。为防止侧面冲突,有时需要将不在排列进路上的道岔处于防护的位置,并予以锁闭。

②带动道岔。为了满足平行作业的需要,排列进路时将某些不在进路上的道岔带动至规定的位置,并对其进行锁闭。

对于防护道岔必须进行联锁条件的检查,若防护道岔不在防护的位置上,则进路就不能被建立。而对于带动道岔则无须进行联锁检查,能带动到规定的位置就带动,不能带动到规定的位置(若还被锁闭),也不影响进路的建立,它不涉及安全问题,只是会影响效率。

3. 进路

进路是列车在站内由一点运行至另一点的全部路径,包括列车进路、调车进路等。进路中包括若干个轨道电路区段。

1) 列车进路

①列车接车进路。列车进入车站(车场)所经过的进路。该进路始于进站信号机(或接车进路信号机),终于另一咽喉的出站信号机(进路信号机)。

②列车发车进路。列车经由车站或车场驶出所经过的进路。该进路起于出站信号机,止于发车口。

③通过进路。列车经正线不停车通过车站(车场)的进路。

2) 调车进路

调车进路包括单元(短)调车进路和组合(长)调车进路。

①短调车进路。从起始调车信号机开始,到下一架阻挡信号机止的一个单元调车进路。

②长调车进路。由两个以上的单元调车进路组成。

这里的长、短不是指进路长度的长与短,而是指调车进路中的阻挡信号机是一架还是几架。

3) 基本进路和变通进路

当站内由一点向另一点运行有几条路径时,规定常用的一条路径为基本进路。基本进路一般是两点之间最近的、对其他进路作业影响最小的进路。

基本进路以外的其余进路均为变通进路(迂回进路)。

设计变通进路的目的是提高作业效率,增加列车或调车车列运行的灵活性。当因正常行车线路上的道岔故障、轨道电路被占用或故障等原因不能开通基本进路时,可以开通变通进路,使列车或调车迂回前进而不受阻。

4) 敌对进路

同时行车会危及行车安全的任意两条进路称为敌对进路。

4. 联锁的基本内容

为了防止建立会导致机车车辆相冲突的进路,必须使列车或调车车列经过的所有道岔锁闭在与进路开通方向相符的位置上,必须使信号机的显示与所建立的进路相符。因此,应注意以下几点:

(1) 当进路空闲时才能开放信号。

(2) 道岔在规定位置且被锁闭时才能开放信号。

(3) 当敌对进路已建立时,防护该进路的信号机不能开放。

二、联锁设备

1. 联锁设备的概念

联锁设备是指控制车站的道岔、进路和信号,并实现它们之间联锁关系的设备。联锁设备可以分散或集中控制,也可以采用机械的、机电的或电气的方法实现。

2. 联锁设备的分类

联锁设备分为电锁器联锁和电气集中联锁两类。

(1) 电锁器联锁:已经被淘汰,不再使用。

(2) 电气集中联锁:用电气的方法集中控制或监督全站的道岔、进路和信号机,并且实现它们之间的联锁。电气集中联锁包括继电集中联锁和计算机联锁。由于由继电器组成的逻辑电路难以表达和实现复杂的逻辑关系,功能不够完善,安全性欠缺,不便于与现代化信息系统联网,无经济优势,因此势必会被计算机联锁所取代。

计算机联锁的技术特征如下:

①利用微型计算机对车站值班人员的操作命令和现场监控设备的表示信息进行逻辑运算后,完成对信号机、道岔、进路的联锁和控制,全部联锁关系由计算机及其程序完成。

②采用串行通信,节省大量的干线电缆,使光缆传输成为可能。

③用屏幕代替表示盘,缩小体积,丰富显示内容,简化结构,方便使用。

④采用积木式的模块化硬件和软件设计,便于站场变更,易于实现故障检测分析功能。

计算机联锁进一步提高了设备的安全性、可靠性,增加和完善了联锁功能,方便设计,省工省料,降低了造价。

拓展知识

TYJL-Ⅱ型计算机联锁(沈阳地铁车辆段)的组成

1. 监控机

监控机具有完成车站值班员操作命令处理和现场信息图像处理及语音报警功能。采用双机互为备用、可迅速切换的工作方式,以保证系统不受任何单机故障的影响。

2. 联锁机

联锁机可完成现场信息采集工作,将采集信息与车站值班员的操作命令进行联锁运算,对现场设备发出控制命令。

3. 执行表示机和输入输出接口

执行表示机具有完成联锁机的输入输出的扩展作用。输入输出接口由继电器组成,用于与现场设备联结,完成信息采集和控制命令输出的任务。

4. 维修机

维修机可自动存储长达一个月的站场信息、车站值班员操作信息、联锁系统提供的提示信息、故障诊断信息的全部记录并可以图像的方式再现,便于维修。

5. 控制台

控制台有多种形式,并具有以下功能:单钩溜放、连续溜放、平面溜放;选用大屏幕显示器时,还可增加时间显示、音响信号、语音报警、汉字提示功能;具有检错、诊断、储存记录功能,故障可被诊断至板级。

7.3 城市轨道交通的闭塞设备

一、闭塞的有关概念

区间是指两个车站(或线路所)之间的轨道交通线路。相邻两个车站之间的区间称为站间区间。

用信号或凭证保证列车间隔运行的技术方法称为行车闭塞法,简称闭塞,它是指列车进入区间后,区间两端车站都不再向这一区间发车,以防止列车相撞或追尾。闭塞设备保证了在同一个区间(闭塞分区)内,在同一时间,只允许有一趟列车运行。用以完成闭塞控制功能的设备称为闭塞设备。

行车闭塞法从时空上可分为时间间隔法和空间间隔法。最初采用的闭塞制度是时间间隔法,即前行列车和追踪列车之间必须保持一定时间间隔的行车方法。当先行列车出发后,经过一定的时间,才允许后续列车出发。电报和电话应用于行车闭塞即所谓电报或电话闭塞法,该种闭塞方法曾起过重要的作用,但当联系错误时,将危及行车安全。采用两站间闭塞设备互相联锁的办法即为空间间隔法。空间间隔法是控制前行列车和追踪列车之间保持一定距离的行车方法。一般以相邻两车站之间作为一个区间,或将区间的线路划分为若干个独立的闭塞分区,一个区间或一个闭塞分区同时只允许一列列车运行,因此能保证行车安全。它与时间间隔法相比是一个很大的进步。

二、城市轨道交通系统的闭塞制式

目前,用于城市轨道交通系统的闭塞制式有三种:固定闭塞、准移动闭塞、移动闭塞。

1. 固定闭塞

固定闭塞属20世纪80年代的技术水平,其运行间隔一般能达到180 s。

1) 固定闭塞的优点

固定闭塞的优点(见图7-5)如下:

①线路被划分为固定位置、某一长度的闭塞分区,一个分区只能被一列列车占用。

②闭塞分区的长度根据最长列车、满负载、最高速、最不利制动率等最不利条件设计。

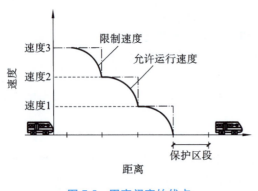

图7-5 固定闭塞的优点

③列车间隔为若干闭塞分区,而与列车在闭塞分区内的实际位置无关。

④制动的起点和终点总是某一闭塞分区的边界,其速度控制模式是阶梯式的。

2) 固定闭塞的缺点

固定闭塞的缺点如下:

①通过轨道电路判别闭塞分区的占用情况并传输信息码,需要大量的轨旁设备,维护工作量大,运营成本较高。

②轨道电路的工作稳定性易受环境影响,如道床漏泄阻抗变化、钢轨中的牵引电流干扰等。

③轨道电路传输信息量小,对应每个闭塞分区只能传送一个信息代码。由轨道电路向列车传输信息,传输的信息量受钢轨传输介质频带限制及电气化牵引回流的干扰,难以实现大信息量的实时数据传输。

④利用轨道电路难以实现车对地的信息传输。

⑤固定闭塞系统无法知道列车在分区内的具体位置,因此,必须在两列列车间增加一个防护区段,这使得列车间的安全间隔较大,影响线路的使用率。

⑥固定闭塞无法满足提高系统能力、安全性、互用性的要求。

因此,固定闭塞已不适合城市轨道交通发展的需要。

2. 准移动闭塞

准移动闭塞属于20世纪90年代的技术水平,其运行间隔一般能达到90~120 s。

准移动闭塞的追踪目标点是前行列车所占用闭塞分区的始端,留有一定的安全距离,即制动的终点总是某一分区的边界。而后行列车从最高速开始制动的计算点,根据目标距离、目标速度及列车本身的性能计算确定(制动的起点是随线路参数和列车本身性能的不同而变化的)。

1) 准移动闭塞的概念

准移动闭塞是预先设定列车的安全追踪间隔距离,根据前方目标状态设定列车的可行车距和运行速度。

由于准移动闭塞同时具有移动和固定两种定位方式,因此它的速度控制模式既具有无级(连续)的特点,又具有分级(阶梯)的性质。若前行列车不动而后续列车前进,则其最大允许速度是连续变化的。当前行列车前进,其尾部驶过固定区段的分界点时,后续列车的最大速度按阶梯跳跃跟随。因此,准移动闭塞是介于固定闭塞和移动闭塞的一种闭塞方式。

2) 准移动闭塞的特点

准移动闭塞的特点(见图7-6)如下:

①线路被划分为固定位置、某一长度的闭塞分区,一个分区只能被一趟列车占用。

②列车间隔是根据后续列车在当前速度下所需的制动距离,加上安全余量计算和控制的,确保不冒进前行列车占用的闭塞分区。

③制动的起点是动态的,终点是固定在某一分区的边界(根据每个区段的坡道、曲线半径等参数,包含在报文中)。

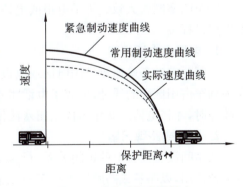

图7-6 准移动闭塞的特点

④前行列车的定位沿用了固定闭塞方式,而后续列车的定位采用连续的或移动的定位方式。

3. 移动闭塞

移动闭塞的追踪目标点是前行列车的尾部,留有一定的安全距离;而后行列车从最高速开始制动的计算点,根据目标距离、目标速度及列车本身的性能计算确定。目标点是前行列车的尾部,与前行列车的走行和速度有关,而制动的起点是随线路参数和列车本身性能的不同而变化的。

1) 移动闭塞的概念

移动闭塞是不预先设定列车的安全追踪间隔距离,而随列车的启动不断移动并变化的闭塞方式。

2) 移动闭塞的特点

前、后两趟列车都采用移动的定位方式,不存在固定的闭塞分区。列车之间的安全追踪间隔距离随着列车的运行而不断移动且变化,所以称为移动闭塞,其特点如图7-7所示。

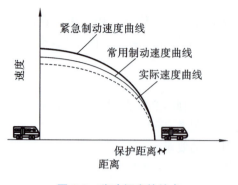

图7-7 移动闭塞的特点

①移动闭塞的速度曲线是连续的。

②线路没有划分固定的闭塞分区。列车间隔是根据后续列车在当前速度下所需的制动距离,加上安全余量计算和控制的,确保不追尾。列车间隔是动态的,并随前一列车的移动而移动。

③制动的起点是动态的,终点是相对动态的,轨旁设备的数量与列车运行间隔关系不大。

与固定闭塞相比,移动闭塞列车的运行间隔相对减少;与准移动闭塞相比,移动闭塞具有更大的运用灵活性和更小的行车间隔,因此具备了更强的运行调整能力,并能最大限度地提告区间通过能力。

铁路闭塞制式的发展

行车闭塞制式大致经历了电报或电话闭塞—路签或路牌闭塞—半自动闭塞—自动闭塞的发展过程。

1. 电报或电话闭塞

区间两端的车站值班员用电话或电报办理行车联络手续,由发车站填制路票,发给司机作为列车占用区间的凭证,形成了电话闭塞法。目前,我国铁路只在基本闭塞设备停用或发生故障时,才将电话闭塞作为代用闭塞法使用。

2. 路签或路牌闭塞

两站间没有设备上的锁闭关系,行车安全靠人工保证。电气路签(牌)闭塞只在单线区段早期使用,以路签或路牌作为列车占用区间的凭证,两端车站各装设同一型闭塞机,相互之间有电气锁闭关系。当一个闭塞机中存放的路签(牌)总数为偶数时,经车站双方共同操作,发车站值班员可取出一枚路签(牌),递交司机作为列车占用区间的凭证。列车在区间可运行的过程中(路签、路牌未放入闭塞机以前),在两站闭塞机中不能再取出第二枚路签(牌)。电气路签(牌)闭塞的缺点为:办理手续烦琐,路签(牌)还有可能丢失和损坏,因此区间通过能力低。在我国铁路上电气路签(牌)闭塞已经被淘汰,这个发展阶段称为人工闭塞阶段。

3. 半自动闭塞

半自动闭塞是用人工来办理闭塞及开放出站信号机,而由出发列车自动关闭出站信号机并实现区间闭塞的一种闭塞方式。使用继电器控制电路完成两个车站间信息的传递、检查和验证,并与车站出站信号机构成制约关系。对于单线区段一般采用半自动闭塞,虽然半自动闭塞在安全和效率方面不如自动闭塞,但由于它有突出的技术经济效益,因此在一些运输不太繁忙的铁路线路(特别是单线铁路)上仍然被大量使用。

4. 自动闭塞

自动闭塞是根据列车运行及有关闭塞分区的状态自动变换通过信号机显示,而司机凭信号显示行车的闭塞方法。它是在列车运行过程中自动完成闭塞作用的。采用自动闭塞的区段,将站间区间划分为若干个小区间,称为闭塞分区。双线单方向自动闭塞如图7-8所示,它将一个区间划分为若干小段——闭塞分区,在每个闭塞分区的起点都装设通过信号机用以防护其后方的闭塞分区。每个闭塞分区内都装设轨道电路或计轴器等列车检测设备,通过轨道电路将列车和通过信号机的显示联系起来,根据列车运行及有关闭塞分区的状态使通过信号机的显示自动变换。因为闭塞作用的完成不需要人工操纵,故称为自动闭塞。

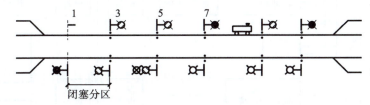

图 7-8 双线单方向自动闭塞

自动闭塞不需要办理闭塞手续,并可开行追踪列车,它既保证了行车安全,又提高了运输效率。自动闭塞和半自动闭塞方式相比有以下优点:

(1) 由于两站间的区间允许续行列车追踪运行,因此大幅度地提高了行车密度,显著地提高了区间通过能力。

(2) 由于不需要办理闭塞手续,简化了办理接发列车的程序,因此在提高通过能力的同时大大减轻了车站值班人员的劳动强度。

(3) 由于通过信号机的显示能直接反映运行列车所在位置及线路的状态,因而确保了列车在区间运行的安全。

由于自动闭塞具有明显的技术经济效果,因此被广泛应用于各国铁路(尤其是双线铁路)中。更由于自动闭塞便于和列车自动控制、行车指挥自动化等系统相结合,因此它已成为现代铁路必不可少的基础设备。

现代信号系统——列车自动控制系统

信号系统一般由正线和车辆段两大部分组成,其中,正线系统称为列车自动控制系统,主要由 ATP 子系统、列车自动驾驶(automatic train operation, ATO)子系统、ATS 子系统及计算机联锁四个子系统构成。

以广州地铁为例,正线的信号设备采用西门子公司的 ATC,车辆段采用国际领先的铁科院 TYJL-II 型计算机联锁。西门子公司的 ATC 信号联锁设备主要由 SICAS 子系统、

ATP 子系统、ATO 子系统,具备集中和本地操作能力的 ATS 子系统等组成,室外设备主要采用了西门子公司的 S700K 型电动转辙机和 FTGS(遥控音频无绝缘)轨道电路等先进设备。车辆段采用成熟的 6502 电气集中联锁系统(1 号线)和铁科院 TYJL-II 型计算机联锁系统(2 号线),室外设备采用技术成熟的国产 ZD6-D 型电动转辙机,50Hz 相敏轨道电路。

目前,世界各国的城市轨道交通信号系统大都采用 ATC。ATC 是一套完整的控制、监督、管理系统,位于管理级的 ATS 模块较多地采用软件方法实施联网、通信及指挥列车安全运行;发送和接收各种行车命令的 ATP 子系统确保列车的安全运行;车载 ATP 设备接收轨旁 ATP 设备传递的信号指令,经校验后送至 ATO 子系统完成部分运行的操作功能。三个子系统既相互独立又相互联系,完整的 ATC 能确保列车安全、快速、短间隔地有序运行。ATC 的设备分布于控制中心(central control)、车站及轨旁(wayside)、车上(vehicle)。其框图如图 7-9 所示。

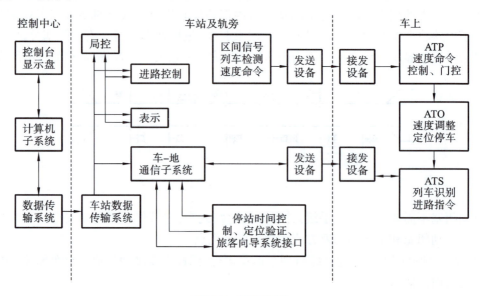

图 7-9　ATC 框图

在控制中心内,计算机系统、中心数据传输系统、控制台及阴极射线管(cathode ray tube,CRT)显示、信息管理系统及调度表示盘等的控制及表示信息通过数据传输系统与车站及轨旁的信号设备相连接;轨旁设备通过车站数据传输系统与车站 ATC 系统相连,车站的 ATC 系统通过 ATP 子系统发出列车检测命令检查有无列车,并向车上送出 ATP 限速命令、门控指令及定位停车的位置指令;车上 ATC 系统根据 ATP 命令的数据和译码,控制列车的运行和制动,完成定位停车。ATC 的功能如图 7-10 所示。

1) ATS 子系统

ATS 子系统由控制中心设备、车站设备及车载设备三部分组成。

ATS 子系统主要实现对列车运行的监督,辅助行车调度人员对全线列车运行进行管理。它可以显示全线列车的运行状态,监督和记录运行图的执行情况,为行车调度人员的调度指挥和运行调整提供依据,如对列车偏离运行图及时做出反应等。通过 ATO 接口,ATS 子系统还可以向乘客提供运行信息通报,包括列车到达、出发时间,列车运行方向,中途停靠点信息等。

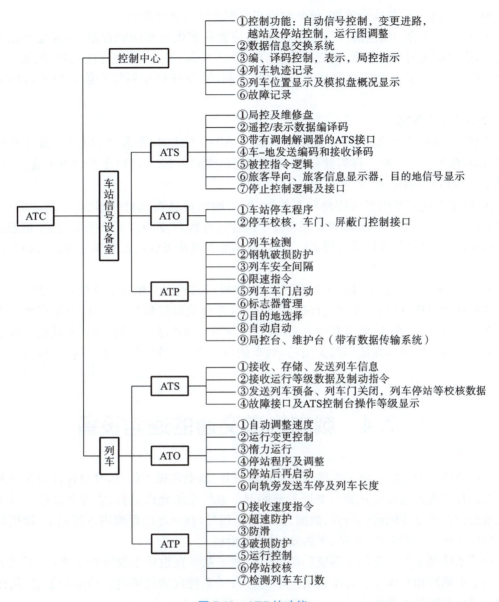

图 7-10 ATC 的功能

ATS 子系统的功能包括：自动显示列车车次、运行位置和信号设备工作状态，自动或人工办理进路；编制和管理列车运行图，自动调整运行计划，自动描绘或复制列车运行实迹，列车运行模拟仿真；车辆维修周期管理；向乘客向导系统提供信息，对运行数据自动统计和制表等。

2) ATP 子系统

ATP 子系统由轨旁 ATP 设备和车载 ATP 设备组成。

ATP 子系统主要用于对列车驾驶进行防护，对与安全有关的设备或系统实行监控，实现列车间隔保护、超速防护等功能。ATP 子系统的工作原理：将信息（包括来自联锁设备和操作层面上的信息、地形信息、前方目标点信息和容许速度信息等）不断从地面传至车上，从而得到列车当前允许的安全速度,依此对列车实现速度监督及管理。

ATP子系统的功能包括:自动检测列车的位置和实现列车间隔控制,以满足规定的通过能力;连续监视列车的速度,实现超速防护(当列车实际速度大于允许速度时,施加常用制动;当列车速度大于最大安全速度时,施加紧急制动,保证列车不冒进前方列车占用的区段)。

3) ATO子系统

当列车上的主控制器的模式选择开关处于ATC方式时,车载ATO子系统才开始工作,其作用就像一个司机一样驾驶列车,即模拟司机驾驶列车。ATO子系统由车载ATO设备和轨旁ATO设备组成。

ATO子系统主要用于实现地对车控制,即用地面信息实现对列车驱动、制动的控制。由于使用了ATO子系统,列车可以经常处于最佳运行状态,避免了不必要的、过于剧烈的加速和减速,因此可显著提高乘客舒适度,提高列车准点率及减少轮轨磨损。通过与列车再生制动配合,还可以降低列车能耗。

ATO子系统的优点是可缩短列车间隔,提高线路的利用率和行车的安全可靠性。ATO子系统的功能包括:控制列车在允许速度下运行,并自动调整列车的速度,列车在区间或站外停车后,一旦信号开放,即可自动启动;系统控制列车到达站台的最佳制动,使列车停于预定目标点;停站结束后,保证车门关闭后,列车能自动启动;当列车到达折返站时,自动准备折返。

7.4 城市轨道交通的通信设备

城市轨道交通通信系统是为确保提供传输服务、给乘客提供信息,并且保证对车站及车上乘客进行高度控制而建立的一个视听链路网。通信系统允许运营、管理及维修人员或其他系统的设备通过传输诸如语音、数据、图像等电信号,在一定的距离内进行通信,通信的服务范围包括运营控制中心、车站、车辆段、站内及沿线。

通信系统是多个独立的子系统的组合。这些子系统在设计上能协调工作,在不同的运营环境下正确地相互作用。各子系统应能对各自子系统内的故障进行检测和报警,从而确保整个通信系统的可靠性。

一、城市轨道交通系统对通信的要求

城市轨道交通系统对通信的要求是能够迅速、准确、可靠地传递和交换各种信息,达到双向联通的要求。

(1) 对于运行组织而言,要保证将各站的客流情况、工作状况、线路上各趟列车的运行状况等信息准确迅速地传输到调度控制中心。同时将调度控制中心发布的调度指挥控制命令与信号及时可靠地传送至各个车站及运行中的列车。

(2) 对于系统的组织管理方面,要保证各部门之间和上下级之间保持畅通、有效、可靠的信息交流与联系。

(3) 要保证本系统与外部系统的联系便捷、畅通。

二、城市轨道交通通信系统的组成

城市轨道交通通信系统应满足城市轨道交通运输效率、保证行车安全、提高现代化管理水平和传递语音、数据、图像和文字等各种信息的需要,做到系统可靠、功能合理、设备成熟、技术先进、经济实用。

城市轨道交通通信系统一般由传输、公务电话、专用有线调度、无线列车调度、闭路电视、广播、时钟、乘客信息、UPS 不间断电源等子系统组成,构成传送话音、数据和图像等各种信息的综合业务通信网。其中,传输子系统(城市轨道交通骨干网)是通信系统中最重要的子系统,它不仅为本系统的各个子系统提供信息通道,也为其他自动控制管理系统提供信息通道。

三、城市轨道交通各通信子系统的功能

1. 传输子系统的功能

传输子系统是整个通信网络的纽带,它给通信各子系统及电力系统、信号系统、AFC 系统、消防报警系统、办公网络等提供传输通道,将各车站、车辆段、停车场的设备与控制中心的设备连接起来。传输子系统一般用光纤连接,构成双环路拓扑结构网络。

2. 公务电话子系统的功能

公务电话子系统为城市轨道交通运营提供办公电话、传真等业务,同时在控制中心、车站、车辆段、停车场等处也设置有公务电话。它既可作为办公电话使用,也可作为专用有线调度电话的备份,一旦调度电话发生故障,可供临时应急使用。

3. 专用有线调度子系统的功能

专用有线调度子系统是为行车指挥、维修、抢险等设置的专用通信系统。

根据列车运行组织和业务管理、指挥的需要,专用有线调度子系统一般分为四种:行车调度电话系统、电力调度电话系统、防灾调度电话系统和维修调度电话系统。

4. 无线列车调度子系统的功能

无线列车调度子系统主要用于解决固定人员(调度员、值班员)与流动人员(驾驶员、维修人员、列检人员等)之间的通话。

5. 闭路电视监控子系统的功能

闭路电视监控子系统是轨道交通运营管理及保证运输安全的重要手段,它给控制中心的调度员、各车站值班员、公安值班人员等提供有关列车运行、乘客疏导、防灾救火、突发事件等情况下的现场视频信息。

6. 广播子系统的功能

广播子系统在为乘客提供列车到发时间,安全提示信息的同时,还能在紧急情况下或突发事件时为乘客提供疏散信息。

7. 时钟子系统的功能

时钟子系统主要为行车组织提供统一的标准时间,并向其他系统提供标准时间信号。

8. 乘客信息子系统的功能

乘客信息子系统的主要功能是为乘客提供关于行车时刻表、安全提示等的文字或多媒体视频信息。

9. UPS 不间断电源子系统的功能

UPS 不间断电源子系统主要为其他通信子系统提供稳定的电源,当市电或 UPS 主机发生故障时,通过电池组为设备供电,保证通信设备的正常运行。

四、传输子系统

城市轨道交通系统通信网采用两条独立的通信传输线,并将通信传输信息(包括语音、数据、图像等)较均匀地分配到两条传输线上。如果其中一条线路发生故障或中断,就由另一条线路独立承担传输任务,起到备用线的作用,从而有效地保证城市轨道交通通信的可靠性。

1. 传输线的分类

传输线主要有:光缆和电缆(用于有线通信系统),漏泄电缆(用于无线通信系统),屏蔽对称电缆(用于广播系统),射频电缆、对绞电线电缆、电源线、并行总线等(用于连接无线电台、监视器、摄像机、广播喇叭、电话机、维修终端等各类设备)。

2. 传输线的特点

(1) 采用具有阻燃、低毒、低烟性能的材料制作电缆外套(尤其是安置在地下隧道的电缆)。

(2) 加强屏蔽、接地措施,保证安全接地和防止地下迷流造成侵蚀。

(3) 采用易于维护保养的充油填充方式,因为电缆、光缆设置的空间有限(无论是地下隧道,还是高架结构的单轨轨道梁)。

(4) 要求具有转换速度快、频带宽、容量大、抗干扰能力强、耐腐蚀等性能,一般选择光纤传输线。

3. 光纤传输系统

随着通信传输技术的发展,城市轨道交通的有线通信系统已普遍采用光纤传输方式。光纤传输系统主要由电端机、光端机和光纤传输电缆(线缆)组成。

1)电端机

电端机一方面将各个通信终端的语音、数据、控制信号、图像信号等汇集起来;另一方面将其他通信终端送来的汇总后的各种信号进行分路,送向本终端的各类设备。

2)光端机

光端机一方面将电端机汇总后的电信号转换为光信号(E/O),并通过光缆传输到所需送达的终端;另一方面将其他光端机经光缆送达的光信号转换成电信号,提供给本终端的电端机(O/E)。

3)光纤传输电缆(光缆)

利用光纤传输电缆容量大、抗干扰能力强的特点,完成对大容量信息准确、快速的传输。

五、程控交换网

城市轨道交通通信系统交换网的作用是在车站系统完成各个车站之间的信息汇总传输之后,将信号具体转接到每一个用户(如电话机)。目前,通信用交换机已从步进制交换机、纵横制交换机,发展到体积小、容量大、噪声低、功能强、扩容容易、维护简便的程控交换机,并被普遍采用。城市轨道交通系统是一个现代高新技术运输系统,必然选用程控交换机来组成通信交换网。

1. 城市轨道交通系统程控交换网的组成

城市轨道交通系统程控交换网由轨道交通专用电话网（为系统运行设置的专用业务电话网）和数字式程控电话网（为系统运转和对外联络设置的公务电话网）组成。

2. 城市轨道交通专用电话网

城市轨道交通专用电话网的作用是为调度控制中心的调度员、车站值班员、车辆基地值班员等运行指挥操作人员提供直线电话服务和组呼功能，为轨旁电话和其他专用内部电话提供自动交换功能。

1）站间直线电话功能

为了提高运行组织的效率，保证运行组织通信联络的可靠性和便捷性，站间直线电话只需拿起电话而不必按键，即可建立相互间的通话关系。站间直线电话的语音信号经由电缆芯线传输，用于相邻两个车站之间进行行车相关业务的联系。

2）调度电话功能

在调度控制中心，选用带有功能键和液晶显示器的多功能数字电话机作为调度控制台的电话机。在各个车站，选用带有功能键和液晶显示器的双音多频电话机作为调度电话分机。配置液晶显示器，可以显示呼叫方的数字编号信息，形成可见可闻的联络信息。

调度控制中心设有若干个调度控制台，如列车调度台、电力调度台、环境控制调度台、防灾报警调度台等业务调度台及一个总调度台。总调度台不与车站调度电话分机直接联系，仅与各个调度台通话，再由各个调度台向各车站调度分机传达调度命令。

调度电话的功能如下：

①总调度台的功能。对各调度台进行直线呼叫功能。

②各调度台的功能。对所属分机进行组呼的会议功能，一次呼叫部分车站调度分机；对所属分机进行全呼的会议功能，一次呼叫全部车站调度分机；对所属分机进行单呼的直线联系功能，一次呼叫单个车站调度分机。

③轨旁电话的功能。为了满足运营需要，在线路旁按规定的间隔距离（上海地铁1号线为450 m）设置轨旁电话，便于司机及其他工作人员在需要时能在现场直接与有关部门联系。

轨旁电话机需设置坚固的防护外罩，采用全密封式设计，使其具有良好的防潮性能和抗击打能力。每2～3个轨旁电话并联在一起，通过专用电缆连通最近的程控交换机，使其能与各调度控制台和其他任何一个分机取得直接联系。

④集中电话机的功能。在各个车站均设有集中电话机，在车辆基地也设有若干台集中电话机，便于车站、车辆基地各职能部门能与本站（基地）相关单位取得直接联系。集中电话机的控制台及分机的组成与调度电话系统相类似。

3. 数字式程控电话网

通过程控交换机及光纤传输系统的连接，车站内属于数字式程控交换电话网的用户（话机）间可通过拨号直接通话，也可通过拨号与其他车站或单位的用户通话，还可通过中继模块的转换与市内电话用户建立联系。

数字式程控电话网可用人工转接或自动转接方式与市话网连接，其提供的使用功能较多，如一般自动电话功能、呼叫等待功能、呼叫人工或自动转移功能、呼叫保持功能、直线电话功能、强插功能、三方或多方会议功能、遇忙回叫功能、呼叫带答功能、重复呼叫功能、快速呼叫功能、移机应答功能等。

六、广播子系统

广播子系统是将各种语音信息传送到用户的一种通信方式,它具有快速响应的能力。城市轨道交通中使用的广播子系统不同于大型娱乐中心、铁路车站、民航机场等地的广播系统,它可以通过控制中心的操作终端指挥整条线路的广播,使整条线路的每个车站的广播系统既相对独立,又能成为一个统一的整体,如广州地铁1号线采用的广播系统是德国西门子AG提供的VARIODYN3000系列,其主要功能是向广大乘客发布有关时间、车次变动、列车延时、行车安全、紧急情况及突发事件等信息。

从广播覆盖范围看,广播子系统分为车站广播系统和车辆基地广播对讲系统。

1. 车站广播系统

车站广播系统允许对车站内的四个播音区进行广播,包括从控制中心播音和从本车站播音。四个播音区分别是站台1(上行)、站台2(下行)、站厅和办公区域。

1) 从控制中心播音

在中央控制室配置有三个广播播音台,即列车调度播音台、电力调度播音台、环境控制调度播音台。三个播音台之间实施互锁,即当一个播音台在广播时,其他播音台不能插入或使其中断播音。

三个播音台均配有麦克风和选择键盘,用来对各车站或各区域进行选择播音。在通信机房内设有前置放大器、功能控制与接口单元等广播设备。麦克风发出的语音信号经过前置放大器放大后,通过电缆中间的一对专用屏蔽广播线将信号送达所需广播的地点。选择键盘送出的播音区域选择信号,经过控制与接口单元,由专用通信信道送达各车站广播设备的控制单元。

控制中心广播系统可以实现以下播音功能:

①对所有车站的所有区域通过键盘选择后进行播音。
②对每个运行方向的站台通过键盘选择后进行播音。
③对每个车站的所有广播区域通过键盘选择后进行播音。
④对全部车站的各个广播区域通过键盘选择后进行播音。

控制中心内的每个播音台均装有扬声器,可以对播音进行监听。

2) 从本车站播音

各车站的行车值班室内配备了带有麦克风和选择键盘的播音台,两台之间实施互锁。在车站的通信和机电室内设有前置放大器、功能控制与接口单元等车站广播设备,这套广播设备可以供本站播音员向本站各广播区域进行播音,还可转接控制中心发来的调度员播音,在本站行车值班室可以对播音进行监听。

各车站的广播播音台对本站的四个广播区域进行播音时具有优先权,即本站播音键盘选择键按下后,既接通了该广播区域的广播电路,又中断了控制中心调度台送来的广播播音信号。

2. 车辆基地广播对讲系统

车辆基地广播对讲系统设有维修值班员、信号楼控制室值班员、车辆基地列车调度员使用的三个播音台。播音范围分为三个区域,即车辆基地入口区域、维修区域和停车长度区域。

三个播音台都配置有麦克风、键盘及对讲控制台。同样,在机房内设有广播设备,用于对信号的放大和对播音区域(或对讲分机)进行选择控制。

(1) 三个播音台的优先权如下:

第一优先权——车辆基地列车调度员(在车辆基地运转调度室内)。

第二优先权——车辆基地信号楼值班员(在车辆基地信号楼值班室内)。

第三优先权——车辆基地维修值班员(在车辆基地检修车间内)。

(2) 三个广播区域的选叫原则如下:

①每个广播台可对某一个广播区域进行广播。

②每个广播台可对所有三个广播区域进行广播。

车辆基地广播对讲系统除了安装播音扬声器广播外,还安装了对讲分机。对讲分机通过电缆与三个播音台的对讲控制台相连,对讲机的扬声器和麦克风设在分机内,对讲机还设有三个选择键,以便车辆基地内的工作人员能够方便地与各个对讲控制台的值班员直接通话而不致大声喧哗。对讲分机还可根据需要分成若干个分机组,分布于各个广播区域。

(3) 对讲系统的选叫原则如下:

①每个对讲控制台可以选叫出所有对讲分机。

②每个对讲控制台可以选叫出多达八个分机组中的所有对讲分机。

③每个对讲控制台可以选叫出任何一个对讲分机。

④每个对讲控制台可以与另一个对讲控制台单独对讲。

⑤每个对讲分机可以单独地与另一个对讲控制台对讲。

如果某一对讲控制台呼叫正在通话的对讲分机,则会显示"忙"信息;如果某一对讲控制台正在通话,而有分机呼叫它,则有相应的声光显示提醒值班员,值班员可将此提醒声切断。

在对讲控制台上,对应每一个对讲分机都有一个带有灯光显示的按键。

当某个对讲分机组正处于对讲状态时,其他对讲控制台对该机组中的任何一个对讲分机的呼叫都将被视为无效。

七、闭路电视监控子系统

闭路电视监控子系统是安全技术防范中的一个重要组成部分,是一种先进的、防范能力极强的综合系统。它可以通过摄像机及其辅助设备(镜头、云台等)直接观察被监视场所的一切情况,可以把被监视场所的图像内容、声音内容同时传送到监控中心,使得被监视场所的情况一目了然。闭路电视监控子系统的另一个特点是可以把被监视场所的图像及声音全部或部分记录下来,为日后某些事件的处理提供方便条件及重要依据。

城市轨道交通系统闭路电视监控子系统分为控制中心电视监控设备和车站电视监控设备两部分。

1. 控制中心电视监控设备

在调度控制中心的总调度台、列车调度台、环控调度台均设置有控制键盘和监视器。调度员通过键盘来选择所需了解的某个监视部位,通过监视器来观察了解该部位的现场实况。将各车站送来的图像接入图像切换开关单元的输入端,输出则直接或间接地连通调度用监视器、磁带录像机、通信维护用监视器等设备。

在控制中心的通信机房内,除了设有通信维护用监视器之外,还配备了相应的控制盘,供通信维护人员使用。

2. 车站电视监控设备

车站内设有若干台监视摄像机,按需要分别安装在站台层和站厅层。设在站台层的摄像机主要拍摄上下行站台的始末端。设在站厅层的摄像机则配备有自动云台,可以上下左右偏转进行摄像。

在车站值班室、副值班室内设置有监视器和控制键盘,可以对站厅摄像机及图像切换开关单元进行控制,供值班员选择所希望看到的监控部位的图像。

车站监控摄像机的输出连接到图像切换开关单元的输入端。图像切换开关单元有 10 路输入和 12 路输出。输出端输出中的 3 路连接车站的 3 个监视器,供值班员、副值班员使用。还有 4 路输出经过图像复用调制器合并为 1 路,由光发送机经电光信号(E/O)转换后,由光纤电缆送达控制中心的光接收机经光电信号(O/E)转换,然后由设在控制中心的图像分路解调器还原后输出 4 路图像信息,供控制中心的调度员使用。输出端输出中的另 4 路接至站台上的列车工作监视器,供司机监视乘客上下车的情况。输出端输出中的第 12 路引至车站通信机械室,通过一台 12 in(约 30cm)监视器,供通信维修人员使用。

3. 闭路电视监控子系统的运行

对于车站较多的轨道交通系统来说,并非每个车站发出的 4 幅图像都可同时进入控制中心的控制与接口单元,而是仅有 3 个车站可向中心发出其各自的 4 幅图像。这时,将由调度员通过选择键来决定。

为了便于识别,每个车站都备有图像字符发生器,用来产生该站的识别字符、图像记录日期和时间。车站值班员、调度员、维修人员均可以通过键盘选择所需监视部位的图像。而且不仅是选出一幅图像并使之固定地显示在监视器上,还可通过预先编程的方式提供对众多输入图像进行自动扫描显示的功能,扫描顺序可预先编程,也可按键选择,图像切换开关单元具有调节图像停顿时间的功能,以便在 0~90 s 内进行调节。

八、时钟子系统

1. 时钟系统功能

(1) 提供全线统一的时间基准,为乘客和工作人员提供准确时间信息。

(2) 向其他系统提供标准时间信号。

为其他通信子系统、信号系统、电力监控系统、AFC 自动售检票系统等相关系统设备提供准确、统一的时间信息,在全线执行统一的时间标准,为轨道交通指挥、列车运行、设备管理提供时间基准,确保通信系统以及其他重要控制系统协调同步。

2. 时钟子系统的组成

时钟子系统由中心母钟、监控终端、二级母钟、子钟、传输接口组成。

1) 中心母钟

中心母钟的主要功能是作为基础主时钟系统。中心母钟可将校准后的标准时间信息通过串口或以太网分配给控制中心及各场所的二级母钟和其他需要提取标准时间的系统。中心母钟还具有故障告警功能,可将故障信息发送给监控网管计算机。

中心母钟通过标准接口接收标准时间信号接收单元发送的标准时间信号,用以校准自身的精度。当标准时间信号接收单元出现故障时,中心母钟将采用自身的高稳晶振作为时间基准。当母钟发生故障时,可自动或人工手动切换到备用时钟。

2) 监控终端

监控终端用来实时监测整个时钟系统的运行状态,可以实现故障管理、性能管理、配置管理、安全管理、报表统计等集中维护功能,并可向网管系统提供故障信息,实现集中告警功能。

3) 二级母钟

二级母钟设置在各车站及车辆段、停车场等需要提取时钟的场所,用于控制所属子钟的运行。二级母钟一方面可以接收中心母钟经由传输系统发过来的标准时间信号,并校准自身精度;另一方面可将标准时间信号发送至所属子钟,从而达到全线统一。

此外,二级母钟还具有监控和故障告警功能,通过监测数据传输接口接入便携机,在各个车站实现对全线设备的监控,并可向中心母钟回送自身及所属时钟的运行状态机故障信息。

二级母钟具有独立的晶振,中心母钟发送过来的标准时间信号与二级母钟是校对的关系,而不是绝对指挥关系。当中心母钟或传输通道发生故障时,二级母钟仍可依靠自身的晶振指挥子钟运行。

4) 子钟

子钟设置在站台、站厅及办公场所内,分为数字式子钟和指针式子钟。

子钟通过标准接口接收二级母钟发送的时间信号,将自身的精度校准后,显示统一的时间。

当接收不到来自二级母钟发送的时间信号时,子钟仍能靠自身的晶振独立运行。此时与标准时间的校准可通过子钟上的按键,人工手动进行校时。当重新接收到二级母钟发送来的时间信号后,子钟回送自身的工作状态。

5) 传输接口

常用的串行接口有 RS-232、RS-422、RS-485 三种。

3. 时钟系统组网

(1) 时钟系统单独组网模式。该模式为控制中心/车站两级组网方式,其特点是各系统独立运行、互不影响。

(2) 与乘客信息系统(passenger information system,PIS)混合组网模式。保留各车站二级母钟,取消站厅、站台内的子钟。一级母钟在控制中心为 PIS 提供时间信号或由车站二级母钟给车站 PIS 直接提供时间信号,由 PIS 在各车站站厅、站台的显示终端上以固定窗口的形式显示时钟信息。

当利用 PIS 完成子钟的显示时,显示屏不具备自身校时的功能,若发生时钟系统故障或线路故障,则屏幕显示不了时钟信息,但该组网模式具有经济、合理、集成化程度高的特点。

九、无线通信系统

城市轨道交通系统线长、点多、面广,变动因素多,有线通信保证了在固定地点工作的人员之间的通信联络便捷可靠,而无线通信为处于移动状态的相关工作人员(如运行中的列车司机、车站内流动的工作人员、公安警务人员、参与抢修或维护的各工种人员及意外情况下的组织指挥人员等)提供了便捷可靠的通信联络手段。

无线通信系统采用双向无线通信,一般采用4个频率对,每对频率相差10 MHz。

1. 各个频率相应的工作范围分配(以上海地铁1号线为例)

(1) 信道1:列车调度通信,覆盖范围为各车站。

(2) 信道9:治安警务通信,覆盖范围为沿线各站及地面部分。

(3) 信道0:车辆基地通信,覆盖范围为车辆基地。

(4) 信道8:紧急备用信道,覆盖范围为信道1和信道0的总和。

(5) 在地下隧道部分,工作范围是轨道最高处以上1.5~3.5 m。

(6) 在站台层及站厅层,工作范围是地板上1~3 m。

(7) 在车辆基地,工作范围是以信号楼为圆心、半径为2 km的平面圆为底、地面到钢轨顶面上方6 m为高的圆柱体空间。

2. 无线通信系统的组成

无线通信系统的组成如下:

(1) 安装在车站和隧道内(或高架等布置的线路旁)的漏泄同轴电缆。

(2) 安装在车站内的天线及射频电缆。

(3) 安装在车站内和车辆基地的基地台设备。

(4) 安装在列车驾驶室内的列车无线电设备、天线、控制板、电源及电线。

(5) 带有电池及充电器的便携式无线电台。

(6) 安装在控制调度中心的控制台、比较判断选择器、中继设备、电源及电缆。

(7) 安装在各个车站和列车上的无线通信控制台。

(8) 安装在高度控制中心的自动指示设备,可以指示正在通话的信道。

思考与练习

(1) 城市轨道交通信号的基本颜色有哪些?各表示什么意义?

(2) 何谓固定信号?何谓移动信号?

(3) 城市轨道交通信号的固定色灯信号机有哪几种形式?

(4) 说出下列四种信号表示器的作用:道岔表示器、警冲标、进路表示器、发车表示器。

(5) 什么是轨道电路?其组成有哪些?

(6) 什么是联锁?联锁设备应满足哪些要求?

(7) 什么是进路?什么是列车进路?什么是调车进路?什么是敌对进路?

(8) 什么是闭塞?闭塞的方式有哪些?

(9) 何谓半自动闭塞?何谓自动闭塞?

(10) 移动闭塞的基本原理是什么?

(11) 什么是调度集中?

(12) 列车自动控制系统包括哪几部分?各部分起什么作用?

(13) 城市轨道交通系统对通信有什么要求?

(14) 城市轨道交通通信系统按用途分为哪些类型?

(15) 城市轨道交通广播系统有哪些作用?

(16) 在城市轨道交通系统中,闭路电视监控子系统的作用是什么?它由哪些部分组成?

模块 8　城市轨道交通车站机电系统

学习目标

(1) 了解自动售检票系统的组成、功能及其运行管理。
(2) 熟悉车站电梯系统和屏蔽门系统。
(3) 熟悉其他机电系统的相关知识。

扫码看视频

8.1 自动售检票系统

一、自动售检票系统的组成及功能

自动售检票（AFC）系统是交通管理部门用于自动售票、自动检票和自动统计与结算的一系列设备所构成的系统。它是集机械、电子、计算机应用、计算机网络管理、通信传输、票务政策及票务管理等功能于一体的控制和信息管理系统。

AFC 系统通常由中央计算机、车站计算机、票房售票机、自动售票机、进/出站闸机、验票机和信息载体（车票）等部分组成。

目前 AFC 系统主要有三大类型：磁卡系统、接触式 IC 卡系统和非接触式 IC 卡系统。由于以非接触式 IC 卡为媒介的自动售检票系统应用范围最广，技术和设备的发展日趋成熟，在交通行业的自动售检票系统中有一定的代表性。因此，下面以非接触式 IC 卡 AFC 系统为例进行介绍和分析。

1. AFC 系统的构成

AFC 系统的设备构成大致分为三个层次，第一层次为中央计算机系统，第二层次为车站计算机系统，第三层次为现场 AFC 设备。

1）中央计算机系统

中央计算机系统负责系统数据的处理和储存、系统交易数据的收集、系统运营及控制参数的下达，并对全线自动售检票系统设备的运营状态进行监视和控制。中央计算机系统中的编码分拣机可以接受中央计算机制票订单，负责各类车票的初始化编码、赋值、分拣、注销等工作。中央计算机系统通常设于控制中心，通过通信网络与各车站计算机系统实现连通。

2）车站计算机系统

车站计算机系统负责车站内 AFC 设备的状态控制，下达由中央计算机系统设置的各类控制参数，收集各设备的运行数据，并将数据传输到中央计算机。

3）现场 AFC 设备

现场 AFC 设备包括闸机、自动售票机、票房售票机、验票机、便携式验票机等。它们按不同的功能各自独立运行，同时设备内配有独立的就地控制装置。在系统通信中断的情况下，现场 AFC 设备能独立运作，保存一定时间范围内的设备运营数据，并通过适当的介质将这些数据传送到车站计算机中。

中央计算机系统和车站计算机系统通过城市轨道交通内部的专用通信网络以点对点的方式连接；车站计算机与车站计算机之间，车站计算机与现场 AFC 设备之间均是通过以太网进行连接的。典型的 AFC 系统的网络结构如图 8-1 所示。

2. AFC 系统相关设备的功能

AFC 系统相关设备的功能如下。

1）闸机（gate）

闸机是用于控制乘客进出车站的机电设备，通常分为进（站）闸机和出（站）闸机两种。进/出站闸机将车站站厅分成付费区和非付费区，同时将城市轨道交通系统围成一个封闭的

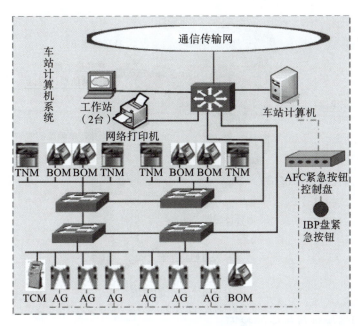

图 8-1 AFC 系统的网络结构

区域。乘客在进入和离开付费区时,闸机对车票的有效性进行检查,对持有效车票的乘客放行,对持问题车票的乘客进行限制并指示其到售票处。

乘客出闸时,闸机会将有效单程车票回收到票盒中,将有效储值票退还给乘客以便以后使用。当乘客出闸使用的单程票、储值票(一卡通)的余额不足以支付本次车程的车费或乘客在付费区内停留的时间超过了系统设置的时间及车票没有进站码时,出站闸机会提示乘客到票房售票机处进行相应的处理(进行超乘、超时、进出站码更新等处理)。

在测试环境下,进/出站闸机每分钟可处理 60(无回收情况下)/40(有回收情况下)张车票;在实际运行中,由于受乘客熟练度的影响,这一数字会有所下降。

闸机根据具体情况可设置成不同的功能模式,如紧急打开、正常进出、进出码免检放行、超时乘车免检放行、车费免检放行、时间免检放行、日期免检放行、退出服务、列车运行管理模式及测试模式。

闸机的组成如图 8-2 所示。

2) 自动售票机(ticket vending machine,TVM)

自动售票机位于车站的非付费区,乘客可以选择用现金(纸币、硬币)或有足够余值的储值票(一卡通)在自动售票机上购买不同票价的单程车票及对储值票(一卡通)进行加值。自动售票机的结构如图 8-3 所示。

自动售票机可接受多种面值(人民币)的纸币和硬币,并可对大额人民币进行自动找零。自动售票机还可根据中央计算机所制定的票价表发售普通单程车票和优惠单程车票等。乘客在购买车票时,可以根据自动售票机面板上的提示进行操作,具体步骤如下:

①乘客在触摸屏上选取目的地车站及购票数,操作屏上就会显示出乘客所在车站至目的地车站的票价。

②乘客投入现金或插入有足够余值的储值票(一卡通),自动售票机就会自动发售一张

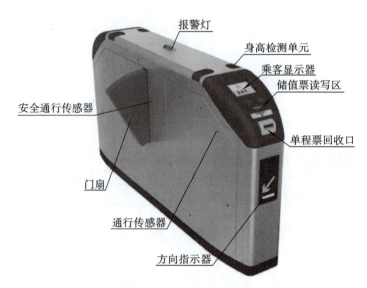

图 8-2 闸机的组成

或多张车票,并视情况进行相应的找零。

③乘客取出车票后,自动售票机完成一次售票过程。

如果在售票过程中,乘客按下取消按钮,就可以取消正在进行的交易,自动售票机将乘客所投入的现金或储值票(不做任何处理)直接退还给乘客。另外,如果连续两步购票操作之间的时间间隔过长(超过系统设定的时间),自动售票机将会自动取消正在进行的交易。

3) 票房售票机(booking office machine, BOM)

票房售票机位于车站的售票处,由站务员操作。BOM 可以发售单程车票、储值车票,同时具有车票的有效性分析、补票和给储值票(一卡通)加值等功能。票房售票机的组成如图 8-4 所示。

票房售票机有两种操作模式:售票模式和补票模式。

①售票模式。售票模式用于给非付费区的乘客处理车票。在该模式下可以对车票进行进出码更新、发售和加值。

②补票模式。补票模式用于给付费区的乘客处理车票。在该模式下可以对车票进行进出码更新、超乘更新、超时更新、发售免费/付费出站票和加值。

操作员必须通过键盘(或其他数据输入设备)输入员工号和密码进行注册登录,登录有效后,才被允许进行后续的操作。

4) 验票机(ticket checking machine, TCM)

验票机分为固定式验票机和手持式验票机两种,如图 8-5 和图 8-6 所示。

固定式验票机安装在非付费区,用于检查车票的余值、有效使用时间等。乘客把车票靠近验票机的读卡区,车票的信息将被读卡器读入,车票类型、剩余票值、有效日期和车票最近的 m 次交易记录(由系统设定交易次数的显示)都将显示在液晶屏上,这些信息将在液晶屏上保留 n 秒(系统设定)。如果车票无效,TCM 就会指示乘客到售票处查询。

手持式验票机的功能与固定式验票机基本相同,但它可以被移动使用。通过车站网络设备或车站计算机的串口,手持式验票机可以定时与车站计算机进行信息的交互。

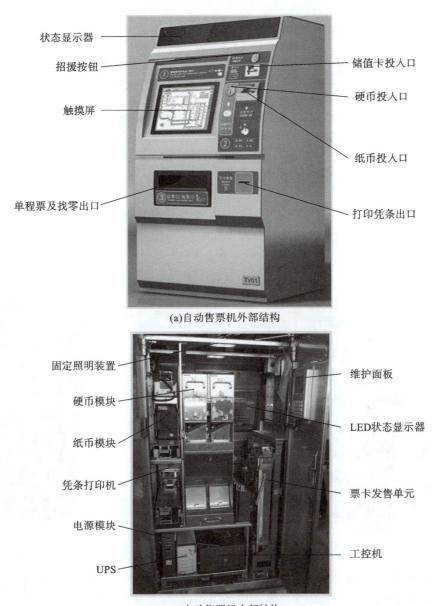

(a) 自动售票机外部结构

(b) 自动售票机内部结构

图 8-3　自动售票机的结构

5) 编码/分拣机 (encoder/sorter)

编码/分拣机属于中央计算机系统，由城市轨道交通运营单位的票务管理部门使用，其主要功能是完成对车票的编码、赋值、分拣、注销等，如图 8-7 所示。

① 编码/分拣机的编码、分拣作业订单通过中央计算机的车票管理子系统 (ticket management system, TMS) 下达，TMS 可以监视订单的执行。

② 编码/分拣机可以对回收的车票进行分拣、重新编码 (新投入使用的车票须先在编码/分拣机上进行初始化编码)，之后再送到车站发售。在发售时由 BOM 在车票中写上发售的有关数据 (包括日期、时间、地点、票值等)。

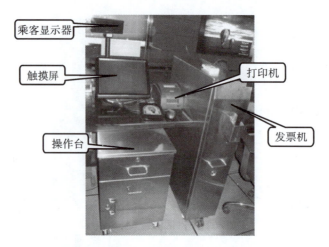

图 8-4 票房售票机组成

图 8-5 固定式验票机

图 8-6 手持式验票机

③编码/分拣机能将车票按类型分拣到不同票箱中,通过车票处理单元对车票进行验证和编码,验证编码后的车票被送入已分拣票箱,废票则送入废票箱中。

④编码/分拣机的操作员通过键盘输入员工号和密码进行注册登录。登录数据会通过网络传送到中央计算机进行确认,如果登录数据有效,则操作员可以根据菜单的提示输入运行数据(如票种、批号、编码日期、编码数量等)。编码/分拣机带有一个打印机,它可打印出编码/分拣机运作的记录、车票序列号、输入的车票总数、编码的车票总数和种类、废票数及编出有效票的数量等。同时,上述数据将被备份在本机的硬盘中。

⑤编码/分拣机的编码、分拣情况也可以通过中央计算机报表来显示、打印,以提供相应的数据给业务监督部门进行审核、监督。

⑥编码/分拣机具有不间断电源,以便在断电情况下能够正常完成正在执行的作业任务,并有序地关闭编码/分拣机。

图 8-7　编码/分拣机

6）车站计算机（station computer，SC）

车站计算机是以工业 PC 作为主处理器的系统，它包括一台数据长度服务器、一台应用服务器、一台宽带交换机及相应的不间断电源。车站计算机可以监控车站内的自动售票机、票房售票机、进出站闸机和验票机等车站设备的运行状态，对票务收益和客流量进行统计，生成及打印各类报表。车站计算机还可向中央计算机发送各种设备运行状态、票务收益和客流信息，同时接受中央计算机下达的运营参数。车站计算机的主要功能如下：

①提供客流及收益数据，并最大限度地保证数据的安全性及准确性。

②根据系统参数，车站计算机能够产生不同时间段的报表，如一天中特定时刻的报表、日报表、某几天的报表等。

③将信息格式化并传送至中央计算机进行保存、分析，并根据需要生成各种报表。生成的报表主要有以下几种：

a. 系统活动日志，记录了现场 AFC 设备的状态信息和相关的操作信息，如设备通信情况、设备状态更换信息、操作员登录注销信息、操作员更换钱箱及票箱信息等。

b. 每天车站自动售票机发售车票的数量及收益统计表。

c. 每天车站票房售票机发售车票的数量、补票的数量和收益统计表。

d. 每天出闸机车费扣除统计表。

e. 每天自动售票机钱箱统计表。

f. 每天票房售票机操作员各班操作的情况。

g. 每天进/出闸机每 15 min 的客流统计。

h. 每天车站设备故障状态统计。

④从中央计算机接收重要的系统运营参数（系统时间、车费表、黑名单、设备运行时间表、操作员用户名及密码等），并下达至车站现场设备。

车站计算机的运作有两种模式：一种是与中央计算机相连时的在线运行模式，另一种是与中央计算机通信中断时的离线运行模式。如果中央计算机与车站计算机的通信出现故障,那么车站计算机的主存储器中至少可以保存 7 天的 AFC 设备数据,直至中央计算机确认接收数据后才将数据从车站计算机中删除,这些数据也可以利用人工方式进行复制。

7) 中央计算机

中央计算机具有下列功能:

①通过车票管理模块与编码分拣机进行通信,下载制票计划。

②采集编码/分拣机的制票数据,进行分类统计。

③从车站计算机上收集客流、收益、审核数据,并保存在相应的数据长度表中。

④从车站计算机查询现场 AFC 设备的状态信息,并建立 AFC 设备管理数据长度,同时能像车站计算机一样控制各种车站 AFC 设备(如闸机、自动售票机、票房售票机和验票机)。

⑤保存或更新车站计算机的黑名单数据文件。

⑥利用通信主系统时钟与车站计算机进行日期和时间的同步。

⑦对票价参数、运营参数和控制参数进行有效管理,如制定灵活适用的票价表、设备运作时间表等,以及针对这些参数进行灵活的下载,可以按单台设备、一组设备、单个车站、所有车站等方式进行参数下载。

⑧应具有完善的病毒入侵检测及系统异常报警机制。

⑨编制每日运营收入、客流、维护状态、管理信息报告和累计票务数据。

⑩分析和归纳 AFC 数据长度信息,编制对城市轨道交通系统有效管理的报告(包括设备运作次数的计算,可在工作站编写并打印)。

⑪提供了一个储值票使用跟踪系统,可以查询一定时间范围内任意一张储值票的详细使用记录。

为了准确、可靠、高效地实现以上功能,城市轨道交通自动售检票系统的中央计算机系统采用两台服务器作为主机,两台主机进行在线冗余备份。中央主机通过防火墙路由器与城市一卡通清算中心的服务器连接。中央计算机按照一定的时间间隔从车站级设备上收集数据,并通过车站计算机将系统的票价参数、运营参数和控制参数下载到站级设备上。另外,AFC 系统的各级设备都可以独立运作,确保在系统出现局部故障时,不至于影响整个系统的运作。

中央计算机系统还配备有维修、财务、点钞、运营计划、安全保密、操作员等终端工作站。

8) 车票

城市轨道交通系统可使用的车票类型很多,主要有普通纸票、磁卡票和非接触式 IC 卡三种,且大小规格不统一。目前,世界各地较通用的可循环车票为信用卡大小(ISO 标准)的 IC 卡车票。IC 卡根据其中所镶嵌的集成电路的不同可以分成三类:存储卡、逻辑加密卡、CPU 卡。目前,非接触 IC 卡是各国地铁储值票的首选介质。AFC 系统中使用的非接触 IC 卡按功能又分为单程票和储值票。

以沈阳地铁为例,单程票是卡内嵌装集成电路、以非接触操作方式与外部集成电路进行耦合操作的薄型 IC 卡,是回收类轨道交通专用票。乘客只能在地铁车站内的自动售票机或半自动售票机处购买,当日运营时间内于购票车站进站有效,乘坐车费以内的车程,出站时由闸机回收。储值票是 ID-1 类型[根据《识别卡　物理特性》(GB/T 14916—2006)中的规定]的卡,它有一定的存储空间和数据加密功能,可以在车票内储值、扣款。

在车票制造工艺方面,除满足制造工艺标准外,还应具备抗拉强度高、抗折强度高、表面光滑平整、抗高湿变形、无分层等机械性能。非接触式 IC 卡的结构如图 8-8 所示。

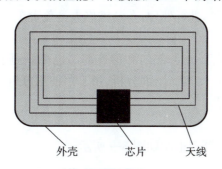

图 8-8　非接触式 IC 卡结构图

AFC 系统使用的车票一般可分为以下几种:

①按制作材料分类,可分为用于人工检售票系统的纸质车票(分软、硬两种)、用于自动检售票系统的磁性车票和非接触式 IC 卡车票。

②按车票内涵分类,可分为普通票和优惠票(包括老人、学生用的优惠单程票和储值票)、贵宾票和纪念票,单程票和多程票,出站票和来回票,当日票、定期票、联运票和储值票,实验票、团体票、员工票等。

二、自动售检票系统的运行管理

1. 运行管理的任务和内容

1) 运行管理的任务

AFC 系统是城市轨道交通机电设备中承担客运组织的重要系统,该系统对 AFC 设备的运行进行有效的管理,是城市轨道交通客运及票务组织有序、高效运作的前提保证。为实现 AFC 系统的良好运转,应做到以下几点:

①制定合理的设备运营管理方案,规范车站票务人员的操作。通过制定和完善 AFC 设备的操作手册、指引及流程,使得车站操作人员可以安全可靠地控制和科学地管理车站设备,最大限度地利用 AFC 系统的功能为城市轨道交通运行服务。

②建立专门的 AFC 设备维护及维修队伍,加强对 AFC 设备故障处理的组织及研究,明确故障类型及等级的划分,保证系统设备良好的技术及经济性能。

③加强对 AFC 系统的高科技含量的应用,利用系统提供的各种原始数据(数据长度)、日志、审核信息、报警信息来提高城市轨道交通对安全事件的反应处理能力,保证乘客的人身安全和系统的收益安全。

④加强对乘客使用设备的教育和宣传,让乘客了解票务政策和票价政策,熟悉设备的使用特性,爱护设备,维护设备的完整性。

2) 运行管理的内容

AFC 设备的操作人员按权限大致可以分为中央系统维护人员、制票人员、票务审查及核对人员、车站督导员、车站售票员、票务稽查人员、车站维修人员等几个级别。其中,中央系统维护人员负责中央计算机系统各种设备的日常管理及维护;制票人员利用编码/分拣机对车票进行编码、赋值、分拣、注销等操作;票务审查及核对人员利用中央计算机系统的各个功能工作站进行票务收益的审查及核对工作;车站督导员及售票员负责车站设备的日常使用和管理;票务稽查人员会定期和不定期地对车站票务的运作情况进行抽检,根据公司的票务政策对票务违章或违规行为进行处理;车站维修人员负责车站设备的维护维修,确保车站设备的正常使用。

另外,财务部门、营销部门、车务部门和稽查部门也可以通过中央计算机的工作站进行客流统计、票价分析、营收统计、客流断面分析、员工票使用分析等工作。

2. 运行管理组织及职责

1) 运行管理组织

自动售检票系统的运行管理组织如图 8-9 所示。

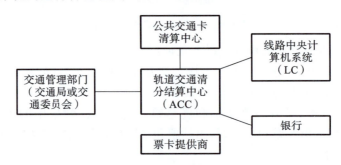

图 8-9　自动售检票系统的运行管理组织

2) 有关部门的职责

①票务管理和维修部门的职责。

票务管理和维修部门负责 AFC 系统设备的运营维护、维修工作,确保系统设备的正常运行;对系统设备的使用提供功能及技术上的支持;负责为票务相关部门提供相应的设备运营数据;为公司在制定票务相关政策和决策时提供技术支持及专业建议;配合相关部门开展与一卡通管理中心的技术协调工作;负责制定 AFC 系统的操作手册和维修规程;负责对票务相关部门进行 AFC 系统新功能的操作培训;负责车票的初始化、编码、赋值、注销等工作;负责制票机的日常清洁维护工作和简单的故障处理;负责对运营相关收益数据的核对、分析、分析,产生每日的营收日报;负责依据 AFC 系统的功能制定票务规章制度和作业程序;参与票务政策的制定工作;负责 AFC 系统现场设备(包括 BOM、TVM、SC)的日常运作管理;负责车站 AFC 设备的表面清洁维护及简单设备故障的处理。

②票务稽查部门的职责。

票务稽查部门负责从收益安全的角度审核整个 AFC 系统票务运作的程序及 AFC 设备使用的稽查工作,负责 AFC 系统密钥和参数及黑名单车票的管理。

③营销调控部门的职责。

营销调控部门负责根据市场调研及 AFC 系统的实际运行数据,制定并完善公司的票务政策,利用 AFC 系统的功能适时推出针对票种、票价、优惠时段等方面的优惠促销活动。

④财务部门的职责。

财务部门根据 AFC(包括城市轨道交通一卡通)系统的收益数据报表进行票款的结算及相应的收益分析工作。

拓展知识

AFC 系统运行管理的有关规定

AFC 系统的参数管理主要包括票价参数、设备运作参数、设备控制参数等几大类。其中的一部分参数是由公司的票务政策所决定的,对于这部分参数的调整,是由运营总部或公司各职能部门经过充分论证,再对票务政策进行调整,最后由票务管理部门在系统中实现的。另外一部分参数会根据公司的乘客服务、市场营销、安全稽查等方面的工作需要,在 AFC 系统中进行调整。AFC 系统运行管理的主要内容如下。

1. 黑名单的管理

城市轨道交通 AFC 系统对黑名单的管理主要是为了控制违规票的使用,它通过对城市轨道交通储值票、员工票进行黑名单设置与取消等工作(一卡通的黑名单管理由一卡通公司负责,城市轨道交通系统只提供一个实现的接口)实现对黑名单的管理。对城市轨道交通储值票设置黑名单的原因主要有两个:

(1)车票在使用过程中发生问题,如余额突然发生巨额跳变。

(2)由于种种原因而需要回收某一批车票,如车票存在问题、因行政管理需要而停止使用某些车票等。

对员工票进行黑名单设置的原因主要有车票丢失或在系统中发现车票存在违规使用的问题等。

2. 密钥的管理

密钥的管理主要是利用密钥管理系统(key management service,KMS)对设备安全认证模块(secure access module,SAM)的制作管理。KMS 是中央计算机系统的一个子模块,在设备的运营过程中,常会发生 SAM 卡损坏的情况,此时就需要利用密钥管理系统制作新的 SAM 卡,或者是当系统的密钥需要进行更换时,也需要用 KMS 对所有设备的 SAM 卡进行密钥更新。每次制作设备 SAM 卡时,都必须有主密钥卡的参与才能完成,主密钥卡须由专人负责保管。

3. 车站 AFC 设备的运行管理

(1)正常情况下车站的运行管理。

车站设备的运作是通过系统的运作参数进行控制的,AFC 系统针对每个车站的每类设备设置开启、关闭时间。此外,也可根据车站运作的需要通过车站计算机临时关闭某些设备。

每日运营开始前,车站人员应对 TVM 进行补币、补票。在运营过程中,值班员通过车站计算机监视 TVM 内车票和现金的状况,并及时安排补票、补币。售票员则通过 BOM 进行售票、加值、乘客事务处理等工作。

当设备发生故障时,车站人员通过 AFC 轮值人员通知 AFC 维修人员进行抢修。AFC 维修人员修理完毕后将故障处理情况反馈给轮值人员,由后者对故障及处理情况、故障处理人员、修复故障消耗的材料和备件、故障发生时间、故障修理完毕时间等进行登记,以便进行维修统计。

(2)特殊情况下车站的运行管理。

当车站出现突发客流、火灾等情况,或出现列车晚点、列车运行中断等情况时,车站可以将 AFC 系统设为降级运营模式中的一种或几种的组合来满足客运服务工作的需要。这些降级模式是列车故障模式、紧急模式、进出免检模式、时间免检模式、日期免检模式、车费免检模式。

当车站 AFC 设备部分或全部发生故障,影响车站的正常运作时,车站人员须按照提前制定好的应急预案开展工作;同时维修人员根据《AFC 系统重大故障处理预案》进行故障抢修,保证车站 AFC 系统在尽可能短的时间内恢复运作。

(3) 编码/分拣机的运行管理。

通过 AFC 中央计算机的 TMS 制订每日的制票(注销)计划,TMS 自动将作业计划下发给编码/分拣机,编码员可以控制和监视作业计划的执行情况。作业计划执行完毕后,制票员需清点车票的数量并完成和车票管理员的交接,车票管理员可以通过编码/分拣机报表来核对编码员的计划作业完成情况。

当编码/分拣机发生故障时,车票编码员通过 AFC 轮值通知维修人员进行抢修。

(4) 设备的维修保障。

AFC 系统的维修是通过 AFC 轮值来进行维修调度的。故障发生后,AFC 轮值在第一时间将系统内发生的情况通报给票务主任及相应的设备工程师,同时轮值代表票务主任行使维修调度的权利,从而保证维修工作有序、高效的进行。

AFC 轮值通过 AFC 故障管理系统可以随时跟踪现场设备的故障情况和故障处理情况,以保证维修信息的快速、准确传递。AFC 故障管理系统记录了大量的维修数据,通过对这些数据进行分析,可以掌握各种设备及设备内各个部件的运作性能,从而为科学、合理地安排设备及其部件的定期维护检修流程提供有益的参考,并保证对设备进行科学的维护与维修。

票务管理部门应制定检修工的岗位职责和维修规程,并对员工进行维修技能、技巧及设备重大故障应急预案的培训,提高检修工的故障判断能力和故障处理能力。

8.2　车站电梯系统和屏蔽门系统

一、车站电梯系统

电梯是一种以电动机为动力的垂直升降机,装有厢状吊舱,用于多层建筑乘人或载运货物;电梯也有台阶式,将踏步板装在履带上连续运行,俗称自动扶梯或自动人行道。电梯是服务于规定楼层的固定式升降设备。垂直升降电梯具有一个轿厢,运行在至少两列垂直的或倾斜角小于 15°的刚性导轨之间,轿厢的尺寸与结构形式应便于乘客出入或装卸货物。习惯上不论其驱动方式如何,都将电梯作为建筑物内垂直交通运输工具的总称。

19 世纪中期开始出现的液压电梯,至今仍在低层建筑物上应用。1852 年,美国的 E. G. 奥蒂斯研制出钢丝绳提升的安全升降机。19 世纪 80 年代,驱动装置有了进一步改进,如电动机通过蜗杆传动带动缠绕卷筒等。19 世纪末,开始采用摩擦轮传动,大大增加了电梯的提升高度。20 世纪末,电梯采用永磁同步曳引机作为动力,大大缩小了机房占地,并且具有能耗低、节能高效、提升速度快等优点,极大地推动了建筑向超高层方向发展。

城市轨道交通的电梯系统包括垂直电梯(无障碍电梯)、自动扶梯及楼梯升降机,电梯系统是城市轨道交通系统的重要组成部分,担负着方便乘客进出车站的任务,对及时疏散乘客起着至关重要的作用。

城市轨道交通系统配置电梯系统的基本原则:站台至站厅间根据车站远期客流量设置上、下行自动扶梯;出入口及过街隧道根据人流量设置上、下行或上行自动扶梯;当提升高度达到6 m以上时设上、下行自动扶梯,以保证人流疏散和服务质量;车站内设置垂直电梯或楼梯升降机,以满足残疾人等特殊人群的需要。

1. 垂直电梯

垂直电梯是指用电力拖动的轿厢运行于铅垂的或倾斜角不大于15°的两列刚性导轨之间运送乘客或货物的固定设备,垂直电梯如图8-10所示。

图8-10　垂直电梯

1) 分类

垂直电梯按不同的分类标准可分为不同的类别。按速度分类,可分为低速电梯(1 m/s以下)、快速电梯(1~2 m/s)和高速电梯(2 m/s以上)等。按驱动方式分类,可分为以下几种:

①交流电梯。用交流感应电动机作为驱动力的电梯,称为交流电梯。交流电梯根据拖动方式又可分为交流单速、交流双速、交流调压调速、交流变压变频调速等。

②直流电梯。用直流电动机作为驱动力的电梯,称为直流电梯。这类电梯的额定速度一般在2 m/s以上。

③液压电梯。一般将利用电动泵驱动液体流动,由柱塞使轿厢升降的电梯,称为液压电梯。

④齿轮齿条电梯。将导轨加工成齿条,轿厢装上与齿条啮合的齿轮,电动机带动齿轮旋

转使轿厢升降的电梯,称为齿轮齿条电梯。

⑤螺杆式电梯。将直顶式电梯的柱塞加工成矩形螺纹,再将带有推力轴承的大螺母安装于油缸顶,然后通过电动机经减速机(或皮带)带动螺母旋转,从而使螺杆顶升轿厢上升或下降的电梯,称为螺杆式电梯。

⑥直线电动机驱动的电梯。其动力源是直线电动机。

2) 工作原理

现代电梯主要由曳引机(绞车)、导轨、对重装置、安全装置(如限速器、安全钳和缓冲器等)、信号操纵系统、轿厢与厅门等组成。这些部分分别安装在建筑物的井道和机房中。

电梯的工作原理:采用钢丝绳摩擦传动,曳引绳两端分别连着轿厢和对重,缠绕在曳引轮和导向轮上,曳引电动机通过减速器变速后带动曳引轮转动,靠电引绳与曳引轮摩擦产生的牵引力实现轿厢和对重的升降运动,达到运输的目的。电梯要求安全可靠、输送效率高和乘坐舒适等。电梯的基本参数主要有额定载重量、可乘人数、额定速度、轿厢外廓尺寸和井道型式等。

2. 自动扶梯

自动扶梯主要由桁架、梯级、扶栏、驱动链、梯级链、减速机、电动机、主驱动轴、梯级链张紧装置、导轨、扶手带驱动装置、扶手带、梳齿板、控制系统、安全装置等组成。

自动扶梯是带有循环运动梯路的向上或向下倾斜输送乘客的固定电力驱动设备。按驱动装置的位置不同,可分为端部驱动自动扶梯和中间驱动自动扶梯。

(1) 端部驱动自动扶梯的驱动装置位于自动扶梯的头部,并以链条作为牵引构件。它由一系列的梯级和两根牵引链条连接在一起,运行在按一定线路布置的导轨上。牵引链条绕过上牵引链轮、下张紧装置并通过上、下分支的若干直线、曲线区段构成闭合环路。该环路的上分支中的各个梯级应严格保持水平,以供乘客站立。上牵引链轮通过减速器等与电动机相连以获得动力。扶梯两边装有与梯级同步运行的扶手装置,以供乘客手扶之用。为了保证自动扶梯上乘客的绝对安全,要求扶梯必须装设多种安全装置。

(2) 中间驱动自动扶梯的驱动装置位于扶梯中部,并以齿条作为牵引构件。一台自动扶梯可以安装多组驱动装置,也称多级驱动组合式自动扶梯。运行时,电动机通过减速器将动力传递给两侧的构成闭合环路的传动链条,每侧的传动链条之间铰接一系列的滚子,滚子与牵引齿条的牙齿啮合,驱使自动扶梯运行。

3. 楼梯升降机

楼梯升降机属于液压梯的一个分支,安装在车站站台到站厅和地面到站厅步行楼梯一侧,供坐轮椅的乘客上下楼梯使用,弥补了车站现有液压梯不能到达地面的不足。楼梯升降机能沿着楼梯连续做上升、水平和90°转角的运行,运行倾角不大于35°。车站出入口的楼梯升降机是室外型,能全天候工作;车站内的楼梯升降机是室内型,按室内条件设计。该设备能适应地铁每年工作365天、每天工作20小时的工作要求。楼梯升降机主要由轮椅平台、驱动机、导轨、控制柜、充电装置、低电源蜂鸣器、安全装置组成,如图8-11所示。

二、屏蔽门系统

1. 相关术语及名词缩写

(1) PSD(platform screen door),即屏蔽门,包括屏封与滑动门,能将站台与轨道间隔开。

图 8-11　楼梯升降机

(2) EED(emergency exit door)，即应急门，列车进站不能准确停靠时的紧急疏散通道。

(3) PED(platform end door)，即端门，车站工作人员由站台侧两端进出轨道的通道。

(4) ASD(automatic slide door)，即滑动门，正常运行时乘客上下车的通道。

(5) PEDC(platform edge door control)，即屏蔽门主控制器。

(6) PSL(psd local control panel)，即站台操作盘，用于实现站台级控制。

(7) DCU(door control unit)，即门控单元，安装于门机内，进行门单元运动控制，并反馈控制状态给 PEDC。

2. 屏蔽门系统的组成

屏蔽门系统是机电一体化系统。该系统集成了现代计算机控制技术、网络技术、UPS 电源技术、钢化玻璃技术、精密机械技术等。屏蔽门系统一般由支撑结构、门槛、滑动门、固定门、应急门与端门、顶箱等组成。

(1) 支撑结构。支撑结构包括（上、下底部）支撑部件、门梁、立柱、顶部伸缩装置等构件，能承受屏蔽门的垂直荷载、隧道通风系统产生的风压、列车运行时形成的正负水平风压荷载、乘客挤压荷载等。

(2) 门槛。门槛包括固定门门槛和滑动门门槛。固定门门槛承受固定门的垂直荷载，滑动门门槛承受乘客荷载。门槛结构中有滑动导槽，配合滑动门滑动。

(3) 滑动门。滑动门是正常运行时乘客上下列车的通道，由钢化玻璃、门框、门吊挂连接板、门导滑板、门胶条、手动解锁装置等组成。门吊挂连接板设有滑动炭刷架，使金属门框通过钢轨接地。

(4) 固定门。固定门由钢化玻璃、门框等组成。门框插挂于立柱的方孔内，门框与立柱之间设有橡胶减震垫。

(5) 应急门与端门。应急门与端门由钢化玻璃、门框、闭门器、推杆锁等组成。

(6) 顶箱。顶箱包括铝合金型材（用于安装门机部件）、门楣、前后盖板、电缆线槽、密封胶等。

3. 屏蔽门系统的功能

屏蔽门系统是安装于城市轨道交通沿线车站站台边缘，用以提高运营安全系数、改善乘客候车环境、节约运营成本的一套机电一体化的机电设备系统。地铁屏蔽门如图 8-12 所示。

图 8-12　地铁屏蔽门

屏蔽门系统作为站台公共区与轨道列车之间的可控通道，其功能是列车进站时配合列车车门打开或关闭滑动门，为乘客提供上下列车的通道。屏蔽门系统的使用，隔断了站台侧公共区空间与轨道侧空间，从而解决了人员跌落轨道的安全隐患及驾驶员驾车进站时的心理恐慌问题；隔离了列车运行时所产生的噪声、活塞风，保证了站内乘客良好的候车环境；避免了活塞风造成的站内空调冷量的损失，节省了运营成本；同时减少了设备容量及数量，减少了土建工程量等投资建设成本，产生了良好的社会效益和经济效益。

4. 屏蔽门系统的控制模式

屏蔽门系统的控制模式有系统级、站台级、人工操作（或称手动操作）三种正常控制模式和火灾控制模式。

（1）系统级控制模式。系统级控制模式即执行信号系统命令的控制模式。

（2）站台级控制模式。站台级控制模式即执行站台操作盘发出命令的控制模式。

（3）手动操作模式。手动操作模式即站台工作人员在站台侧用专用钥匙解锁或由乘客在轨道侧推动解锁装置打开滑动门。

（4）火灾控制模式。火灾控制模式即在相应的火灾模式下，车站值班人员能在车站控制室操作消防联动盘的屏蔽门紧急控制开关，配合打开滑动门，疏散乘客和配合环控系统排烟。

上述模式的控制优先权从高到低依次为人工操作（或称手动操作）模式、火灾控制模式、站台级控制模式、系统级控制模式。

5. 屏蔽门系统的使用与控制

屏蔽门系统具有障碍物检测功能，当滑动门关闭、检测到障碍物时会后退做短暂停止以释放夹到的障碍物,然后再关闭,从而避免夹伤乘客。

屏蔽门系统与车站机电设备监控系统(electrical and mechanical control system,EMCS)或主控系统(main control system,MCS)之间设有通信接口,用于传送屏蔽门系统的运行状态、故障诊断信息,便于车站控制室人员、维修人员监视屏蔽门状态。

在车控室设有屏蔽门系统监控器(PSA),车站工作人员、屏蔽门维修人员可在 PSA 上监控屏蔽门系统的运行状态,查看、下载屏蔽门系统的运行历史记录,修改、下载屏蔽门系统的控制程序、参数等。

屏蔽门系统在站台设有应急门、端门。应急门一般当作固定门使用,当列车进站无法停靠在允许的误差范围位置时,必有一道列车门对准应急门,此时若需要由应急门紧急疏散,可由乘客在轨道侧列车上打开相对应的列车门,然后推动应急门的解锁装置,或由站台工作人员在站台侧用专用钥匙打开应急门,进行紧急疏散。应急门在使用后必须确保关闭与锁紧。端门是车站工作人员通道,可在轨道侧推动端的推杆锁的解锁装置或由站台工作人员在站台侧用专用钥匙打开。

8.3 其他机电系统

一、环境控制系统

城市轨道交通内部空气环境控制系统简称环控系统(environment control system,ECS),也称通风空调系统,是指在车站站厅、站台、隧道、设备及管理用房等处进行空气处理的系统。位于地面及高架的轨道交通线路,其环控问题比较容易解决;而位于地下的轨道交通线路除了各车站出入口和通风道口与大气相通以外,可以认为基本上是与大气隔绝的,只有提供人工气候环境才能满足乘客的要求。因此,城市轨道交通环控系统主要是针对地下线路的环控问题而实施的。

1. 环控系统的功能

环控系统是城市轨道交通工程的一个重要组成部分。环控系统的主要作用是对地下车站的温度、湿度、空气等进行处理,在正常运行期间可以为地铁乘客提供一个舒适良好的乘车环境,为工作人员提供安全、卫生、舒适的工作条件,为车站各种设备和管理用房提供满足要求的环境条件,为列车及设备的运行提供良好的条件。当地铁内发生火灾、毒气事故时,环控系统能提供新鲜空气,及时排除有害气体,为人员撤离事故现场创造条件。因此环控系统必须具备以下三个方面的功能。

(1)当列车正常运行时,应保证地铁内部的空气温度、空气湿度、气流速度和空气质量等空气环境因素均满足人员生理要求和设备正常运转需要。

(2)当列车阻塞在隧道内时,应能对阻塞处进行有效通风,确保隧道内空气流通。

(3)当列车在隧道或车站内发生火灾事故时,应具备防灾排烟、通风功能。

2. 环控系统的组成

环控系统采用通风或空调系统进行控制,优先采用通风系统方式。环控系统按控制区域划分,由隧道通风系统(含防排烟系统)和车站通风空调系统(含防排烟系统)两大部分组成。隧道通风系统又分为区间隧道通风系统和车站隧道通风系统。车站通风空调系统又分为车站公共区通风空调系统(含防排烟系统,简称大系统)、设备管理用房通风空调系统(含防排烟系统,简称小系统)和空调水系统。

3. 环控系统的控制

环控系统的控制分为中央级、车站级和就地级三级控制。在中央级、车站级和就地级三级控制中,就地级控制具有优先权。

1) 中央级控制

中央级控制装置设在控制中心,配置有中央级工作站、全线隧道通风系统及车站环控系统中央模拟显示屏。控制中心工作站可对隧道通风系统进行监控,执行隧道通风系统预定的运行模式,向车站下达大、小系统和水系统的各种运行模式指令。

2) 车站级控制

车站级控制装置设在各站车控室,配置车站级工作站和紧急控制盘,在正常情况下,可监视本站的隧道通风系统、空调大系统、空调小系统及水系统,向中央级控制上传本站设备信息,并执行中央级控制下达的各项运行指令。在中央级控制工作站的授权下,车站级工作站可作为本车站的消防指挥中心,当车站级工作站出现故障时,紧急控制盘可以执行中央级工作站下达的所有防灾模式指令。

3) 就地级控制

就地级控制装置设置在各车站的环控电控室,具有对单台环控设备进行就地控制的功能,便于各种设备的调试、检查和维修。单台环控设备同时设有就地控制箱。

4. 环控系统的运行模式

环控系统的运行模式包括正常运行模式、列车阻塞模式和紧急情况运行模式。正常运行模式是一种占主导地位的运行方式;列车阻塞模式是指在阻塞期间,通风维持列车空调装置连续运转的模式;紧急情况运行模式是指发生火灾时,开启通风设施,为乘客提供安全通道的模式。

二、消防系统

城市轨道交通车站大部分属于地下车站,车站设备区内设置了大量机电设备,且车站公共区空间狭小、人流密集,因此消防系统在城市轨道交通车站设备中占有重要的地位。消防系统对提前发现火灾并进行预警,启动相关设备实施火灾模式运转,及时疏散车站乘客,确保乘客人身安全具有重要意义。

城市轨道交通车站涉及消防的系统有火灾自动报警系统、消防灭火系统、环境与设备监控系统和排烟系统等。下面介绍火灾自动报警系统和消防灭火系统。

1. 火灾自动报警系统

火灾自动报警系统(FAS)是城市轨道交通系统中,为了尽早探测到火灾的发生并发出火灾警报,启动有关防火、灭火装置,而在车站与区间设置的一种自动消防设施。为保证乘客的安全、轨道交通的正常运营及保护全线所有建筑物,每个轨道交通线路都应配备具备火灾自动监测及自动报警功能的火灾自动报警系统,同时具有应对火灾状况所必要的防火、灭火手段和措施。

1) FAS 系统的组成

FAS 系统由火灾报警控制器、火灾探测器、手动报警按钮和声光报警器等组成。

①火灾报警控制器。火灾报警控制器是火灾报警系统的核心组成部分。火灾报警控制器的主要功能有：为火灾探测器提供稳定的工作电源，监视探测器及系统自身的工作状态，接受、转换、处理火灾探测器输出的报警信号，进行声光报警，指示报警的具体部位及时间，执行相应辅助控制等任务。

②火灾探测器。火灾探测器是能对火灾参数（如烟雾、温度、火焰辐射和气体浓度等）响应，并自动产生火灾报警信号的器件。火灾探测器一般有感温火灾探测器、感烟火灾探测器、感光火灾探测器、可燃气体探测器和复合式火灾探测器五种基本类型。

③手动报警按钮。手动报警按钮是以手动方式产生火灾报警信号、启动火灾自动报警系统的器件。

④声光报警器。声光报警器是在火灾自动报警系统中，用以发出区别于环境声、光的火灾警报信号的装置，如警铃、警笛、声光报警器等。火灾报警装置以声、光音响方式向报警区域发出火灾警报信号，以警示人们采取安全疏散、灭火救灾措施。

2）FAS系统的功能

FAS系统由设置在控制中心的中央监控管理级、车站（车站与车辆段）监控管理级、现场控制级，以及相关网络和通信接口等环节组成。系统功能可分为中央级、车站级和现场级三个层次的功能。

①中央级功能。中央级功能主要是实现城市轨道交通全线各车站、区间隧道、控制中心大楼、车辆段和主变电所等下属所有区域范围内火灾的监视、报警、控制及其他系统的消防联动，在火灾发生时承担全线灭火指挥任务。

②车站级功能。车站级功能主要是实现车站及相邻半个区间隧道范围内火灾的监视、报警、控制，以及其他系统的消防联动。车站级火灾报警控制器随时监控和接收各探测点的报警信号，可发出声光报警信号，并能自动或手动执行对有关消防设施的联动控制。模拟图形显示终端按照车站建筑平面分级、分区显示本站消防系统的详细信息，并能够实时打印、输出各种有关数据报告。闭路电视监控系统在车站站台、站厅等公共场所安装有全方位的监视器，实时收集站内的视频信息，并反映到值班室的监控器上，由值班人员进行监控和处理。

③现场级功能。现场级功能主要是指火灾监控与报警设备的具体功能，如火灾探测器用于对站内设备用房、站厅、站台旅客公共区等进行火灾自动探测。手动报警器安装于站内旅客公共区、设备用房区域及地铁车厢内，以便现场人员及时通报火灾。另外，为便于紧急报警，在车站公共区及设备用房区域设置的消火栓箱上，以及区间隧道和站内轨道外侧设置的消火栓箱上配置有紧急电话插孔。

3）FAS系统的主要设备

FAS系统的三级功能分别配有相应的设备，以实现其功能。

①中央级设备。中央级设备位于OCC，配置有两台用于监控全线FAS系统的图形控制计算机和一台火灾报警控制主机。图形控制计算机根据不同级别的登录密码，分为主图形控制计算机和备用图形控制计算机。FAS系统中央级设备接收并储存全线消防设备主要运行状态，接收全线车站、车辆段、主变电所等的火灾报警信息并显示报警部位。

当发生火灾时，图形控制计算机显示屏能自动弹出火灾报警区域的平面图，显示火灾报警信息，并发出声光报警信号。通过闭路电视系统切换装置和显示终端确认火灾灾情，或者通过有线或无线调度电话确认火灾灾情。根据火灾发生的实际情况,手动选择预定的火灾模式,向车站级控制室发出火灾模式指令和安全疏散命令,指挥救灾工作的开展。

②车站级设备。车站 FAS 系统主要由 FAS 火灾报警控制盘、图形监视计算机和 FAS 联动控制盘组成。这些设备都集中在车站控制室,用于监视车站消防设备的运行状态,接收车站火灾报警信号,并显示报警区域,优先接收控制中心发出的消防救灾指令和安全疏散命令。通过车站的火灾报警控制盘上的数据接口或消防联动控制盘上的手动控制按钮,向 BAS 系统发出模式指令并由该系统启动消防联动设备。

③现场级设备。现场级设备主要包括火灾探测器和手动报警按钮等。

2. 消防灭火系统

消防灭火系统有气体灭火系统和自动喷水灭火系统。

1) 气体灭火系统

气体灭火系统布置在重要的设备房间,如高低压室、通信设备室、环控电控室、信号设备室等,能实现火警信号采集、系统信息处理、声光报警控制、信息报告、相关环控设备联动控制和气体释放全过程自动控制。

目前应用于城市轨道交通项目的自动气体灭火系统主要有二氧化碳灭火系统、七氟丙烷灭火系统、烟烙尽(IG541)灭火系统。

2) 自动喷水灭火系统

自动喷水灭火系统有两个基本功能:一是在火灾发生后自动喷水灭火,二是能发出警报。按喷头开闭形式的不同,自动喷水灭火系统可分为闭式自动喷水灭火系统和开式自动喷水灭火系统。每种自动喷水灭火系统适用于不同的范围。

三、给排水系统

给排水系统是保障城市轨道交通正常和安全运营所必不可少的一个重要组成部分。给排水系统由给水系统和排水系统两部分组成。

1. 给水系统

给水系统的主要功能是满足车站生产、生活用水和消防用水对水量、水质和水压的要求。给水系统包括生活给水系统、生产给水系统和消防给水系统。

1) 生活用水

生活用水主要指城市轨道交通不同类型建筑物中的饮用、烹饪、洗浴、浇灌等生活用水。除水量、水压应满足需要外,饮用水水质必须符合国家生活饮用水的水质标准。

2) 生产用水

生产用水主要包括车站冲洗用水、车站设备用房用水和空调系统补充水等。

3) 消防用水

消防用水主要指消防系统设备(如消火栓)等的用水。消防用水对水质要求不高,但必须保证足够的水量和水压。

车站给水系统采用城市自来水作为供水水源,在车站两端的风亭处,分别用两条进水管将城市自来水引进车站,管径为 DN150～DN200,与城市自来水的接管点处的水压要求不低于 0.2 MPa。每条进水管水表前设置室外消火栓和水泵结合器,在引入管上加设电动和手动蝶阀。手动蝶阀平时开启,电动蝶阀平时一开一闭并定期轮换供水,发生火灾时全部打开。

对城市轨道交通地下车站而言，水压一般应能满足生产、生活给水系统水压要求，采用市政给水直接供水给水方式。高架车站一般采用设水泵、贮水池和水箱的给水方式。

2. 排水系统

排水系统的主要功能是及时排除厕所、盥洗室、茶水间冲洗水等生活污水，生产、消防等产生的废水，敞开式出入口和风亭部分的雨水及隧道结构渗漏水，以满足城市轨道交通安全运营的需要。排水系统包括污水排水系统、废水排水系统、区间隧道排水系统和雨水排水系统。

1）污水排水系统

污水排水系统是用排水管道将车站内的厕所、盥洗室、茶水间冲洗水等生活污水汇集到集水井，经潜水泵提升到压力井消能，再经地面化粪池简单处理后，排入城市污水管网。废水排水系统用排水管道或排水沟将车站内的生产废水、消防废水、结构渗漏水汇集到集水井，经潜水系提升到压力井消能后排入城市污水管网。

2）废水排水系统

废水包括消防废水，站厅、站台地面冲洗废水，环控机房和各类排水泵房洗涤池排水，事故排水，结构渗漏水等。

3）区间隧道排水

区间隧道内主要有结构渗漏水、消防废水、冲洗废水等。区间隧道设置有独立的排水系统，其泵房设在区间隧道的最低处，明挖隧道的废水泵房设在隧道外侧或联络通道内，盾构隧道则利用联络通道作为废水泵房。压力井内进出水管道要求与污水系统一样。当区间隧道主排水泵站所担负的区间长度超过规定，而排水量又较大时，可设辅助排水泵站。

4）雨水排水系统

雨水排水系统设置在隧道洞口、车站露天出入口及敞开式风亭处，当雨水不能自流排除时，宜单独设置排水泵房，雨水经潜水泵提升至压力井后再排入市政雨水管道系统。

四、车站低压配电及照明系统

车站低压配电系统为车站站台、站厅和设备用房的机电设备、售检票设备及通信、信号系统等设备提供电源。车站照明系统为车站站台、站厅、设备及管理用房、通道及区间等提供照明。由于城市轨道交通车站，尤其是地铁车站大部分位于地下，故其照明系统显得尤为重要。

1. 低压配电系统

车站低压配电系统采用 380V 三相五线制、220V 单相三线制方式供电。

1）车站低压配电系统负荷等级划分

根据用电设备的不同用途和重要性，城市轨道交通车站用电负荷分为三级。

①一级负荷。一级负荷包括应急照明，变电所操作电源，火灾自动报警系统设备，消防系统设备，消防电梯，地下站厅、站台照明，地下区间照明，排烟系统用风机及电动阀门，通信系统设备，信号系统设备，电力监控系统设备，环境与设备监控系统设备，自动售检票系统设备，兼作疏散用的自动扶梯，屏蔽门，防护门，防淹门，排雨泵，车站排水泵等。其中应急照明、变电所操作电源、火灾自动报警系统设备、通信系统设备和信号系统设备为特别重要负荷。

②二级负荷。二级负荷包括地上站厅、站台照明设备，附属房间照明设备，普通风机，排污泵，电梯，自动扶梯等。

③三级负荷。三级负荷包括空调制冷及水系统设备、锅炉设备、广告照明设备、清洁设备、电热设备等。

2) 车站低压配电系统配电方案

车站低压配电系统主要有车站降压所直接供配电和环控电控室供配电两种方案。

①车站降压所直接供配电。

a. 对一级负荷供配电。对降压所直接供配电的一级负荷设备(如通信系统设备、信号系统设备、车站排水泵等),系统由降压所低压柜两段母线各馈出一路电源至设备附近的电源切换箱,经电源切换箱实现双电源末端切换后再馈出给设备,两路电源正常时,一路工作,一路备用,并可互做备用。

b. 对二级负荷供配电。对降压所直接供配电的二级负荷设备(如自动扶梯、工作人员电梯、排污泵、集水泵等),系统由降压所低压柜其中一段母线馈出一路电源至设备附近的电源配电箱后再馈出给设备,当该段母线失压后,母线分段断路器(母联断路器)自动合闸,可由另一段母线继续供电。

c. 对三级负荷供配电。对降压所直接供配电的三级负荷设备(如环控三类负荷:活塞式冷水机组、离心式冷水机组、空调机、空调新风机等),系统由降压所低压柜其中一段母线馈出一路电源至设备附近的电源配电箱后再馈出给设备,当降压所低压柜任一段母线失压或发生故障时,均联跳中断所有三级负荷设备供电。

②环控电控室供配电。

a. 对一、二级负荷供配电。对环控电控室直接供配电的环控一、二类负荷设备(如区间隧道风机、送排风机、回排风机、防火阀、风阀、环控配电箱等),系统采用单母线断路器分段接线形式供电,并设有电源自动切换装置,通过母联断路器(联结两段母线)的备用电源自动投切装置,实现两路电源互备供电。

b. 对三级负荷供配电。对环控电控室供配电(直接或间接)的环控三类负荷设备(如电动蝶阀、冷却水泵等),系统采用单母线接线形式供电,当该母线失压或发生故障时,中断供电;当电网只有一路电源供电时,也联跳中断供电。

3) 车站低压配电系统控制位置及控制方式

①对通信、信号、站控室、废水泵、电梯、自动扶梯等由降压所直接供配电的各系统设备,低压配电系统提供电源至各设备附近的配电箱或电源切换箱,工作人员可在降压所或设备附近的配电箱或电源切换箱上对各设备做电源通断或切换操作控制。

②对冷水机组、FAS 系统相关设备(如风阀、防火阀、防火卷帘门、挡烟垂幕、气体灭火系统等)及 FAS 系统、BAS 系统等由环控电控室直接供配电的设备,低压配电系统提供电源至各设备附近的配电箱或电源切换箱,工作人员可在环控电控室或设备附近的配电箱或电源切换箱上对该设备做电源通断或切换操作控制。

③对环控电控室直接控制的环控设备(如空调机、风机等)采用三地控制方式,即就地控制(设备附近)、环控电控室控制及站控室控制(通过 BAS 系统控制)。

④自动扶梯正常时由现场控制,事故状态下可在站控室内按动应急停机按钮,使所有自动扶梯停止运行。

2. 车站照明系统

车站照明系统采用 380 V 三相五线制,220 V 单相三线制方式供电。

1) 车站照明系统的分类

①按区域分类。城市轨道交通车站照明系统按区域可分为出入口照明、公共区域照明、办公及管理区域照明、设备房照明、区间隧道照明和电缆廊道照明。

②按照明场所分类。城市轨道交通车站按照明场所可分为一般照明、分区一般照明、局部照明和混合照明。

a. 一般照明。一般照明是为照亮整个场所而设置的均匀照明。

b. 分区一般照明。分区一般照明是针对某一特定区域,如进行工作的地点,设计成不同的照度来照亮该区域的一般照明。

c. 局部照明。局部照明是用于特定视觉工作的,为照亮某个局部而设置的照明。

d. 混合照明。混合照明是由一般照明和局部照明组成的照明。

③按工作场所分类。城市轨道交通车站照明系统按工作场所可分为正常照明、应急照明、值班照明和过渡照明。

a. 正常照明。正常照明是在正常情况下使用的室内外照明。

b. 应急照明。应急照明是因正常照明的电源失效而启用的照明。应急照明包括疏散照明、备用照明和安全照明。疏散照明作为应急照明的一部分,用于确保疏散通道被有效地辨认和使用;备用照明作为应急照明的一部分,用于确保正常活动的进行;安全照明是在正常电源发生故障时,为确保处于潜在危险中人员的安全而设置的应急照明。

c. 值班照明。值班照明是在非工作时间,为值班所设置的照明。

d. 过渡照明。过渡照明是为减少建筑物内部构筑物与外界过大的亮度差而设置的,亮度可逐次变化的照明。

2) 车站照明系统的配置

(1) 控制中心的控制台、屏前区,车站站厅的自动售票、自动检票及一般通行区等同一场所内的不同区域有不同照度要求时,应采用分区一般照明。

(2) 在一个工作场所内有局部照明要求时,应设局部照明。

(3) 对于照度要求较高,且单独设置一般照明不合理的场所,宜采用混合照明。

(4) 非 24 h 连续运营的地下铁道的公共场所,如站台、站厅、通道、楼梯等,应设值班照明。应从正常照明中分出一部分作为值班照明,并单独控制。

(5) 行车值班室、控制室、通信信号机房、计算机房、售票室等需保证正常活动继续进行和视看的重要房间和部位,应设备用照明。

(6) 车站出入口、双层地面站及高架车站昼间站台到站厅楼梯处应考虑过渡照明。过渡照明宜优先利用自然光过渡,当自然光过渡不能满足要求时,应增加人工照明过渡。

(7) 在地下铁道车站站台、站厅、通道及通道转弯处附近、出入口等处,应设疏散照明。疏散照明由出口标志灯、指向标志灯、疏散照明灯等组成。

(8) 在地下铁道站站台、站厅的出口,车站出口及其他通向站外的应急出口处,均应设置出口标志灯。出口标志灯的安装高度应为 2.2~2.5 m。

(9) 在地下铁道车站站台、站厅、楼梯、通道及通道转弯处附近,当不能直接看见或不能看清出口标志灯时,应根据需要设置指向标志灯,安装间距不应大于 20 m。

(10) 站台板下及变电所夹层一般作为电缆廊道,其照明一般采用 36 V 安全电压,照明变压器分别设在两端配电室内。

3）车站照明系统的控制

车站照明系统的控制可分为就地级控制、照明配电室集中控制和站控室集中控制三级控制。

（1）就地级控制。各设备及管理用房进门处设有就地开关箱（盒），可控制相应设备及管理用房的一般照明。区间隧道一般照明可设于隧道两端入口处的区间隧道，受一般照明配电箱的控制。

（2）照明配电室集中控制。照明配电室内设有相应照明场所的照明配电箱，可在室内集中控制相应场所的一般照明、应急照明及广告照明。

正常情况下，配电箱所有开关均应全部合上，以便通过就地级控制和站控室集中控制方式进行相应场所的照明控制。

（3）站控室集中控制。站控室内设有照明控制柜，通过柜面上的转换开关和按钮，可实现对站台、站厅公共区的一般照明、广告照明的手动/自动控制转换（手动控制是指通过照明控制柜上的按钮或照明配电室照明配电箱上的按钮开关实现控制，自动控制是指通过机电设备监控系统实现控制）和人工控制及区间隧道一般照明手动控制。

五、站内客运设备

电梯是城市轨道交通站台、站厅、地面间运送客流的主要设备，其中无障碍电梯可方便出行有困难的乘客乘坐轨道交通，享受轨道交通带来的便捷。

1. 站内客运设备的分类

城市轨道交通车站的客运设备有垂直电梯、自动扶梯和楼梯升降机三种，如图 8-13 所示。

图 8-13　站内客运设备

1）垂直电梯

垂直电梯是一种在垂直方向上输送旅客的运输工具，是服务于规定楼层的固定式升降设备，它具有一个轿厢，运行在至少两列垂直的或倾斜角小于 15°的刚性导轨之间，轿厢尺寸与结构形式便于乘客出入。垂直电梯一般采用曳引电梯和液压电梯两种。

2）自动扶梯

自动扶梯是在倾斜方向上大量输送旅客的连续运输工具，对及时疏散客流起着至关重要的作用。它具有输送能力大、效率高等优点。当停电或停车时，自动扶梯还可作为普通扶梯使用。

3）楼梯升降机

楼梯升降机是一种安装在城市轨道交通车站出入口或站台至站厅的设备，属于车站无障碍设施的一部分，为乘坐轮椅的残疾人提供进出站服务。楼梯升降机是一种较新颖的设备,属于电梯的一个分支。

2. 站内客运设备的配置

站内客运设备的配置应符合的相关要求如下。

(1) 站台至站厅间根据车站远期客流量配备垂直电梯,上、下行自动扶梯。

(2) 出入口及过街隧道根据人流量设置上、下行或上行自动扶梯。

(3) 当提升高度达到6 m以上时,设上、下行自动扶梯以保证人流疏散和服务质量。

(4) 为保证残障乘客的正常出行,车站内应设置无障碍电梯、楼梯升降机,以满足特殊人群的需要。在车站站台到站厅和地面到站厅步行楼梯一侧设轮椅平台,提供给坐轮椅的乘客上下楼梯使用,弥补车站现有垂直电梯不能到达地面的不足。

六、环境与设备监控系统

城市轨道交通沿线车站作为一种特殊类型的智能建筑,其内部安装设置的各类机电设备为轨道交通营造舒适的运营环境提供了保证。城市轨道交通车站环境与设备监控系统通过先进的检测与计算机控制技术,对车站内的各类机电设备进行全面、有效的自动监控,确保乘客的安全舒适和设备的正常运行。因此,环境与设备监控系统在很多场合也被称为机电设备监控系统。

《地铁设计规范》(GB 50157—2013)中将环境与设备监控系统定义为对地铁建筑物内的环境与空气调节、通风、给排水、照明、乘客导向、自动扶梯及电梯、站台门、防淹门等建筑设备和系统进行集中监视、控制和管理的系统,其英文仍采用building automation system,简称BAS。BAS系统的控制范围如图8-14所示。广州地铁采用的环境与设备监控系统的名称为electrical and mechanical control system,简称EMCS;深圳地铁采用的环境与设备监

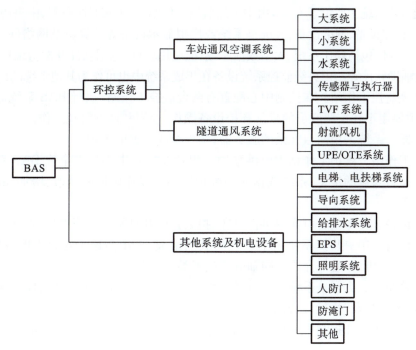

图8-14 BAS系统的控制范围

控系统的名称为 equipment monitoring control system，简称 EMCS。

1. BAS 系统所控设备分布特点

车站两端是环控系统设备的集中安装地，如风机房、冷水机房等，而其他设备除电梯、排水设备、站厅和站台的空气参数传感器等分布不规律外，基本上都集中在车站两端的不同位置。

2. BAS 系统的组成

城市轨道交通 BAS 系统由设置在控制中心的中央级监控系统、设置在各个车站车控室的车站级监控系统及就地级监控系统组成，如图 8-15 所示。

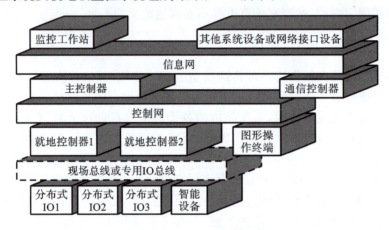

图 8-15　BAS 系统的组成

1）中央级监控系统

中央级监控系统主要位于 OCC，由中央级监控工作站、中央实时服务器、中央历史服务器、维护工作站、打印设备、网络设备、大屏幕系统或模拟显示设备等计算机及网络硬件和不间断电源等构成。软件包括操作系统、大型数据库、系统应用软件、应用软件开发与维护平台、网管软件及其他辅助软件等。中央级监控系统设备在集成系统中也可作为其他系统的设备使用。

①中央级监控工作站。在控制中心配置有两台监控工作站，执行 BAS 系统监控和数据采集功能，主要用于环控调度员的日常环控设备操作、监视和调度管理工作。

②服务器。系统采用两台冗余的服务器，实现全线数据的管理。

③维护工作站。维护工作站主要供维护工程师在控制中心从事全线 BAS 系统软件的维护、组态、运行参数的定义、系统数据库的维护及用户操作画面的修改、增加，故障的检查和资料查询等。

④打印设备。打印设备可实现事件打印、报表打印和日常维护管理打印功能。

⑤网络设备。中央监控系统由中央级局域网组成，采用高速工业以太网，网络冗余配置，采用 TCP/IP 协议，通信介质为同轴电缆或五类双绞线。

⑥大屏幕系统。大屏幕系统可与其他系统共用，用于显示全线各站被监控设备的工作状态，便于调度人员及时了解设备情况。

⑦不间断电源。在控制中心设置不间断电源，保证 BAS 系统供电电源的稳定可靠。

2）车站级监控系统

车站级监控系统建立在开放的、高可靠性的冗余交换以太网上，局域网上设有车站级监控工作站(车站服务器)、车站控制系统(主控 PLC)及综合后备控制盘(IBP)。系统设备还包括打印机、不间断电源和车站控制网等。车站局域网把车站的所有 BAS 设备连接起来,并通过城市轨道交通骨干网实现与中央级局域网的连接。

①车站级监控工作站。车站级监控工作站负责在正常及事故情况下对车站各系统设备的监视、管理、控制指令的发出。监控工作站接入冗余车站局域网,并通过城市轨道交通骨干网与中央级 BAS 监控工作站通信,接受并执行中央级 BAS 监控工作站发出的控制命令,并将设备运行状态信息上传到中央级监控工作站。同时车站监控工作站接收和处理由 BAS 控制器上传的设备运行状态和数据,并向 BAS 控制器下达对设备的控制指令。

②车站控制系统。车站控制系统采用硬件冗余的大型 PLC 产品,组成 BAS 系统控制网络,对设备进行监视、控制和管理。车站控制系统的主控站 PLC 接受来自中央监控站和车站监控站的控制命令、控制模式、设定值的更改和其他关联参数的修改信息,并通过连接在车站冗余控制网络上的就地控制器,实现对车站所属设备和区间隧道通风设备按照一定控制策略进行开停控制、联锁控制、模式控制、优化控制,以及设备运行状态、数据信息的采集和管理,并实时将这些状态信息送到车站服务器中。

③综合后备控制盘。综合后备控制盘设置在车站控制室,作为车站监控工作站的后备设备,可以对隧道通风系统,车站环控大系统和小系统设备进行监控,是在紧急情况下使用的按键式模拟监控盘。当发生火灾或列车阻塞,同时车站监控站或通信网络发生故障时,作为系统操作备用装置,由车站行车值班员按不同的事故区域和性质在 IBP 盘上启动对应的运行模式,向 BAS 控制器(PLC)发出相应的控制模式命令。

④打印机。打印机可实现本车站操作记录、事故记录、测量数据等事件打印,各类数据报表的定期打印及图表的输出打印。

⑤不间断电源。在车控室设不间断电源,保证 BAS 系统供电电源的稳定可靠。

⑥车站控制网。车站 PLC 控制器与就地 PLC 控制器及变频器之间采用开放式工业控制网络。该网络是一种高速确定性网络,通信速率为 10 Mbit/s,通信介质为特种电缆,用于有特殊要求应用场合的信息传输。为保证 BAS 系统数据和控制指令传输的可靠性,控制网络宜采用双冗余网络配置。

3) 就地级监控系统

根据机电设备的设置情况,在被控设备附近设置就地监控设备、就地控制器和传感器及执行机构。

①就地监控设备。在环控机房配置冗余 PLC,每台 PLC 配主、备 CPU 模块,电源模块,通信模块,以确保控制的可靠性,实现对车站、隧道通风系统和空调大、小系统设备的监视、控制及管理。

②就地控制器。配置 PLC 控制器,通过冗余接口连接车站冗余控制网络,并通过接口与 FAS 控制器、屏蔽门中央控制盘、冷水机组控制器、电扶梯、照明控制系统通信,实现对各种设备的运行控制和监视功能。

③传感器及执行机构。在城市轨道交通车站设置的传感器类型有室内温湿度传感器、风管式温湿度传感器、水管温度传感器、压差传感器、流量传感器、二通调节阀、旁通调节阀,用于采集环境控制所需的各类参数并进行相关控制调节。

3. BAS 系统的主要功能

BAS 系统通常由中央级、车站级、就地级三级构成,实现对环控、给排水、自动扶梯、低压供电、照明及屏蔽门等设备的监视和控制。

1) BAS 系统分级监控功能

①中央级功能。中央级监控工作站具有良好和灵活的人机界面。监控人员可监视全线各车站的通风、空调、给排水、电扶梯、照明、屏蔽门、防淹门等系统的运行状态及对相关设备进行控制。操作员站具备完善的报警功能,可将报警信息进行分类、筛选、重组织,建立一个报警系统。同时,在 FAS 系统发出报警信息后,各系统可启动火灾模式,进行联锁联动,组成全系统的安全体系。

中央级系统可对历史数据记录进行处理、分析和统计,具有统计、文件处理、归档及报表功能。

②车站级功能。车站级控制器可以监视车站各系统设备的运行状态和参数,具有 PID 调节控制功能、逻辑控制和模式控制功能。控制器根据环境参数对环控系统设备进行运行工况的转换,并进行最优化的控制,达到节能运行的目的。

③就地级功能。就地级控制器通过车站控制网与车站主控 PLC 通信,接受控制指令并对现场设备进行就地控制,同时将设备运行状态和参数传送到车站主控 PLC 上。

2) BAS 对各系统的监控内容

(1) 空调通风系统应具有以下监控功能。

①空调机组的启停控制;风机状态显示;过载报警;过滤网状态显示及报警;就地/遥控指示;新、送、混、回风温度及湿度检测;空调机冷冻水流量调节;对变速风机进行变风量控制;接收 FAS 系统的指令,对风机联动控制;风机、风阀、调节阀之间的联锁控制及风阀的状态显示。

②隧道风机的启停控制;正反转控制;风机状态显示;过载报警;就地/遥控指示;接收 FAS 系统的指令,对隧道风机联动控制。

③送排风机的启停控制;风机状态显示;过载报警;送风温度、湿度检测;排风温度、湿度检测;就地/遥控指示;接收 FAS 系统的指令,对送排风机联动控制。

(2) 空调冷水系统应具有以下监控功能。

①冷水机组的启停控制,运行状态显示,过载报警,就地/遥控指示,冷冻水进出口温度、压力检测,冷却水进出口温度、压力检测,运行时间和启停次数记录。

②冷冻水系统的冷冻水泵启停控制及状态显示,冷冻水泵过载报警,水路电动阀开启、关断控制及状态显示,冷冻水旁通阀门压差控制,冷冻水泵、电动蝶阀就地/遥控显示,水流量测量及冷量记录,分水、集水温度及流量测量。

③冷却水系统的冷却水泵启停控制及状态显示,冷却塔风机启停控制及状态显示,冷却水泵、冷却塔风机过载报警,水路电动阀开启、关断控制及状态显示,冷却水泵、电动蝶阀就地/遥控显示。

④制冷系统的控制系统应预留数据通信接口,以获取冷水机组和水系统的有关参数。

(3) 对正常照明系统应能定时和实时控制其开/关状态,并接收其运行的反馈信号。

(4) 对给排水系统应具有水泵启停控制,水泵运行状态显示,水泵故障报警,水位显示及危险水位报警,水泵运行时间统计,主、备泵运行切换控制,车站用水量记录等监控功能。

(5) 对防淹门系统,应显示防淹门的开/关状态,能接收防淹门的故障报警信号,并将报警信号送达 BAS 系统。

(6) 对自动扶梯,BAS 应对其进行控制,并具有运行状态显示和故障报警功能。

（7）对屏蔽门系统，BAS 应具有运行状态显示和故障报警功能。在火灾等紧急情况下，应能手动进行控制。

4．BAS 系统的运行模式

BAS 系统主要有以下几种运行模式。

1）正常模式

正常模式是行车按计划进行、各系统正常运行、主要设备正常运行时的工作模式。在正常模式下，BAS 系统主要按照时间表的编排，对各种机电设备进行常规控制。

2）灾害模式

灾害模式是在发生火灾、水灾或其他重大灾害事件情况下的工作模式，其中，按灾害事件发生的位置又分为区间灾害和车站灾害两种。当火灾报警控制器的报警信号被确认时，火灾报警控制器将火灾的位置及联动控制指令发送到 BAS，令 BAS 进入火灾控制模式。此时，BAS 按照火灾报警控制器的模式控制指令，强制执行预先编排的控制预案，调用相应模式的控制程序，或按照人工操作指令执行相应的动作，配合车站和区间的防排烟控制和人员疏散。

3）阻塞模式

阻塞模式是列车在区间或车站运行受阻，导致无法按计划行车时的工作模式。相关的车站 BAS 设备接收来自中央控制室防灾指挥中心的阻塞模式控制命令，转入阻塞工作模式。在阻塞模式下，BAS 按照接收到的列车阻塞位置及区间、车站的人员情况，执行预先编排的控制预案，配合进行车站和区间的通风控制与人员疏散。

七、其他设备

城市轨道交通车站的设备还包括门禁系统、防淹门系统等。

1）门禁系统

为建设高度现代化的城市轨道交通管理系统，各大城市在修建城市轨道交通时都设置了门禁系统。通过设置门禁点，可有效控制相关区域房门或门锁具的开闭，保证被授权人员正常通行，限制未授权人员进入，对强行闯入行为予以报警，分类记录和管理出入人员、出入区域和出入时间等信息。

城市轨道交通点多线长，其门禁系统属于大型联网门禁系统，具有控制点数多、数据通信量大、数据传输距离远、联动设备多、安全性能要求高等特点。设置门禁系统既提高了城市轨道交通的安全防范管理水平，又提高了其运营管理水平。

2）防淹门系统

城市轨道交通在以地下线路穿越河流或湖泊等水域时，应考虑在出水域的隧道两端的适当位置设置防淹门，防止洪水进入隧道和车站，以免造成大范围的人员伤亡和财产损失，有效保护地下设备和人身的安全。

思考与练习

（1）闸机有哪几种？各有什么作用？闸机有哪些功能模式？

（2）TVM 有什么功能？

（3）BOM有哪些功能？
（4）屏蔽门系统有哪几种正常控制模式？
（5）组成屏蔽门系统的设备有哪些？
（6）什么是一级负荷、二级负荷、三级负荷？地铁设备中哪些属于一级负荷？哪些属于二级负荷？哪些属于三级负荷？

模块 9　城市轨道交通运营管理

学习目标

(1) 了解城市轨道交通客运组织工作。
(2) 熟悉城市轨道交通行车组织工作。
(3) 掌握城市轨道交通的安全管理。

扫码看视频

9.1 城市轨道交通客运组织工作

一、车站客运工作概述

车站是城市轨道交通系统非常重要的组成部分,其工作直接面对乘客。车站能否为乘客营造安全、便利、舒适、文明的乘车环境,是反映轨道交通运营管理水平的重要标志。

车站人员的岗位设置通常有站长、值班站长、客运值班员、行车值班员、售票员、站台服务员、车站保安员和车站勤杂员等。其中,站长负责车站的全面工作(包括行车工作和客运工作),值站长协助站长做好车站的各项工作,行车值班员主要负责车站行车工作,其他人员的工作性质则属于车站客运工作的范畴。

车站客运工作根据乘客的性质可以分为发送作业和到达作业两种。为在车站乘车的乘客所提供服务的各项作业统称为发送作业,其内容主要包括引导、售票、进站检票和站台候车服务等;为在车站下车的乘客所提供的各项服务作业统称为到达作业,其内容主要有下车站台服务、出站验票、疏导出站等。

车站客运工作根据其工作性质又可分为站务工作和票务工作两大类,两者都是车站客运工作的基础,无论哪项工作做得不好,都将给乘客留下不可挽回的负面印象。同时,站务工作和票务工作之间既有明确的分工,又有紧密的联系。因此,车站工作人员除了要掌握有关工作业务外,还要有全心全意为乘客服务的思想。

二、公司级客运部门的工作内容

公司级客运部门的工作内容主要包括以下几个方面:
(1) 完成客流调查、预测等基础资料的准备工作。
(2) 编制、下达和执行年度客运计划、季度计划和月计划。
(3) 制定、修改客运组织的有关规章制度、车站客运管理办法。
(4) 制订车票印制计划。
(5) 制订列车开行计划,审批加开列车计划。
(6) 组织协调各车站完成客运计划。

三、站务工作

站务工作主要是直接为乘客服务,其工作内容涉及面很广,包括安全、卫生、问讯、引导等诸多方面。站务工作的好坏将直接影响行业形象,因此,对站务工作有以下几点基本要求。

1. 设备完好

车站设有各种各样的设备,保持这些设备状态完好是车站站务工作必不可少的基本内容。设备的完好意味着车站运输工作的安全性有了基本保证,同时乘客在车站应得到的服务也有了硬件设施的保障。

2. 站容整洁

车站窗明几净,各种设施有序摆放,可以使乘客在车站上下车的过程中有宾至如归的感觉,从而使车站的服务质量得到提升。

3. 标志明确

为了满足运输管理和方便乘客进出车站的需要，一般都对轨道交通车站的站内布局按不同功能进行分割，设置多个方向的进出站口。为了保障乘客安全，帮助乘客在站内快捷、方便地按照自己的意愿进入有关功能区域或快速进出车站，车站应在醒目的地方设置简洁的警示标识、说明标识和导向标识。这样不但能够方便乘客乘车，确保乘客的安全，而且有利于快速疏导乘客，方便车站管理。

4. 文明礼貌

文明礼貌是车站客运工作者应具备的基本职业素养。车站客运工作人员不仅要做到接待乘客彬彬有礼，而且在口头用语和形体语言上要规范标准、训练有素。

5. 服务热情

主动热情、耐心细致是客运工作人员应该遵守的基本职业道德规范，这一基本道德规范是建立在全心全意为人民服务的思想基础上的。只有做好员工的思想工作，才能全面改善车站的服务质量，因此要使员工们懂得用心工作、待客真诚的道理。

6. 联劳协作

车站的各项工作虽然有分工，但各工种之间的联系很紧密。为了保证乘客在车站的乘车安全、方便、快捷、有序，车站员工应该加强联系、密切配合、协同工作。

7. 遵章守纪

严格执行规章制度、服从命令听指挥是轨道交通运输行业的基本要求，全体职工都应统一着装、佩戴标志，树立行业的良好形象。

8. 观察客流

观察客流的目的在于随时了解客流变化，并根据客流变化适时地调整工作方式，以便在客流高峰到来时能最大限度地为乘客提供良好的服务。同时，为了使轨道运输适应客流的变化，车站客运工作人员也有必要密切注意客流的动态变化，随时做好客流的调查和统计工作，为编制客运计划提供可靠的资料。

四、票务工作

城市轨道交通运营的主要收入是票务收入，票务工作主要涉及售票、检票、客票及票款的管理等工作。售票和检票工作都要面对乘客，具有很强的服务性；客票及票款的管理工作则属于行业内部的财务工作内容。

1. 售票

车票是乘客与车站办理的运输合同，售票是车站向乘客办理运输合同的一个过程，乘客应购票上车。为了减少乘客在购票时的排队等候时间，车站应加强售票组织工作，如多开售票窗口、派人维持售票秩序等。

售票方式有自动售票和人工售票两种方式。自动售票是利用自动售票机，通过乘客投币或刷卡向乘客售出车票，这种方式效率高，能自动收集客流信息，向乘客自动提供有关票务信息，便于全线联网进行客票及客流信息的管理。人工售票是由售票人员通过售票窗口向乘客出售车票，由于我国城市轨道交通采用自动售票方式的时间不久，有许多乘客还不适应，特别是老年人，在使用时还有一定的困难，因而人工售票方式是目前城市轨道运营所不可缺少的一种方式，这种方式要求售票人员能够熟练做到"一收、二唱、三操作、四找零"。

2. 检票

检票主要是检验乘客车票的有效性，以便维持正常的运输秩序。检票分为进站检票和出站检票。检票方式也有自动检票和人工检票两种方式，目前我国城市轨道交通均采用自动检票系统，自动检票的优点主要是准确、客流量大，还能自动统计客流。在特殊情况下采用人工检票方式时，检票人员应该礼貌待客并做到"一看，二检、三放行"，从而有序地组织乘客进出车站。

3. 客票及票款管理

客票属于有价票证，对于未出售的客票，要和票款一样由专人进行专项管理。在管理过程中要有完善的管理制度，其中包括保管余票及预留零钞的管理制度、客票及票款的交接与保管管理制度等，在大额度的客票和票款的移交过程中还要有相应的保安措施，有关人员必须严格按照相关制度办事，以保证客票和票款的安全。

4. 票价与票制

1) 票价

票价即票面价格，是乘客乘车购票时应支付的钱款数。票价的制定是一个复杂的过程，要经过多方的多次论证才能最终确定，一旦确定就不宜再变。如若再变也是当物价指数变化积累到一定程度时，通过再次论证来确定。

由于城市轨道交通系统是带有一定公益事业性质的公共交通系统，因此不能单纯考虑盈利而将票价定得过高。同时，票价的高低又直接影响客流量与系统的吸引力。因此，在制定城市轨道交通系统票价时应考虑以下因素：

①城市轨道交通系统的运营成本。
②城市其他交通方式的票价水平。
③城市经济发展水平与市民生活水平。
④政策因素，如物价政策、交通费补贴政策等。

在考虑上述因素后，兼顾轨道交通运营企业的经济效益与城市发展的社会效益，确定较合适的票价。

2) 票制

票制是票价制度的简称，主要有以下三种形式：

①分段计程票价制。分段计程票价制是指按乘客乘坐列车距离的远近或乘坐站数来划分不同的票价等级。

②单一票价制。单一票价制是指不论乘客是乘坐一条路线还是多条线路，均按统一票价核收。

③综合票价制。综合票价制是指综合考虑乘客运距、乘客占用收费区（如地下站台层一般以检票口为界，检票口内即为收费区）时间、乘坐时间段（如节假日与工作日、高峰与低谷等）等因素核算票价。

9.2 城市轨道交通行车组织工作

城市轨道交通运输系统都要通过列车的开行来实现对乘客的运送。列车的开行是一个系统工程,为了保证列车安全、快速、有序地运行,在客运部门做好客运组织工作的前提下,行车部门也必须做好有关行车工作的组织。

城市轨道交通运输系统的行车组织工作主要包括编制列车开行计划、绘制列车运行图、接发列车工作、控制中心行车调度指挥、车站(车场)调车工作及行车能力查定等。

一、列车开行计划

列车开行计划主要是根据客流特征计算列车开行数,确定列车交路。

1. 列车开行数

列车开行数包括小时列车开行数和全日列车开行数。列车开行数是根据客流量来确定的。首先通过小时客流量确定各小时的列车开行数,再根据各小时的列车开行数来确定全日列车开行数。

1)小时列车开行数

小时列车开行数是根据每小时内最大客流方向上最大客流区间的客流量确定的。因为上下行列车是成对开行,所以列车开行只要能满足小时内最大客流方向上最大客流区间的客流需求,就能满足另一方向及各区间的客流运输需求。

2)全日列车开行数

全日列车开行数是根据小时列车开行数或全日最大客流断面区间的客流量来确定的。

3)列车满载率及列车平均满载率

列车满载率是列车载客人数与列车定员数之比的百分数。客流因时间段和区间断面的不同会有很大的差别,因此各次的列车满载率也会有很大的差异。为了满足某一时间段内客流运输的需要,正确确定列车的开行数,通常需要明确列车平均满载率。列车平均满载率是指在单位时间内开行列车所完成的乘客人公里数与列车定员人公里数之比的百分数。

列车满载率既是一个衡量轨道运输能力的运营经济指标,也是一个衡量乘客舒适度的服务指标。列车满载率越大,说明列车单列载客量越多,其相应的运营支出越少,轨道运输的运营经济指标越好。但是如果列车满载率过大,全天开行的列车数就会很少,乘客的候车时间就会很长,乘客在车站候车及在车上乘车所拥有的空间就会很小,最终乘客的舒适度指数就会很低。

因此,在确定列车满载率的大小时,不仅要考虑轨道运输业的经济收入和乘客对舒适度的要求,还要考虑线路的通过能力、车辆的内部构造(座位的布局情况)、城轨所在的地理位置和全线的运行时间等综合因素。另外,在不同的时间断面因客流大小的不同,乘客对列车拥挤的容忍度也不同。因此,不同时间断面的列车满载率不同,在高峰小时,列车满载率有时可达 120%;在低谷小时,列车满载率有时只有 30%。

2. 列车交路

列车交路是指列车在规定的运行线路上往返运行的方式,其形式主要有长交路、短交路和长短结合交路,如图 9-1 所示。

(1)长交路。长交路是指列车在城市轨道交通全线往返运行的方式。

(2)短交路。短交路是指列车从始发站到某一能够折返的中间站往返运行的方式。

(3)长短结合交路。长短结合交路是指有的列车在全线采用长交路方式往返运行,有的列车则采用短交路方式往返运行。

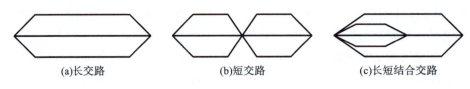

图 9-1 列车交路

通常情况下,城市轨道交通都采用长交路的列车运行方式。长短结合交路的列车运行方式则是在全线某一端的半程客流较大且比较集中的情况下,同时折返中间站具备折返设备时采用。长短结合交路的采用可以降低运输成本,提高列车车组的利用率。短交路一般不单独采用,除非在城市轨道交通线路中部的某处由于某种原因不能通车,而在不能通车地点的两边车站又具有折返条件的情况下,为了维持通车才会采用。

二、列车运行图

1. 列车运行图概述

1)列车运行图的定义

列车运行图是用坐标原理方法表示列车运行状况的一种图解形式.

2)列车运行图的作用

列车运行图有以下作用:

①行车组织工作的基础。列车运行图是各部门、各单位工作人员相互配合协调的主要依据。

②行车组织工作的日常计划。列车运行图对列车运行的各种要素做了详尽的描述,是列车运行的依据。

③行车组织工作的调整计划,列车运行图对运行中可能发生的变化做了全面可行的调整计划,如节假日、事故等情况下的运行图等。

3)列车运行图的表示要素

列车运行图的表示要素如图 9-2 所示。

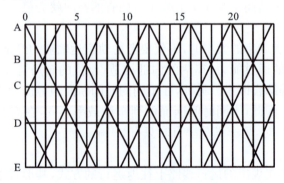

图 9-2 列车运行图的表示要素

①横坐标。横坐标表示时间变量,按要求用一定的比例进行时间划分,一般城市轨道交通系统列车运行图采用 1 分格或 2 分格.每一等分表示 1 min 或 2 min。

②纵坐标。纵坐标表示距离分割,根据区间实际里程,采用规定的比例,以车站中心线所在位置进行距离定点。

③垂直线。垂直线是一簇平行的等分线，表示时间等分段。

④水平线。水平线是一簇平行的不等分线，表示各个车站中心线所在的位置。

⑤斜线。斜线表示列车运行的轨迹线，一般以上斜线表示上行列车运行线，下斜线表示下行列车运行线。

在列车运行图上，列车运行线与车站线的交点即为该列车到达、出发或通过的时间。由于城市轨道交通列车停站时间较短，因此一般不标明到、发时间。

在列车运行图上，每个列车均有不同的车号与车次。按不同的列车类别规定代号与车号，如专运列车、施工列车等；按发车顺序编列车车次，上行采用双数，下行采用单数。列车车号表示每个列车的顺序编号。

2. 列车运行图的分类

列车运行图的分类有以下几种：

（1）按区间正线数目划分，列车运行图可分为单线运行图和双线运行图。

（2）按列车间运行速度的差异划分，列车运行图可分为平行运行图和非平行运行图。

（3）按上下行方向的列车数划分，列车运行图可分为成对运行图和不成对运行图。

（4）按同方向列车的运行方式划分，列车运行图可分为连发运行图和追踪运行图。

（5）按使用范围划分，列车运行图可分为日常运行图、节假日运行图及其他特殊运行图，如冬季运行图、夏季运行图、施工运行图等。

城市轨道交通系统的列车运行图因其系统特征，一般均为双线成对追踪平行运行图。

3. 列车运行图的组成要素

1）时间要素

①区间运行时分。区间运行时分指相邻车站之间的运行时分，需经过列车牵引计算和实际查表后确定。

②停站时分。停站时分指列车停站作业（包括减、加速，开、关车门等）和乘客上下车所需时间的总和。

③折返作业时分。折返作业时分指列车到达终点站或在区间站进行折返作业的时间总和。折返作业时分包括确认信号时间、出入折返线时间、司机换岗时间等。折返作业时间与折返线形式（折返方式）、列车长度、列车制动力、信号设备水平、驾驶员操作水平等众多因素有关。

④出入车辆基地作业时分。

⑤营运时间。营运时间指列车全日正常营运时间。

⑥停送电时间。停送电时间指在营运开始前和营运结束后的停电、送电所需要确认的操作时间。

2）数量要素

数量要素是编制列车运行图的主要依据，是直接接影响运行图编制的主要内容。

①全日分时段客流分布。在全日客流量经预测确定之后，还需按客流的时间分布进行预测、调查、分析，然后确定高峰、低谷时段客流量，从而对列车编组数或列车运行列数等相关因素进行合理安排，并作为开行不同形式列车的主要依据，如区间列车、连发列车等。

②列车满载率。编制列车运行图时，既要保证一定的列车满载率，又要留有一定余地，以应付某些不可测因素带来的客流量异动，并能保证乘客的舒适度。

③列车最大载客量。列车最大载客量即一个编组列车按车辆定员计算允许装载的最大乘客数,分为定员载客量和超员载客量。

④出入库能力。由于列车出入库的次数较多,运营列车数量多,车辆基地与线路车站之间的出入库线路有限,因此,每单位时段内通过出入库线路的最大列车数,即出入库能力是编制列车运行图的一个重要因素。

3) 相关因素

①与其他交通方式的衔接,包括大交通系统(如铁路、港口、机场、公路交通枢纽等)和城市交通方式(如公交线路、车站布置、自行车停放、其他车辆停放等)。

②列车检修作业。为保证列车状态完好,需均衡安排列车运行与检修时间,既使每趟列车均有日常维护保养时间,又使各列车日走行公里数较为接近。

③列车试车作业。检修完的列车除了在车辆基地试验线试车之外,某些项目有可能在正线上试车,这需要在编制运行图时考虑周全。

④驾驶员休息时间的安排。根据驾驶员的休息制度、交接班的地点与方式、用餐时间等,均衡安排各个列车的运行线。

⑤车站的存车能力。线路上的车站大多数无存车线,在终点站、区间站等个别车站设有停车线,可存放一定数量的列车,在日常运行时可作为停车维护之用,在夜间可存放列车,减少空驶里程,均衡早晨发车次序。

4. 城市轨道交通列车运行图的编制

1) 城市轨道交通列车运行图的编制原则

①在保证运量需求的条件下,使运营列车数达到最少。在高峰时间运量最大时段,即线路上运营列车数最多的时刻,应综合考虑高峰时段列车的运行速度、折返时间、列车开行方式等要素,使运营列车数达到最少,从而降低系统的车辆保有量与运营成本。

②在保证安全可靠的条件下,提高列车的运行速度,减少列车的运行时间。列车运行速度快是城市轨道交通系统的主要优势,在安全得到保证的前提下(如采用现代化信号控制设备、选用性能良好的优质车辆、加强运行管理手段等),通过提高列车的旅行速度、压缩折返时间、减少出入库作业时间等方式,提高线路上列车的运行速度,从而提高系统的运行效率和系统的服务水平。

③尽量方便乘客。城市轨道交通系统是城市公共客运交通的骨干,编制运行图时必须尽量顾及乘客的利益,对于列车发车间隔,在满足运行技术要求前提下尽量选择较小的值,从而减少乘客的候车时间。此外,在高峰、低谷的安排,区间列车开行,特殊时段列车开行(如大型文体场馆散场时密集客流疏散方案)等方面要有周详的考虑。

2) 列车运行的牵引计算与运行时分的核定

为了确定各个区间的列车最优运行时分,必须综合车辆、线路、信号、运行组织等各个专业的技术指标与要求,进行列车运行牵引计算,即根据各个区间不同的线路平(纵)断面情况、选用的车辆特性、信号与控制的限制条件、能耗指标,计算出每个区间的运行时分曲线,并结合查标与验算确定可行的运行时分。牵引计算的目的是使列车在区间运行时能耗最少、速度最佳、各种设备的效能发挥最好。牵引计算由计算机设定程序来完成。

3）列车运行图的编制方法

列车运行图的具体编制可分为人工铺画与计算机铺画两种。

（1）人工铺画。

人工铺画的步骤如下：

①确定运行图的编制原则及具体要求。

②按列车运行图的组成要素，搜集资料并计算、查定各要素的值。

③铺画列车运行方案图。

④计算运行所需的应用列车数。

⑤确定全日列车的开行对数。

⑥征求有关人员的意见。

⑦调整并绘制正式的列车运行图。

⑧编写列车运行图说明书。

（2）计算机铺画。

由工作人员将运行图编制要素的数据输入计算机，由计算机铺画出列车运行图，通过人机对话进行修改。这种功能可以由工作人员预先编制软件实现。而在ATC系统中，已经设计有计算机编制运行图的功能。该运行图既可以用传统的坐标图解形式表示，也可采用时间序列形式表示。

在列车运行图编制完成后，客运部门应编制相应的列车运行时刻表，并向乘客公布；车辆部门则应编制列车驾驶员专用的运行图。

三、城市轨道交通列车运行调度工作

城市轨道交通列车运行调度工作由调度控制中心实施，实行各部门各工种高度集中的统一指挥，保证列车运行的安全、准点，及时调整与实现各种情况下的乘客运输任务。运行调度工作是城市轨道交通系统运行的核心。

1. 列车运行调度工作的基本任务

（1）组织指挥各部门工种严格按照列车运行图工作。

（2）监视列车到达、出发及途中运行情况，保证列车运行的正常秩序。

（3）在运行秩序因故不正常时，能够采取措施尽快恢复正常的运行秩序。

（4）及时、准确地处理行车异常情况，防止行车事故的发生。

（5）随时掌握客流情况，及时调整列车运行方案。

（6）检查监督各行车部门执行运行图的情况，发布调度命令。

（7）当区间与车站发生行车事故时，按运行组织工作规定的程序和内容向上级主管部门汇报，并采取措施防止事故扩大，参与组织救援工作。

2. 列车运行调度工作的主要设备

随着城市轨道交通系统运行控制系统的设备逐步向自动化、远程化、计算机化的方向发展，列车运行调度设备也已从人工电话调度指挥方式向电子调度集中和计算机调度集中控制设备发展。

1) 人工调度指挥系统

①调度控制中心设备:调度电话总机、传输线。
②车站设备:调度电话分机、传输线。
③车上设备:无线调度电话。

由调度员通过调度电话与车站值班员直接对话,值班员安排列车进路,了解列车到达、出发信息,下达列车运行调整调度命令。通过车站值班员调度电话分机呼叫列车司机室的无线调度电话,传达调度命令。调度员人工绘制实际运行图。

2) 计算机控制的自动调度设备

计算机控制的自动调度设备(CATS)是指 ATC 系统中央控制室中的调度指挥系统。其主要功能如下:

①具有列车运行显示及人工控制功能。
②能发出控制需求信息,并从线路轨道及信号设备处接收信息。
③能由中央控制室自动或由调度员人工将调度指挥信息(如停站时间、运行等级等)传送到车站设备。
④实现列车的动态显示,如列车位置、到站出发时分、车次车号等。
⑤存储多套列车运行图,如正常运行图、节假日运行图、施工运行图、事故调整运行图等。
⑥能按当前正在使用的列车运行图调整列车运行。
⑦监视列车运行,调整列车发车时间,控制列车停站时分,控制终点站列车进路。
⑧非正常情况报警。
⑨生成与修正运行报告,记录运行数据信息,提供实时记录的重放,包括运行图、统计指标等。

四、城市轨道交通车站与车辆基地的行车组织工作

1. 车站的行车组织工作

设在 ATC 系统的车站控制室(一般为中心站)中的现地控制盘可以控制操纵信号变换,但不允许现地控制盘与 CATS 工作站同时控制,CATS 工作站控制优先。在正常情况下,由 CATS 控制(中央控制),当得到调度中心行车调度员允许时,可以由"中央"模式切换到"现地"模式。

2. 车辆基地的行车组织工作

在 ATC 系统条件下,列车出入库作业由车辆基地信号楼操纵计算机集中联锁设备,排好进路,列车可进入出入库线路,然后由 ATC 车辆基地终端完成正线运行工作。

车辆基地内部的调车作业由计算机集中联锁设备保障进路安排,由车辆基地信号楼指挥调车作业,司机操纵列车完成调车作业。

此外,行车组织工作还有以下几种:

(1) 列车解体与编组作业。列车进行检修作业时必需的解体、编组作业。

(2) 列车取送车作业。车辆基地与铁路车站通过联络线相通,城市轨道交通运营与生产所需物资可通过取送车作业送达。

(3) 转线作业。车辆基地内有各种线路,列车在完成各种作业时所必需的转线作业。

9.3 城市轨道交通的安全管理

一、运输安全的重要性

任何交通运输方式在实现的过程中都存在安全隐患,城市轨道交通运输系统也不例外,但由于城市轨道交通采用了高科技的技术装备、现代化的管理模式,因此其安全性远远高于其他交通运输方式。

由于城市轨道交通具有快速性、准确性、安全性、方便性、舒适性等特性,并且能够承担大量乘客运送任务,因此城市居民在出行方式上对轨道运输产生了很强的依赖性。

一旦安全防范工作没有做好,导致事故发生,其后果往往是非常严重的。轨道交通运输安全不仅涉及乘客的生命财产安全、行业的经济利益,甚至会严重影响整个城市的正常秩序。城市轨道交通系统由许多设备系统组成,不同的设备系统实现轨道交通不同的功能,而各个环节之间又是相互配合、紧密联系、互为整体的,犹如一架庞大复杂的联动机,在实现运营服务的过程中,如果某个环节出现问题,就可能危及整个系统的运行安全。由于运行安全不但关系到整个系统的正常运作,而且关系到广大乘客的生命安全及国家财产的安全,因此运行安全是城市轨道交通的生命线、效益线。

城市轨道交通是城市中心的交通工具,它运送乘客的数量与其他交通工具相比要多得多。特别是地铁车站,它一般设在地下,属于人口高度集中的场所,而且紧急逃生口数量有限,不像在地面上,所以地铁的安全运营就显得尤为突出和重要。人们非常重视地铁的安全问题,不仅在地铁安全方面的投入相当大,对地铁的安全管理也更为严格。

二、运输安全的影响因素

影响运输安全的因素非常多,在运输生产工作中,如果任何一个细小问题没能得到及时解决,都有可能导致一场严重事故的发生。从安全系统总体来看,影响运输安全的主要因素是人、设备和环境。

1. 人

人是指参与运输的工作人员和乘客。

运输工作人员的职责就是坚守工作岗位,做好本职工作,维持运输秩序,确保运输安全。运输工作人员能否尽到职责,与工作人员本身的职业道德素质、业务素质、心理素质和生理素质有关。

职业道德素质主要是指工作责任心,业务素质表现为工作能力,心理素质体现为遇事是否冷静,生理素质则指身体条件是否适应工作岗位。运输工作人员若在这四个方面的任何一个方面存在问题,都会为运输安全埋下隐患。

乘客是运输系统的服务对象,然而乘客在运输过程中的一些不良行为也会对运输安全构成威胁,如乘客随身携带危险物品,乘客在乘车过程中抢上抢下,以及乘客因对运输设备过分好奇而乱动等都可能导致事故的发生。因此,在运输生产过程中加强对运送对象的组织与管理也是保证运输安全的重要环节。

2. 设备

运输设备是实现运输的重要物质条件，运输设备的良好状态是保证运输安全的一个非常重要的方面。

再先进的技术设备都不可避免地会发生故障，如果设备故障没有被及时发现和排除，就有可能引起事故的发生而危及安全。因此，及时发现故障、排除故障是保证设备状态良好的关键，也是保证运输安全的关键。

3. 环境

环境包括工作环境和自然环境。

工作环境是针对工作人员岗位的舒适状态而言的，它受噪声、温度、湿度、粉尘、光线及空间大小等物理因素的影响。工作人员在恶劣的工作环境下容易产生生理、心理的变异，从而引起误操作，给安全运输埋下隐患。

自然环境则指外部环境，主要是指气候条件。恶劣的外部环境对列车的运行也会产生很大的影响，如雨天、雪天和雾天对能见度的影响，地震、洪水等对线路稳定性的影响等，都会危及行车安全。

三、运输安全的保障措施

运输安全的保障是一个系统工程，贯穿于运输生产的全过程，涉及运输生产的各个环节和人员。为了保障轨道运输生产的安全，就必须制定相应的管理措施和方法。

1. 建立健全各项规章制度

健全的规章制度是行业工作正常开展的基本保障，它明确了行业人员的工作行为规范，使行业系统的各部门、各单位有章可循。工作人员只要严格按照有关规章制度行事，就能保证行业工作的有序开展，就能保证生产的安全进行。

城市轨道交通行业的基本规章主要包括《城市轨道交通技术规范》《城市轨道交通行车组织规则》《城市轨道交通安全防范要求》《城市轨道交通运营管理规范》《城市轨道交通客运服务》，以及轨道系统各专业的操作规程与安全规则、各个岗位的岗位职责等。

2. 加强管理，督促各项规章制度的落实

规章制度只是明确了行业人员的工作行为规范，行业工作能否正常有序地开展则取决于各项规章制度的落实与执行情况。如何使各项规章制度能够得到有效的落实和执行是行业工作有序开展的关键。为了保证各项规章制度的落实和执行，除了要求行业全体员工要有很好的自律性以外，加强管理与监督也是必不可少的基本手段。

3. 加强员工素质培训

加强员工素质培训是树立行业形象、保证运输安全的基础工作。开展政治思想教育，可提升员工的思想道德素养，培养员工的责任感和自律性；学习规章制度并结合实训与考核，可提高员工的业务能力；再对员工进行适当的心理素质训练和生理素质要求，可保证员工在工作岗位上有良好的心理状态和身体条件。

4. 采用先进的技术设备和故障检测手段

设备的可靠性与先进性是保障行车安全的前提。为了确保列车的行车安全，相关设备的先进性固然重要，可靠的设备故障检测手段更是关键。及时发现设备故障可有效避免相关事故的发生，因而采用高科技的设备监控系统来保证城市轨道交通的行车安全是势在必行的。

有了先进的设备和可靠的监控系统,设备的管理和维修养护工作仍然非常重要,因为只有保证设备的状态良好,才能保证行车的安全,而加强设备的管理和维修养护是保证设备状态良好的基础。

5. 建立标准化作业机制

在行车指挥过程中,标准化作业可以避免人为操作失误而导致的行车事故。人们在日常生活中常常会有一些无意识行为,这是正常的,然而在城市轨道交通运输的行车指挥过程中,决不允许存在无意识行为。因为无意识行为可能引起错误的行车指挥操作,导致行车事故的发生,如错发命令、错办进路等,这些都是很不安全的。

为了确保行车指挥的正确性,除了采用先进的监控设备外,还需建立标准化作业机制,以加强行车指挥人员的安全意识,使行车指挥作业能够按照标准作业程序进行,避免误办、错办。

6. 制定各种事故抢救预案

客观地讲,引发轨道交通事故的原因有很多,虽然人们采取了很多措施和办法来避免事故的发生,但这也只能减少事故的发生次数,要想完全消灭事故不太现实。为了能够在事故发生时及时施救,将事故造成的损失控制在最低限度,城市轨道交通运营单位还应根据现实情况预测可能发生的事故,再根据可能发生事故的性质、类型和程度制定出切实有效的抢救预案。有了抢救预案,还应有计划地组织有关员工进行演练,帮助员工熟练掌握抢救预案,这对员工也是很好的安全教育。

7. 组建独立的事故调查机构

事故发生后的调查分析是查清事故责任的关键。为了保证事故调查的科学性和公正性,对事故责任人有一个公平公正的处理,就需要有一个能够排除一切干扰的独立的事故调查机构来进行事故调查分析。

由于我国城市轨道交通运输还处于起步阶段,有关事故调查分析的技术和方法还很不完善,因而有必要借鉴国外有关轨道交通事故调查分析的经验,组建一个独立的事故调查机构,利用一套科学的事故调查分析程序,以事实为依据、以科学技术为手段,进行事故调查分析。

8. 加强安全宣传

安全管理的一个重要手段就是安全宣传。城市轨道交通运输系统的各级领导都必须重视安全宣传工作,要不断地通过安全宣传将安全意识植根于全行业员工的心中,从而做到人人讲安全、时时讲安全。同时要不断对乘客进行安全宣传,提高乘客的安全意识。只有大家都重视安全,城市轨道交通运输的安全才能得到根本性的保证。

四、运输安全的规章制度

为了实现城市轨道交通的运输安全,使地铁员工都能有章可循、有法可依,各轨道交通公司均应建立和健全有关运输安全的规章制度。其主要内容包括:城市轨道交通行车组织规则,突发事件应急处理办法,各类应急预案处理办法,车辆段运作手册,车站运作手册,特种设备质量安全监察规定,各专业的操作规程、手册,事故管理规则,行车设备施工管理规定,安全、消防管理办法。

> 🔑 **拓展知识**

城市轨道交通事故的类型

城市轨道交通安全就是指行车和客运不发生人身伤亡、火灾爆炸、设备设施故障等事故。事故是指在运营过程中,因违反规章制度、违反劳动纪律、违反作业纪律或技术纪律、技术不良、设备不良及其他原因造成的人员伤亡、设备损坏、影响正常生产作业或危及安全生产的事件,并达到事故规则规定的标准。城市轨道交通事故根据事故的基本性质可分为行车事故、设备安全及设备事故、客运事故和自然灾害。

1. 行车事故及分类

列车在运行过程中,由于有关作业人员的工作差错、设备故障等原因,造成人身伤亡、设备损坏、影响列车正常运行等都属于行车事故。在轨道交通运输事故中,行车事故所占比例一般较高,其结果也较为严重,因此,轨道交通运输需要重点防范的就是行车事故。

行车事故根据其事故损失和对行车的影响程度可分为重大事故、大事故、险性事故和一般事故。

1)重大事故

①客运列车发生冲突、脱轨、火灾或爆炸,造成下列后果之一时认定为重大事故:人员死亡3人或死亡、重伤共5人,客车中破1辆,正线行车中断150 min。

②其他列车发生冲突、脱轨、火灾或爆炸,调车作业发生冲突或脱轨,造成下列后果之一时认定为重大事故:人员死亡3人或死亡、重伤共5人,客车大破1辆或中破2辆,内燃机车大破1辆或轨道车报废1辆,车辆报废1辆或车辆大破2辆,正线行车中断150 min。

2)大事故

①客运列车发生冲突、脱轨、火灾或爆炸,造成下列后果之一时认定为大事故:人员死亡1人或重伤2人,客车小破1辆,正线行车中断90 min。

②其他列车发生冲突、脱轨、火灾或爆炸,调车作业发生冲突或脱轨,造成下列后果之一时认定为大事故:人员死亡1人或重伤2人,客车中破1辆,内燃机车中破1辆或轨道车大破1辆,车辆大破1辆,正线行车中断90 min。

在进行重大事故、大事故认定时,人员的认定是事故发生时执行职务的作业人员和持有效乘车凭证的乘客,重伤的认定根据国家有关标准、规定进行;对于客车、车辆和机车破损,大破、中破和小破的认定依据是车辆主管部门的有关规定;对于行车中断时间,按事故发生时起到客运列车恢复连续通行时止进行统计。

3)险性事故

凡事故性质严重,但未造成损害后果或后果不够大的事故列为险性事故。险性事故的认定依据是发生下列情形之一:

①与行车有关。与行车有关的情形包括列车冲突、脱轨或分离;在进路未准备好的情况下接、发列车;未经许可,向占有区间发出列车或向占用站线接入列车;列车冒进信号;列车开错方向或进错股道;电话闭塞法行车时,未办或错办闭塞发车。

②与客运有关。与客运有关的情形包括客车错开车门、运行途中开门或车未停稳开门;客车车门夹人夹物并造成不良后果。

③其他情形。其他情形包括列车运行中客车齿轮箱或其他重要悬挂件脱落,列车发生火警,障碍物侵入车辆限界并造成不良后果。

4) 一般事故

凡事故性质损害后果不够险性事故的列为一般事故。一般事故的认定依据是发生下列情形之一:

①与行车有关。与行车有关的情形包括调车冲突、脱轨;挤岔;因错误开放或未及时开放信号致使列车停车;应停站列车在车站通过或应通过列车在车站停车;因车辆故障或其他原因致使行车中断 30 min;因行车作业人员出务延迟而影响列车正点运行;调度命令漏发、漏传或错发、错传;错误办理行车凭证发车,或因此影响列车正点发车。

②其他情形。其他情形包括列车运行中车辆部件脱落或货物装载不良刮坏技术设备,安全主管部门认定为危及行车安全的情形。

2. 设备安全及设备事故

设备安全就是在生产活动过程中,保障设备的状态良好、安全运行。

设备事故是指运营总部所属设备因非正常损坏造成停机或使设备质量、技术性能降低而影响正常使用,直接经济损失超过规定限额的行为或事件。

设备事故分为一般事故、重大事故和特大事故。

一般事故为直接经济损失在 1 万元至 20 万元;重大事故为直接经济损失在 20 万元(不含 20 万元)至 100 万元;特大事故为直接经济损失在 100 万元(不含 100 万元)以上。有专业规定的设备按有关规定执行。

3. 客运事故

凡在车站的收费区内(如收费区站厅、站台)及列车厢内发生的危及乘客人身安全的事件,均属客运事故,主要有列车车门、屏蔽门、自动扶梯、列车在进站与出站时乘客没在安全线以外等造成的客伤。为了避免客运事故的发生,加强客运的组织与管理是非常必要的。

列车的车门、站台屏蔽门、站台边缘与列车停车后的缝隙、自动扶梯等是易造成客伤的地点。

4. 自然灾害

因自然因素造成的事故与灾害属于不可抗拒的自然灾害,如暴风、暴雨、雷击、地震等自然因素对列车运行造成的影响都属于自然灾害。随着人们对自然灾害预测能力的提高和防灾、防害意识的加强,城市轨道交通运输中因自然灾害导致事故发生的可能性正在得到有效控制。

事故的预防与处理

1. 事故的预防

"安全第一,预防为主"是安全工作的方针。要想做到安全行车就必须进行事故的预防。在不同的阶段针对不同的情况,有针对性地进行事故预防。具体应做好以下两个方面的工作:

(1) 严格执行"两纪一化",即作业纪律、技术纪律和作业标准化。

(2) 突出重点,防患于未然。

安全管理是运营组织的重要组成部分。它是以控制危险、防止事故、最大限度地减少事故损失为目标而进行的决策、组织与控制等一系列活动。安全管理涉及技术设备选型、作业人员规范、有关规章制定、应急预案编制、安全教育与检查、事故调查与处理、安全状况统计分析等方面。有效的安全管理是运营安全有序可控、基本稳定的保证。

2. 事故的处理

以行车事故为例,事故的处理程序一般如下。

1) 事故报告

当发生重大事故、大事故,或一时难以判定,但属于列车冲突或脱轨等严重事故时,应立即按规定程序报告。当事故发生在区间时,由列车司机报告给行车调度员;如不可能,则报告给最近车站的车站值班员,由其转报给行车调度员。当事故发生在车站或段管线内时,由车站值班员或车辆段运转值班员报告给行车调度员。

事故报告的事项包括发生时间(月、日、时、分),发生地点(区间、千米、米、某站、上行或下行正线),列车车次、车组号,关系人员姓名、职务,事故概况及原因,人员伤亡及车辆、线路等设备损坏情况,是否妨碍邻线和是否需要救援等。

行车调度员在接到事故报告后,应立即向值班调度主任、公司值班室及有关基层段的值班室报告。值班调度主任应立即向公司经理、主管副经理和安全主管部门负责人及有关基层段段长和公安分局局长报告。

2) 事故应急处置

在接到行车重大事故、大事故报告后,控制中心应立即采取应急处置措施,最大限度地减少人员伤亡,降低事故损失和防止事故升级,尽快开通线路和恢复按图行车。

3) 事故调查、分析与处理

事故调查是掌握事故发生的经过与基本事实的过程;事故分析应在事故调查的基础上进行,重点是分析事故原因和分清事故责任;事故处理除对事故责任单位、责任人做出处理决定外,还应提出防止同类事故再次发生的技术组织措施或进一步研究建议。

另外,事故处理应坚持"四不放过"原则,即事故原因没有搞清楚不放过,事故责任人没有受到处理不放过,相关人员没有受到教育不放过,预防事故措施没有落实不放过。

行车安全规章制度和法规

为了实现轨道交通的运行安全并使各部门、各单位、人人都能有章可循、有法可依,各城市都应建立健全相应的运行安全规章制度。以上海城市轨道交通为例,其已制定了一整套规程、规则和规章,主要涉及的内容有地铁运营技术管理规程、地铁行车组织规则、各车站细则和车辆段细则、地铁客运组织规则、地铁行车事故处理规则以及各专业的操作规程、安全规则、行车事故救援方法等。

上海市人民政府还批准、核准、颁布了《上海市地铁管理方法》,上海市市政工程局也批准颁发了《上海市地铁管理方法实施细则》。另外,还制定了一系列预案,包括《地铁运营中大客流爆满突发事件处理》《地铁外部人员伤亡现场事故处理预案》《地铁发生火灾、爆炸、投毒等突发性事件的处置预案》《地铁停电、水管爆裂、列车脱轨等意外事故处理方案》等。

思考与练习

(1) 城市轨道交通运行组织的特点是什么?

(2) 城市轨道交通客运组织工作的主要内容是什么?

(3) 站务工作的主要内容有哪些？
(4) 票务工作的主要内容有哪些？
(5) 列车开行计划的主要内容有哪些？
(6) 何谓列车运行图？它的作用是什么？
(7) 列车运行图上的横坐标、纵坐标、水平线、垂直线、斜线各表示什么含义？
(8) 列车运行图如何分类？
(9) 列车运行调度工作的主要设备有哪些？
(10) 车辆基地行车组织工作主要有哪些内容？
(11) 什么是行车事故？其种类有哪些？
(12) 城市轨道交通运输安全保障的基本措施是什么？
(13) 运输安全管理有怎样的重要性？

附录 A　城市轨道交通行车组织名词术语解释

名词、术语	解释说明
行车事故	凡在轨道交通运营工作中,造成人员伤亡、中断行车、经济损失及危及运营安全等情况的,均构成行车事故
客运列车	客运列车是指以运送乘客为目的而按规定辆数编成的列车,并具备规定的列车标志
其他列车	其他列车是指回空列车、工程列车、救援列车及内燃机车单机、轨道车单机等
冲突	冲突是指列车、机车、车辆相互间或与设备(车库、站台、车挡等)发生冲撞致使列车、机车、车辆、设备等破损
脱轨	脱轨是指列车、机车、车辆、轨道车车轮脱离铜轨轨面(包括脱轨后自行复轨)
中断正线行车	不论事故发生在区间还是车站,造成运营线路双线之一不能行车的,即为中断正线行车。中断正线行车时间由事故发生的时间起至实际恢复列车行车条件的时间止。 施工封锁区间发生列车冲突或脱轨等的行车中断时间,自事故发生前原计划开通的时间起计算。 因为中断运营列车出车场线路的行车中断时间,自原计划运营列车从始发站发车时间起计算
未准备好进路	有下列情况之一的,属于未准备好进路: (1)进路上停有车辆或危及行车的障碍物。 (2)进路上的道岔未扳、错扳、临时扳动或错误转动。 (3)邻线的机车、车辆等越出警冲标
占用区间	有下列情况之一的,属于占用区间: (1)区间已进入列车或已停留或溜入机车等。 (2)封锁的区间(如安排进行施工作业等)。 (3)区间已被列车取得占用的许可
列车冒进信号	有下列情况之一的,属于列车冒进信号: (1)列车前端任何一部分越过进路防护信号机显示的停车信号或规定的手信号显示地点。 (2)停车列车越过信号机或警冲标
错开车门	错开车门是指列车未对准站台开启车门(列车至少有一个客室门越出站台头端墙或尾端墙并打开的)或开启非站台一侧的车门

续表

名词、术语	解释说明
运行途中开门	运行途中开门是指在列车运行过程中,因车门故障、操作失误等原因,客室车门打开
未办或错办行车手续发车	未办或错办行车手续发车是指未与邻站(或相邻闭塞办理站)办理手续或办理手续后的区间同列车运行的区间不一致
夹人开车	夹人开车是指夹住人体任何部位或随身衣物开车,若未造成任何人身伤害则不按事故论
挤岔	挤岔是指车轮挤上道岔,使尖轨与基本轨离开或挤坏、挤过
应停列车在站通过	应停列车在站通过是指有关行车人员违反劳动纪律、违反规章制度,致使应停列车在站通过
列车分离	列车分离是指编组列车因未确认车的连接状态或车钩作用不良而发生的列车分离(包括车钩缓冲装置破损)
漏乘	漏乘是指司机在列车开车时,未按规定人数出乘。若有同等职务的人员或能胜任现行职务的高职人员顶替出乘将列车正点开出,则不按事故论
耽误列车运行	耽误列车运行是指列车在始发站或停车站,因有关行车和维修人员违章作业、违反劳动纪律造成列车晚开或超过运行图规定的停车时间
错误办理行车凭证发车	错误办理行车凭证发车是指与邻站(或相邻闭塞办理站)已办妥站间行发车手续,由于未交、错交、未拿、错拿、漏拿、错填行车凭证,交予司机后,发现凭证的日期、区间、车次错误
调车	调车是指除列车在正线运行、车站(车场)到发以外的一切机车或列车的有目的的移动
轨道巡视员	轨道巡视员是指工建车间专门从事轨道巡视、执行线路出清程序的员工
信号防护员	信号防护员是指在线路现场施工,根据需要设置防护信号的员工
调车员	车场调车作业由两位司机担任,一名任司机,负责驾驶机车,另一名任调车员,负责指挥调车作业
车长	工程车的开行由两位司机担任,一名任司机,负责驾驶列车,另一名任车长,负责指挥列车运行及监视装载货物的安全,推进运行时负责引导瞭望
关门车	关门车是指临时发生空气制动机故障,而关闭截断塞门的车辆
头端	头端是指列车按运行方向停在车站时,头部对应的车站站台端
尾端	尾端是指列车按运行方向停在车站时,尾部对应的车站站台端
工程领域	将线路某一区间或车场某一区域交由维修部门施工,由施工负责人直接控制并确保施工安全的领域
线路出清	线路出清是指线路巡视员巡查完毕或施工完毕时,施工负责人检查所有人员已携带工具及物料撤离行车或转换轨的某段线路,使该段线路可正常行车
辅助线	辅助线是指在正线上与正线连接的渡线、存车线、折返线及联络线

续表

名词、术语	解释说明
三、二、一车距离	三、二、一车距离是指调车作业时,距停留车或停车地点的距离
施工、行车通告	汇总一周的施工及工程车开行计划,临时修改规章手册的统稿等,每周出版一期
运营时刻表	运营时刻表是指列车在车站(车场)出发、到站(或通过)及折返时刻的集合
列车运行图	列车运行图即根据运营时刻表铺画的运行图
推进	推进是指在列车尾部驾驶室操纵列车运行,或救援列车在被救援列车尾部推进运行
退行	在非正常情况下,列车以与原运行方向相反的方向运行为退行,可以推进或牵引运行
反向运行	列车运行进路分为上、下行方向,如违反常规运行方向的,则称为反向运行
站间电话联系法	当西门子计算机辅助信号(Siemens computer-aided signaling,SICAS)系统故障,影响范围较小时,采用站间电话联系法组织行车。列车凭调度命令占用区间,司机以 RM 模式驾驶列车运行
电话闭塞法	电话闭塞法是指车场信号联锁设备发生故障或正线与车场的信号联锁发生故障时,车场与正线车站使用站间行车电话办理闭塞手续,列车占用区间线路的行车凭证为路票,车站或车场以地面信号(或引导手信号)接车的一种行车方法
机车	机车是指内燃机车,即用来调车和牵引车辆的机车
车辆	车辆是指没有自带动力的车辆,如平板车等
轨道车	轨道车是指有内燃机动力,在轨道上施工时,运载工具和施工人员用的车辆
使用车	使用车是指按列车时刻表上线运行的列车
备用车	备用车是指准备上线替换故障列车或需要加开列车时使用的列车
运用车	运用车是使用车和备用车的总称
检修车	在车场内大修、中修、架修各种检修及临修等车辆统称为检修车
值班主任	值班主任是运营控制中心(operational control center,OCC)调度指挥当值负责人,下设行车、电力等调度员
行车调度员	行车调度员是指负责行车指挥工作的专职人员
供电调度员	供电调度员是指负责供电系统的管理和调度的专职人员
维修调度员	维修调度员是指除车辆外的所有设备的维修、检查、施工的组织实施专职人员
值班站长	值班站长是车站当值的负责人,下设行车值班员、客运值班员、站务员等
车站值班员	车站值班员包括车站行车及客运值班员,协助值班站长管理行车及客运工作的人员
站务员	站务员负责车站某一部分的工作,包括售票员、站台服务员、站厅服务员
司机	司机是驾驶列车运行的专职人员,有列车司机、工程车司机
车场轮值工程师	车场轮值工程师在车场 OCC 当值,负责车辆的检查维修工作及故障处理

续表

名词、术语	解 释 说 明
联锁	联锁是指信号系统中的信号机、道岔和进路之间建立一定的相互制约关系,如进路防护信号机在开放前检查进路空闲、道岔位置正确及敌对进路未建立等。信号机开放后,道岔不能动,这种相互制约的关系称为联锁
引导员 （或添乘监控员）	列车发生故障,需要司机在尾部驾驶室驾驶时,引导员(或添乘监控员)在列车前端瞭望进路,监控列车运行速度及运行安全,与司机随时保持联系,控制列车的运行及停车,等等。由车站值班员或值班站长担任
特殊情况	特殊情况是指信号联锁发生故障,人工排进路组织列车运行的情况,或列车开到区间因故障要退回车站等情况
发车(指示)信号	行车有关人员完成一个工作任务,因距离对方较远给对方显示"好了"信号,说明任务完成；或车站行车人员给司机显示发车信号,表示车站已具备发车条件,告知司机可以发车,司机还要根据列车的准备情况决定是否开车。这些显示的信号均称为(发车)指示信号。 工程车在调车作业和在正线上运行时,调车员和车长给司机的信号,或行车有关人员发现安全隐患要求司机立即停车的信号灯均属命令式信号,司机必须马上执行。因此,不能加"指示"两字

附录 B 城市轨道交通信号常见名词术语英文缩略语

英文缩略语	中文含义	英文缩略语	中文含义
AC	信标	BTN	轨旁骨干传输网络
ACE	计轴评估器	BHJ	保护继电器
ACS	计轴系统	BUMA	总线控制板
ADM	系统管理器	CA	控制中心自动控制模式、中央自动模式
ADU	特征显示单元	CAN	现场总线
AF	音频	CAZ	冲突防护区域
AM	列车自动运行驾驶	CBN	通信系统
AMU	ATO 匹配单元	CBTC	基于通信技术的列车控制系统
AP	接入点、轨旁无线单元	CC	车载控制器
APAM	ATO 功率放大模块	CCTE	车载安全计算机
API	应用程序接口	CCTV	闭路电视
APR	绝对位置参考应答器	CD	载频检测模块
AR	自动折返驾驶	CDM	电码检测模块
ARS	列车进路设定	CDTA	中央数据传输系统
AS	管理服务器、接入交换机	CE	控制设备
ASK	数字调幅、幅移键控	CENELEC	欧洲电工标准委员会
A-TAG	无源应答器(信标)	CESB	中央紧急停车按钮
ATC	列车运行自动控制系统	CER	控制室
ATI	列车到达时刻显示器	CG	编码发生器
ATO	列车自动运行	CH	校核信号
ATP	列车自动防护	CI	计算机联锁
ATR	列车自动调整	CLC	线路控制器
ATS	列车自动监控系统	CM	编码人工驾驶模式
AXC	计轴器	COM	通信服务器
B&A	操作和显示	CPISA	通信处理器
BAS	环境与设备监控系统	CPS	条件电源板
BS	骨干交换机	CPU	中央处理单元
B-TAG	有源应答器(信标)	CM	ATC 保护下的人工驾驶模式
BTM	应答器车载查询器	CRC	循环冗余校验

续表

英文缩略语	中文含义	英文缩略语	中文含义
CRT	阴极射线管显示器	DT	VCC 数据传输
CS	中央服务器	DTC	数字轨道电路
CSD	计算机安全处	DT1	发车计时器、发车时间表示显示器
CSEX	电码系统模拟器扩展	DTM	现场 LDTS 分机
CTC	调度集中	DTS	光纤网、数据传输系统、光纤通信系统读点
CTS	光数据传输系统	EBR	紧急制动继电器
DB	数据库	EB	紧急制动
DBAU	制动保障单元	ECC	元件接口模块
DBD	定位表示灯	EFAST	列车制动元件接口模块
DBJ	定位表示继电器	EFID	入口馈电设备
DCC	元件接口模块	EMC	电磁兼容
DCJ	道岔定位操纵继电器	EPROM	可擦除可编程序只读存储器
DCS	数据通信系统	ESB	紧急关闭按钮
DCU	数据存储单元	ESS	紧急车站停车系统
DCR	车站综合控制室	ESTT	电子元件接口模块系统
DDS	数字频率合成技术	EU	电子单元
DDU	诊断和数据上载单元、诊断和数据更新单元	FAS	火灾自动报警系统
DEBHMO	闪光元件接口模块	FBD	道岔反位表示灯
DEM	解调器	FBJ	反位表示继电器
DESIMO	信号机元件接口模块	FCJ	道岔反位操纵继电器
DEWEMO	道岔元件接口模块	FEC	向前纠错
DI	安全型输入、列车发车时刻显示器	FEP	前端处理器
DIOM	离散输入/输出模块	FFT	快速傅里叶变换
DOC	驱动输出模块	FID	馈电设备
DOT	倒换方向	FOTL	光纤传输线
DPU	车辆段程序单元	FSK	数字调频、频移键控
DS	模拟 MMI、演示系统、数据服务器	FTGS	西门子公司的遥供无绝缘音频轨道电路
DSP	数字信号处理技术	GO	ATP 速度命令选择和核准电路
DSTT	接口控制模块	HMI	人机界面
DSU	数据存储单元	I/O	输入/输出

续表

英文缩略语	中文含义	英文缩略语	中文含义
ICM	输入控制模板、输入模块	MMS	维护管理系统
ICU	区域控制中心、控制单元、计算模块	MODEM	调制解调器
ID	识别、标识	MPM	主处理器模块
IEC	国际电工委员会	MR	车载无线台
IRU	接口继电器单元	MSK	最小移频键控
ISCS	综合监控系统	MSS	最大安全速度、维护支持系统
JTC	无绝缘轨道电路	MT	轨道联锁、城市轨道交通
KOMDA	开关量输出板	MTIB	列车动态初始化定位、校准编码里程计及其轮径值信标
KVM	多计算机切换器	MTO	无人驾驶
LAN	局域网	MUX	多路转换器
LC	车站控制、线路控制器	NDO	非安全数字输出板
LCC	本地控制台	NFS	网络文件系统
LCD	液晶显示器	MC	网络接口卡
LCP	局部控制盘	MSAL	数字集成安全保障逻辑
LDTS	现场数据传输系统	NMS	网络管理系统
LED	发光二极管	NRM	非限制人工驾驶模式
LEU	轨旁电子单元、信号接口	NRZI	不归零倒置
LFU	环线馈送单元	NSS	网络安全支撑系统
LISTE	信号机元件接口模块	NVI	非安全型输入
LIU	环线调谐单元	NVLE	非安全逻辑模拟器工作站
LMA	移动授权权限	NVO	非安全型输出
LMM	环路调制解调器模块	OBE	车载设备
LOM	逻辑输出模块	OBRU	车载无线单元
LOW	现场操作工作站	OCC	控制中心
LPU	车站程序单元	OCM	输出控制模板、输出模块
LZB	连续式列车自动控制系统	ODI	操作/显示接口
MCU	微控制器单元	OLM	通信模块、光连接模块
MD	调制检测模块	OLP	光连接插头
MELDE	开关量输入板	OPG	速度脉冲发生器
MI	联锁单元	OVW	全线表示盘子系统
MMI	人机界面	PAC	环路调制解调器

续表

英文缩略语	中文含义	英文缩略语	中文含义
PAL	逻辑处理模块	ROM	只读存储器
PAS	乘客广播系统	RTOS	实时操作系统
PB	停车制动	RTU	车站远程终端单元
PC	道岔控制	RX	接收器
PCB	控制器、印制电路板	SAP	服务接入点
PCU	过程耦合单元、协议转换单元	SB	脚踏闸
PCM	脉冲编码调制	SBO	安全型单断输出
PD	多项式除法器	SC	运行图编辑子系统
PEP	站台紧急按钮	SCADA	电力监控系统
PF	工频	SCC	车站控制计算机、串行通信控制器板
PI	站台显示器	SCEG	车站控制器紧急通路
PID	乘客导向系统	SCI	计算机联锁
PIIS	乘客信息显示器、乘客导向系统、乘客导向显示牌	SCR	车站控制室
PIS	乘客导向系统	S&D	服务和诊断、检修和诊断
PM	道岔转辙机	SD	安全装置
PROFIBUS	过程现场总线	SDH	同步数字体系
PROM	可编程计数器	SDM	联锁系统维护工作站
PSBD	有源信标	SER	信号设备室
PSD	站台屏蔽门	SICAS	西门子计算机辅助信号系统
PSU	电源单元	SIL	安全完整度等级
PTI	列车识别系统	SIOM	串行输入/输出模块
PV1D	永久性车辆标识	SIR	安全联锁继电器
PWD	梯形波调幅	SISIG	熔断器板
RAMS	安全性	SJC	同步环线盒
RB	重定位信标	SLM	速度和位置模块
RC	进路控制	SM	列车自动防护驾驶、系统维护台、系统维护模块
RCC	远程通信控制器	SM ATP	监督人工驾驶(模式)
RCM	远程通信控制模块	SMC	系统管理中心
RM	受限制的人工驾驶	SNOOPER	列车和事件监控器
RMO	限速模式	SO	维护操作台

续表

英文缩略语	中文含义	英文缩略语	中文含义
S-PC	模拟 PC	TTF	时刻表
SPDT	瞬间接触开关	TU	调谐单元、轨道电路控制单元、通信板、列车单元
SQL	结构化查询语言	TVP	轨道空闲处理
SRS	运行图、时刻表调整服务器	TWC	车地通信
STA	天线	TX	发送器
STC	车站控制器	URM	不受限制的人工驾驶
STEKOP	现场接口计算机	VAS	车辆报告系统
STIB	有源信标,又称静态列车初始化信标	VCC	车辆控制中心
STS	厂家测试成套设备	VCS	车辆通信系统
SYN	同步环线	VDI	安全数字输入板
TAC	测速电机处理模块	VDO	安全数字输出板
TC	轨道区段、轨道电路、报文切换	VEENUS	处理器板中断板
TCC	轨道交通指挥中心	VESUV	同步比较板
TCM	轨道编码模块	VHM	车况监视器
TCP/IP	运输控制协议/国际协议	VICOS	车辆和基础设施操作控制系统
TD	列车位置检测	VLAN	虚拟以太网
TDB	线路数据库	VOBC	车载计算机、车载控制设备
TDT	列车发车计时器、列车出发计时显示器	VPI	安全型计算机联锁
TID	列车输入数据模块	VRD	安全型继电器驱动器
TM	室内控制柜	VSC	安全型串行控制器
TMT	列车监督和追踪	WEE-Z BOND	阻抗连接器
TOD	司机显示盘、列车输出数据模块	WCC	轨旁通信控制器
TRC	列车进路计算机	WE	轨旁设备
TS	目标速度	WESTE	道岔电子接口模块
WRF	宽带无线通信	WKS	调度工作站
WSL	西屋信号有限公司	WLAN	无线局域网
ZC	区域控制器	SSSS	本地联锁
TTE	时刻表编辑器	ZVR	零速继电器

参 考 文 献

[1] 毛保华. 城市轨道交通规划与设计[M]. 2版. 北京:人民交通出版社,2011.
[2] 高峰,梁波. 城市地铁与轻轨工程[M]. 北京:人民交通出版社,2012.
[3] 彭燕. 城市轨道交通系统[M]. 北京:中国财富出版社,2012.
[4] 彭华. 城市轨道交通[M]. 北京:人民交通出版社,2013.
[5] 张国宝. 城市轨道交通运营组织[M]. 2版. 上海:上海科学技术出版社,2012.
[6] 张强锋,陈林秀,杨德友,等. 城市轨道交通系统概论[M]. 北京:科学出版社,2013.
[7] 李建国. 城市轨道交通系统概论[M]. 北京:机械工业出版社,2012.